Matemática para o Ensino Médio

Caderno de Atividades
1º ano
volume 2

1ª Edição

Manoel Benedito Rodrigues

Editora Policarpo

São Paulo
2020

Digitação, Diagramação : Sueli Cardoso dos Santos - suly.santos@gmail.com
Elizabeth Miranda da Silva - elizabeth.ms2015@gmail.com

www.editorapolicarpo.com.br
contato: contato@editorapolicarpo.com.br

Dados Internacionais de Catalogação, na Publicação (CIP)

(Câmara Brasileira do Livro, SP, Brasil)

Rodrigues, Manoel Benedito.

Matématica / Manoel Benedito Rodrigues.
- São Paulo: Editora Policarpo, **1ª Ed. 2020.**
ISBN: 978 – 85 – 7237 – 017 – 2
1. Matemática 2. Ensino Médio
I. Rodrigues, Manoel Benedito II. Título.

Índices para catálogo sistemático:

EDITORA POLICARPO LTDA
Rua Dr. Rafael de Barros, 175 - Conj. 01
São Paulo - SP - CEP: 04003-041
Tel./Fax: (11) 3288 - 0895
Tel.: (11) 3284 - 8916

Índice

I INEQUAÇÕES

1 - Conjuntos numéricos

1) **Números naturais:** $\mathbb{N} = \{0, 1, 2, ..., 10, 11...\}$. E $\mathbb{N}^* = \{1, 2, ..., 10, 11, ...\}$

2) **Números inteiros:** $\mathbb{Z} = \{..., -3, -2, -1, 0, 1, 2, ...\}$. E $\mathbb{Z}^* = \{..., -2, -1, 1, 2, ...\}$

3) **Números racionais:** $\mathbb{Q} = \left\{x \mid x = \frac{a}{b}, a \in \mathbb{Z} \text{ e } b \in \mathbb{Z}^*\right\}$

Obs.: Podemos indicar também por $x = \pm\frac{a}{b}, a \in \mathbb{N}$ e $b \in \mathbb{N}^*$

Exemplos de números racionais:

1º) $\frac{2}{3}$, $\frac{-5}{4} = -\frac{5}{4} = \frac{5}{-4}$, $\frac{1}{8}$, $\frac{-9}{13}$, $-\frac{7}{8}$, $\frac{21}{35} = \frac{3}{5}$, $\frac{20}{25} = \frac{4}{5}$

2º) Os decimais exatos e periódicos também são racionais:

$0,5 = \frac{5}{10} = \frac{1}{2}$; $1,8 = \frac{18}{10} = \frac{9}{5}$; $0,25 = \frac{25}{100} = \frac{1}{4}$; $0,125 = \frac{125}{1000} = \frac{1}{8}$

$0,33.. = \frac{3}{9} = \frac{1}{3}$; $0,777... = \frac{7}{9}$; $0,666... = \frac{6}{9} = \frac{2}{3}$

3º) Os números inteiros também são racionais

$3 = \frac{3}{1}$, $5 = \frac{5}{1}$, $7 = \frac{7}{1}$, $-6 = -\frac{6}{1}$, $-8 = \frac{-8}{1}$, $0 = \frac{0}{n}(n \neq 0)$

4) **Números irracionais**

Os números que, na forma decimal, não são decimais exatos nem periódicos são **chamados irracionais**. O mais famoso é o π.

$$\pi = 3{,}141\,592\,653\,...$$

Outos exemplos: $\sqrt{2} = 1,414\,213\,562...$; $\sqrt{3} = 1,732\,050\,807...$

$\sqrt{5} = 2,236\,067\,977...$; $\sqrt{6} = 2,449\,489\,742...$

Número de Euler: $e = 2{,}718\,281\,828\,...$

Não é possível escrever um número irracional na forma $\frac{a}{b}$ com **a** e **b** inteiros. Então o número irracional não é racional.

Prova-se que se o número **x** é irracional e **a** é racional então também são irracionais os números $x + a$; e para $a \neq 0$, os números $x \cdot a$, $\frac{x}{a}$ e $\frac{a}{x}$.

5) **Números reais**

Nomeando por **I** o conjunto dos números irracionais, a união de **Q** com **I** é o conjunto dos números reais. Notação: $\mathbb{R}$

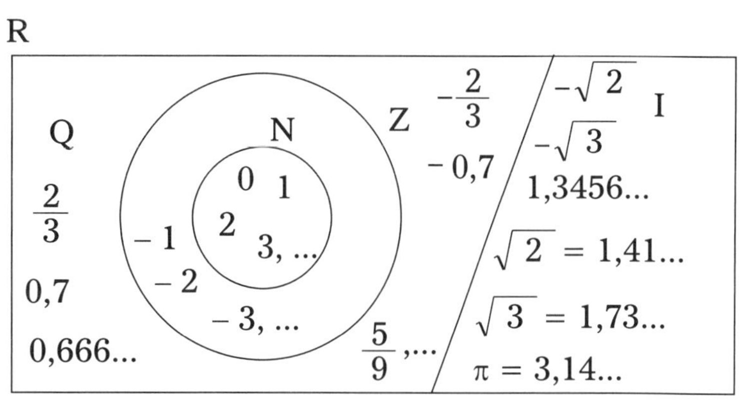

6) **Eixo ou reta dos números reais**

Se fizemos corresponder a cada ponto de uma reta um único número real, seguindo certos critérios, obtemos o que chamamos de **eixo dos números reais** ou **reta dos reais**.

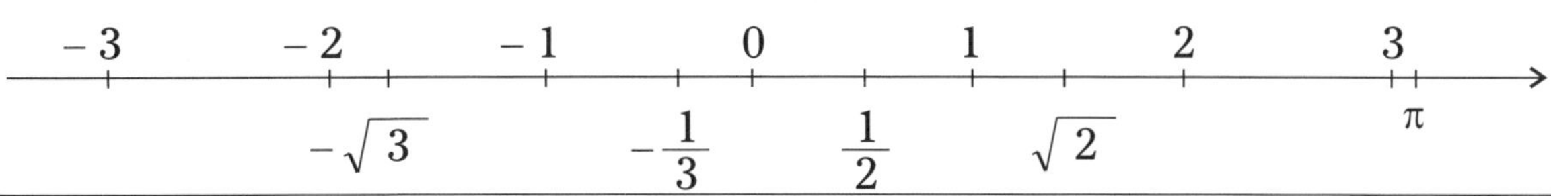

2 – Axiomas de ordem

Os três axiomas seguintes são chamados **axiomas de ordem** e conceituam a ordenação entre os números reais, isto é, estes axiomas nos permitem estudar as desigualdades e poder dizer se um número real é maior, é igual ou é menor que outro.

Estes axiomas são estabelecidos a partir do conceito primitivo de número real positivo.

1) **Axiomas**

Seja $\mathbb{R}_+^*$ o conjunto dos números reais positivos que satisfazem os seguintes axiomas:

A01) Se a e b pertencem a $\mathbb{R}_+^*$, então $(a + b)$ e $(a \cdot b)$ também pertencem a $\mathbb{R}_+^*$

$$\{a, b\} \subset \mathbb{R}_+^* \Rightarrow (a+b) \in \mathbb{R}_+^* \wedge (a \cdot b) \in \mathbb{R}_+^*$$

A02) Para todo número real $a \neq 0$, ou $a \in \mathbb{R}_+^*$ ou $-a \in \mathbb{R}_+^*$, um caso excluindo o outro.

A03) $0 \notin \mathbb{R}_+^*$

Nos conjuntos dos números reais podemos agora definir:

$a > b$ (a é maior que b), $a < b$ (a é menor que b)

$a \geqslant b$ (a é maior ou igual a b), $a \leqslant b$ (a é menor ou igual a b)

da seguinte forma:

1º) $a > b \iff (a - b) \in \mathbb{R}_+^*$

2º) $a < b \iff b > a$

3º) $a \geqslant b \iff a > b \vee a = b$

4º) $a \leqslant b \iff b \geqslant a$

Observações:

1) $x > 0 \iff x - 0 = x \in \mathbb{R}_+^* \iff$ x é positivo

$$\boxed{x > 0 \iff x \text{ é positivo}}$$

2) se $x < 0$ dizemos que x é negativo

Isto ocorre quando $(-x)$ é positivo pois:

$x < 0 \iff 0 > x \iff 0 - x = -x$ é positivo.

$$\boxed{x < 0 \iff x \text{ é negativo}}$$

3) Quando temos simultaneamente $x < y$ e $y < z$, usamos para representar este fato a notação $x < y < z$, isto é:

$$\boxed{x < y \wedge y < z \iff x < y < z}$$ e também:

$$\boxed{x > y \wedge y > z \iff x > y > z}$$

As propriedades das desigualdades, por mais simples que pareçam, são consequências dos **três axiomas de ordem**.

Enunciaremos as mais importantes:

(As suas demonstrações são geralmente feitas em curso superior, na área de exatas).

2) **Propriedades**

a, b, c,d, etc são números reais.

P1) **Propriedade da tricotomia**

Se **a** e **b** são números reais quaisquer, então é valida uma e somente uma das relações:

$$\boxed{a < b \quad \wedge \quad a = b \quad \vee \quad a > b}$$

Então, considerando a e 0, temos:

$$\boxed{a < 0 \quad \vee \quad a = 0 \quad \vee \quad a > 0}$$ Ou ainda:

Qualquer que seja o número real **a**, ou **a** é negativo, ou **a** é zero ou **a** é positivo.

P2) **Propriedade transitiva**: $a < b \wedge b < c \Rightarrow a < c$

P3) $a < b \Rightarrow a + c < b + c$

P4) $a < b \wedge c > 0 \Rightarrow ab < bc$

P5) $a \neq 0 \Rightarrow a^2 > 0$

P6) $1 > 0$

P7) $a < b \wedge c < 0 \Rightarrow ac > bc$

P8) $-1 < 0$

P9) $a < b \Rightarrow -a > -b$

P10) $ab > 0 \Rightarrow (a > 0 \wedge b > 0) \vee (a < 0 \wedge b < 0)$

P11) $a < c \wedge b < d \Rightarrow a + b < c + d$

P12) $a < c \wedge b < d \Rightarrow a - d < c - b$

P13) $a > 0 \Rightarrow \frac{1}{a} > 0$

P14) $a < 0 \Rightarrow \frac{1}{a} < 0$

P15) $0 < a < b \Rightarrow 0 < \frac{1}{b} < \frac{1}{a}$

P16) $a > 1 \Rightarrow a^2 > a$

P17) $0 < a < 1 \Rightarrow a^2 < a$

P18) $0 \leqslant a < c \wedge 0 \leqslant b \leqslant d \Rightarrow ab < cd$

P19) $0 \leqslant a < b \Rightarrow a^2 < b^2$

P20) $a \geqslant 0, b \geqslant 0 \wedge a^2 < b^2 \Rightarrow a < b$

P21) $a \in \mathbb{R} \Rightarrow a^2 \geqslant 0$

P22) $a \in \mathbb{R}, b \in \mathbb{R} \wedge a^2 + b^2 = 0 \Rightarrow a = 0 \wedge b = 0$

P23) $a \in \mathbb{R}, b \in \mathbb{R} \wedge ab \neq 0 \Rightarrow a^2 + b^2 > 0$

3 - Intervalos

Notações e representações gráficas

São alguns subconjuntos notáveis em $\mathbb{R}$.

Se **a** e **b** são números reais com **a** menor que **b** ($a < b$), define-se:

1) **Intervalo fechado de extremos a e b** (Notação: $[a, b]$)

Conjuntos dos números reais que vão de a até b.

$[a, b] = \{x \in \mathbb{R} \mid a \leqslant x \leqslant b\}$

2) **Intervalo aberto de extremos a e b** (Notação: $]a, b[$)

Conjunto dos números reais que estão entre **a** e **b**.

$]a, b[= \{x \in \mathbb{R} \mid a < x < b\}$

3) **Intervalo fechado à esquerda e aberto à direita** (Notação: $[a, b[$)

Conjunto dos números reais **a** e os que estão entre **a** e **b**.

$[a, b[= \{x \in \mathbb{R} \mid a \leqslant x < b\}$

4) **Intervalo aberto à esquerda e fechado à direita** (Notação: $]a, b]$)

Conjunto dos números reais **b** e os que estão entre **a** e **b**.

$]a, b] = \{x \in \mathbb{R} \mid a < x \leqslant b\}$

5) Intervalos com um único extremo

$[a, +\infty[= \{x \in \mathbb{R} | x \geqslant a\}$

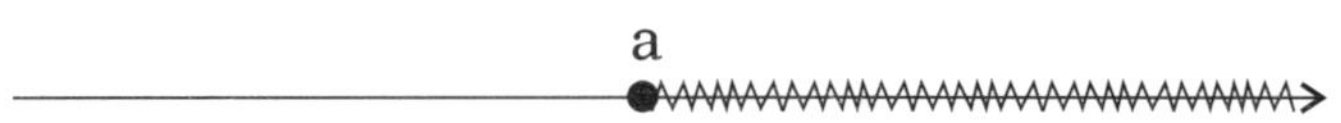

$]a, +\infty[= \{x \in \mathbb{R} | x > a\}$

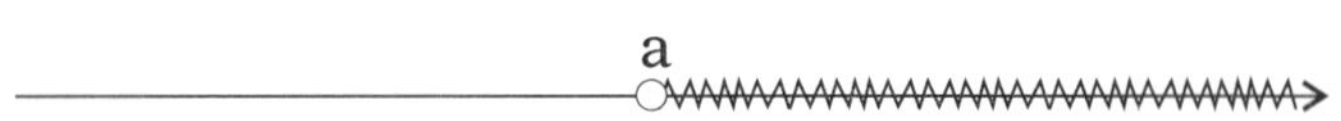

$]-\infty, a] = \{x \in \mathbb{R} | x \leqslant a\}$

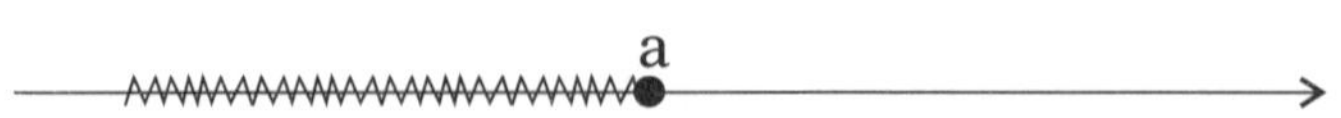

$]-\infty, a[= \{x \in \mathbb{R} | x < a\}$

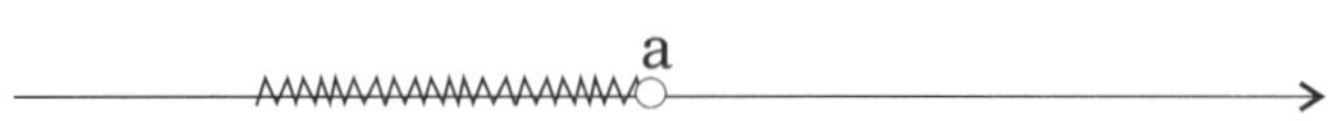

Outras notações para intervalos:

$[a, b[= [a, b)$; $]a, b] = (a, b]$; $]a, b[= (a, b)$. Este, quando não hover possibilidade de confusão com o par ordenado (a, b),

$]-\infty, a] = (-\infty, a]$; $]-\infty, a[= (-\infty, a)$; $[a, +\infty[= [a, +\infty)$ e $]a, +\infty[= (a, +\infty)$.

4 - Operações com conjuntos (Revisão)

Vamos repetir aqui as definições e exemplos, mas o interesse neste capítulo é com as operações com conjuntos dados na forma de intervalos.

1) Interseção: Dados dois conjuntos A e B, chamama-se interseção de A e B ao conjunto dos elementos que pertencem a ambos, isto é, elementos que pertencem a A e também a B. Notação: $A \cap B$. Lê-se A inter B

$$A \cap B = \{x \mid x \in A \wedge x \in B\}$$

Exemplos:

1) $\{1, 2, 3\} \cap \{2, 3, 4\} = \{2, 3\}$

2) $\{a, b, c, d\} \cap \{d, e, f\} = \{d\}$

3) $\{a, b, c\} \cap \{d, e\} = \{\ \} = \varnothing$

4) $\{1, 2, 3, 4\} \cap \{1, 2, 3, 4\} = \{1, 2, 3, 4\}$

Propriedades: 1) $A \cap A = A$ 2) $A \cap \varnothing = \varnothing$ 3) $A \cap B = B \cap A$ (comutativa) 4) $(A \cap B) \cap C = A \cap (B \cap C)$ (associativa) 5) $A \subset B \Rightarrow A \cap B = A$

Conjuntos disjuntos:

Dois conjuntos A e B são chamados conjuntos disjuntos se, e somente se, $A \cap B = \varnothing$

2) União: Dados dois conjuntos A e B, chama-se união de A e B ao conjunto dos elementos que pertencem a A ou pertencem a B, isto é, elementos que pertencem apenas a A ou apenas a B ou a ambos.

Notação: $A \cup B$. Lê-se A u B

$$A \cup B = \{x \mid x \in A \vee x \in B\}$$

Exemplos:

1) $\{1, 2, 3\} \cup \{2, 3, 4, 5\} = \{1, 2, 3, 4, 5\}$

2) $\{1, 2, 3\} \cup \{6, 7\} = \{1, 2, 3, 6, 7\}$

3) $\{a, b, c\} \cup \{a, b, c, d\} = \{a, b, c, d\}$, $\{a, b\} \cup \varnothing = \{a, b\}$

Propriedades: 1) $A \cup A = A$ 2) $A \cup \varnothing = A$ 3) $A \cup B = B \cup A$ (comutativa)

4) $(A \cup B) \cup C = A \cup (B \cup C)$ (associativa) 5) $A \subset B \Longleftrightarrow A \cup B = B$

6) $x \in A \cup B \Rightarrow (x \in A \wedge x \notin B)$ ou $(x \notin A \wedge x \in B)$ ou $(x \in A \wedge x \in B)$

3) Diferença: Dados dois conjuntos A e B, chama-se diferença A – B entre eles, o conjuntos dos elementos que então em A e não estão em B. A – B lê - se A menos B

$$A - B = \{x \mid x \in A \wedge x \notin B\} \text{ e } B - A = \{x \mid x \in B \wedge x \notin A\}$$

Exemplos: 1) $\{1, 2, 3, 4\} - \{3, 4, 5, 6\} = \{1, 2\}$

2) $\{a, b, c\} - \{e, f\} = \{a, b, c\}$

3) $\{a, b, c\} - \{a, b, c, d\} = \varnothing$

4) $\{2, 3\} - \{2, 3\} = \varnothing$, $\{2, 3\} - \varnothing = \{2, 3\}$

Propriedades: 1) $A - \varnothing = A$ 2) $A - A = \varnothing$ 3) $A \subset B \iff A - B = \varnothing$

4) Complementar

Complementar: Dados os conjuntos A e B, com B contido em A $(B \subset A)$, o conjunto A – B, ou seja, a diferença A – B chama - se complementar de B em A ou complemento de B em relação A . Notação: C_A^B

$$B \subset A \Rightarrow C_A^B = A - B \text{ ou } C_A^B = \{x \mid x \in A \wedge x \notin B\}$$

Exemplos:

1) $A = \{1, 2, 3, 4\}, B = \{2, 3\} \Rightarrow C_A^B = A - B = \{1, 4\}$

2) $A = \{1, 2, 3\} \Rightarrow C_A^{\varnothing} = A - \varnothing = A = \{1, 2, 3\}$

3) $A = \{a, b, c\}, B = \{a, b, c\} \Rightarrow C_A^B = A - B = \varnothing \Rightarrow C_A^A = \varnothing$

No caso do complemento em relação ao conjunto universo $\cup$.

Suprimimos o $\cup$ da notação e indicamos o complementar de B em $\cup$ por:

$$C_{\cup}^B = CB = \overline{B} = B$$

Exemplo: $\cup = \{0, 1, 2, 3, 4\}, B = \{1, 2\} \Rightarrow \overline{B} = \{0, 3, 4\}$

Obs.: Se $B \not\subset A$, não se define C_A^B

Propriedades: 1) $C_A^A = \varnothing$ 2) $C_A^{\varnothing} = A$

Exemplo: Dados os conjuntos A e B representados na reta dos números reais, determinar, $A \cap B$, $A \cup B$, $A - B$, $B - A$.

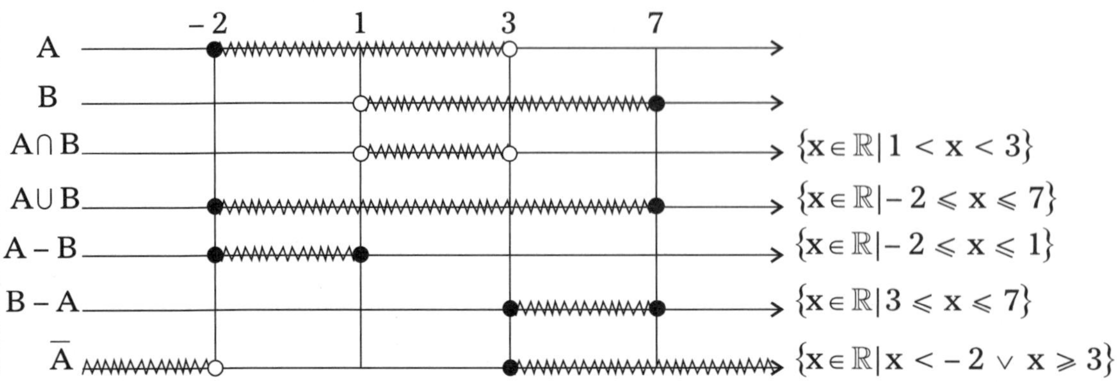

1 Completar com $\in$ (pertence), $\notin$ (não pertence), $\subset$ (está contido) ou $\not\subset$ (não está contido), de modo que a sentença obtida seja verdadeira, nos casos:

a) $2 \quad \mathbb{N}$	$-3 \quad \mathbb{N}$	$-7 \quad \mathbb{Z}$	$\sqrt{2} \quad \mathbb{Q}$
b) $\frac{2}{3} \quad \mathbb{Q}$	$-\frac{5}{3} \quad \mathbb{Q}$	$6 \quad \mathbb{Q}$	$\sqrt{2} \quad \mathbb{R}$
c) $1,3 \quad \mathbb{Z}$	$1,333... \quad \mathbb{Q}$	$1,3 \quad \mathbb{R}$	$1,333... \quad \mathbb{R}$
d) $-\sqrt{2} \quad \mathbb{R}$	$\sqrt{-2} \quad \mathbb{R}$	$\frac{2}{3} \quad \mathbb{Z}$	$\frac{2}{5} \quad \mathbb{R}$
e) $0 \quad \mathbb{N}$	$-1 \quad \mathbb{Z}_+$	$2 \quad \mathbb{Z}_-$	$-\frac{3}{5} \quad \mathbb{Q}_+$
f) $0 \quad \mathbb{N}^*$	$-2 \quad \mathbb{Z}_-$	$\mathbb{N} \quad \mathbb{Q}_+$	$\mathbb{Q} \quad \mathbb{R}_+$
g) $\mathbb{N} \quad \mathbb{Z}$	$\mathbb{N} \quad \mathbb{Q}$	$\mathbb{N} \quad \mathbb{R}$	$\mathbb{Z} \quad \mathbb{Q}$
h) $\mathbb{Z} \quad \mathbb{R}$	$\mathbb{Q} \quad \mathbb{R}$	$\mathbb{N} \quad \mathbb{Z}^*$	$\mathbb{Z} \quad \mathbb{Q}^*$

2 Em cada caso é dado um subconjunto de $\mathbb{R}$, representado na reta dos números reais. Representá-lo através de uma propriedade e também usando símbolo de intervalo.

a) 

b) 

c) 

d) 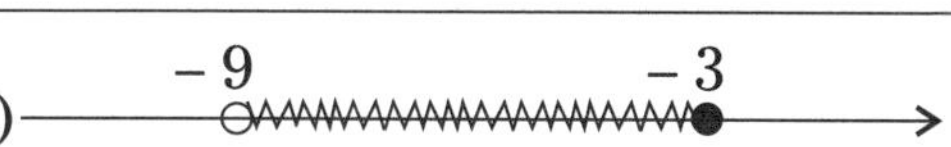

e) 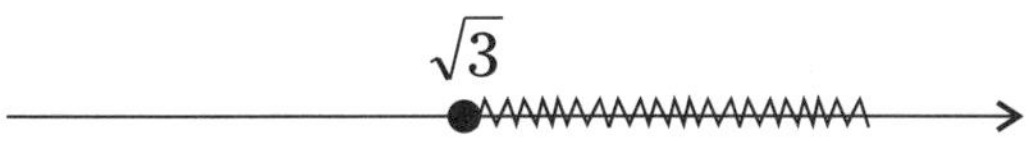

f) 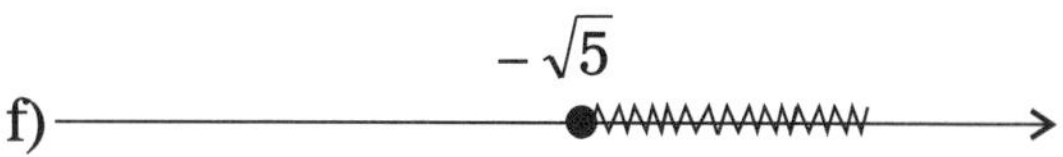

g) 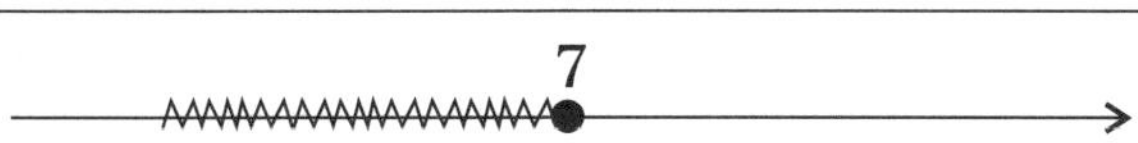

h) 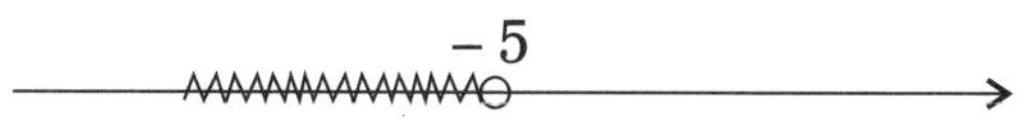

i) 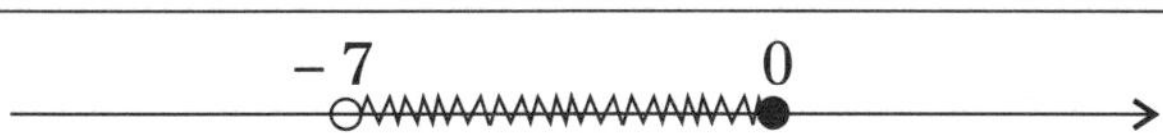

j) 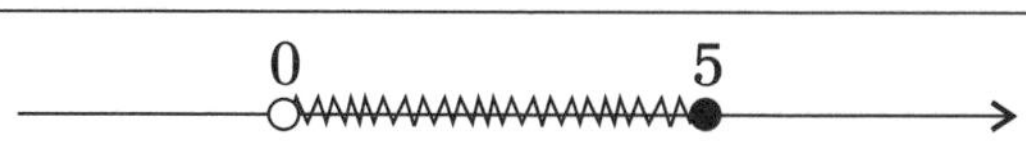

Exemplos: (Na forma de intervalos usamos o símbolo de união (∪)

1) A 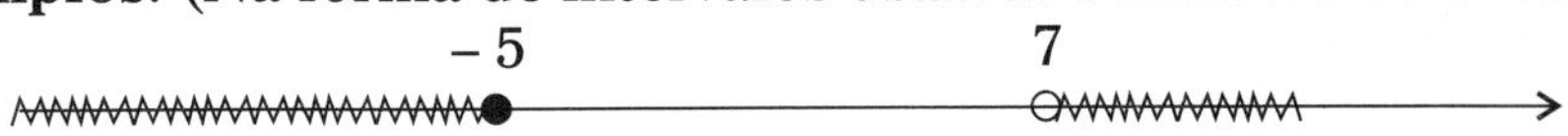

$A =]-\infty, -5] \cup]7, +\infty[= \{x \in \mathbb{R} \mid x \leqslant -5 \ \vee \ x > 7\}$

2) B 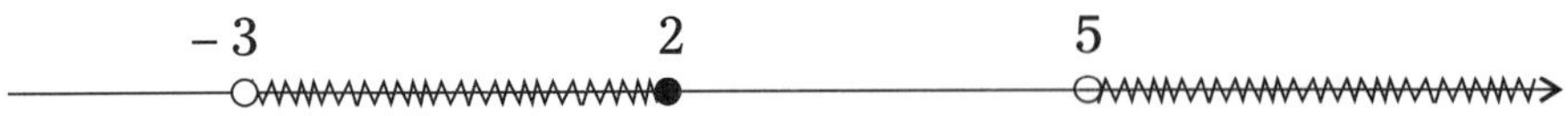

$B =]-3, 2] \cup]5, +\infty[= \{x \in \mathbb{R} \mid -3 < x \leqslant 2 \ \vee \ x > 5\}$

3) D 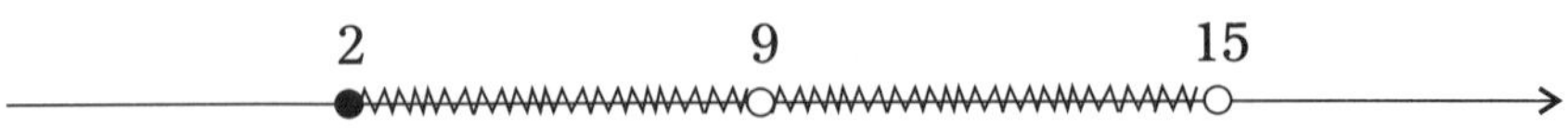

$D = [2, 9[\cup]9, 15[= \{x \in \mathbb{R} \mid 2 \leqslant x < 9 \ \vee \ 9 < x < 15\}$
$= \{x \in \mathbb{R} \mid 2 \leqslant x < 15 \ \wedge \ x \neq 9\}$

4) E 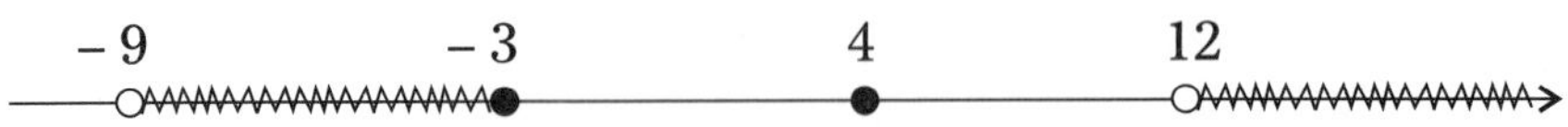

$E =]-9, -3] \cup \{4\} \cup]12, +\infty[= \{x \in \mathbb{R} \mid -9 < x \leqslant -3 \ \vee \ x = 4 \ \vee \ x > 12\}$

3 Representar usando símbolo de intervalo e através de uma propriedade, os seguintes conjuntos:

a) A 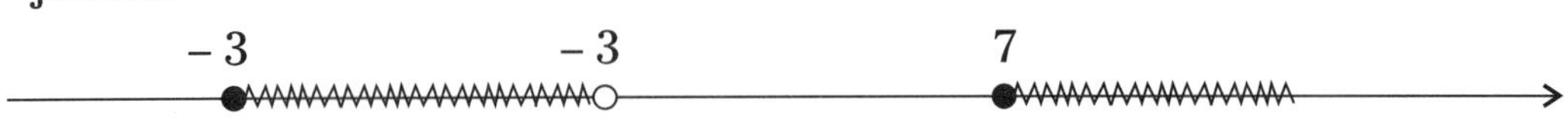

b) B 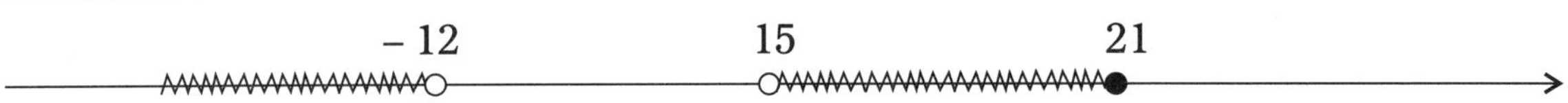

c) E 

d) H 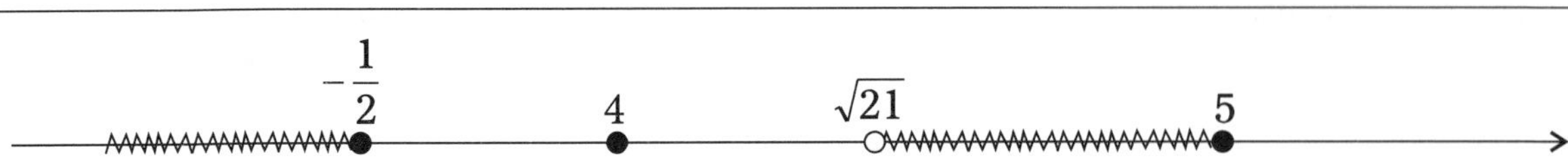

4 Representar na reta dos números reais os seguintes conjuntos:

a) $A = \{x \in \mathbb{R} \mid 3 \leqslant x < 7\} \Rightarrow A$ ⟶

b) $B = \{x \in \mathbb{R} \mid -4 < x \leqslant 8\} \Rightarrow B$ ⟶

c) $M = \{x \in \mathbb{R} \mid x \leqslant -4 \vee -1 < x \leqslant 5\} \Rightarrow M$ ⟶

d) $N = \{x \in \mathbb{R} \mid -2 \leqslant x < 0 \vee x \geqslant 7\} \Rightarrow N$ ⟶

e) $E = \,]-\infty, 2] \cup [5, 9[\, \cup \{13\} \Rightarrow E$ ⟶

f) $F = [-3, -1[\, \cup \{2\} \cup [5, +\infty[\Rightarrow F$ ⟶

g) $G = [-5, -1[\, \cup \,]-1, 5] \Rightarrow G$ ⟶

5 Dados os conjuntos $A = \{x \in \mathbb{R} \mid -3 \leqslant x \leqslant 2\}$ e $B = \{x \in \mathbb{R} \mid -1 < x < 6\}$, dando a resposta na forma em que os conjuntos A e B foram dados, determinar o que se pede:

A ⟶

B ⟶

$A \cup B$ ⟶

$A \cap B$ ⟶

$A - B$ ⟶

$B - A$ ⟶

a) $A \cup B$

b) $A \cap B$

c) $A - B$

d) $B - A$

Resp: **1** a) $\in, \notin, \in, \notin$ b) $\in, \in, \in, \in$ c) $\notin, \in, \in, \in$ d) $\in, \notin, \notin, \in$ e) $\in, \notin, \notin, \notin$ f) $\notin, \in, \subset, \not\subset$ g) $\subset, \subset, \subset, \subset$ h) $\subset, \subset, \not\subset, \not\subset$

2 a) $[-1, 5] = \{x \in \mathbb{R} \mid -1 \leqslant x \leqslant 5\}$ b) $]-5, 7[= \{x \in \mathbb{R} \mid -5 < x < 7\}$ c) $[1, 9[= \{x \in \mathbb{R} \mid 1 \leqslant x < 9\}$
d) $]-9, -3] = \{x \in \mathbb{R} \mid -9 < x \leqslant -3\}$ e) $[\sqrt{3}, +\infty[= \{x \in \mathbb{R} \mid x \geqslant \sqrt{3}\}$ f) $]-\sqrt{5}, +\infty[= \{x \in \mathbb{R} \mid x > -\sqrt{5}\}$
g) $]-\infty, 7] = \{x \in \mathbb{R} \mid x \leqslant 7\}$ h) $]-\infty, -5[= \{x \in \mathbb{R} \mid x < -5\}$ i) $]-7, 0] = \{x \in \mathbb{R} \mid -7 < x \leqslant 0\}$
j) $]0, 5] = \{x \in \mathbb{R} \mid 0 < x \leqslant 5\}$

6 Dados os conjuntos $A =]-\infty, -5] \cup]-3, 0] \cup \{4, 9\}$ e $B =]-7, -1[\cup \{2\} \cup [7, \infty[$, determinar $A \cap B$, $A \cup B$, $A - B$ e $B - A$.

Dar a resposta na forma em que os conjuntos foram dados.

7 Dados os conjuntos $A = \{x \in \mathbb{R} \mid 1 < x \leqslant 5\}$ e $B = \{-2 \leqslant x < 9\}$, determinar C_B^A, C_A^B, $\overline{A} = C_R^A$, $\overline{B} = C_R^B$, $\overline{A \cup B}$ e $\overline{A \cap B}$.

A

B

C_B^A

C_A^B

$\overline{A}$

$\overline{B}$

$A \cup B$

$\overline{A \cup B}$

$A \cap B$

$\overline{A \cap B}$

5 – Inequações do 1º grau

As sentenças do tipo

$ax + b > 0$, $ax + b \geqslant 0$, $ax + b < 0$ e $ax + b \leqslant 0$,

com **a** e **b** sendo números reais e $a \neq 0$, são **chamadas inequações do 1º grau**.

Algumas sentenças redutíveis a uma dessas formas também são chamadas de inequações do 1º grau.

Exemplos:

1) $3x - 5 \geqslant 0$, $-4x - 12 \leqslant 0$, $3x - 12 > 0$, $3x < 0$

2) $3x - (2x + 1) \leqslant 4(x - 1) - 7$, $\dfrac{3x-1}{2} - x - \dfrac{1}{3} > \dfrac{x+3}{4} - 2x$

Resolver uma inequação no conjunto universo U dado, significa determinar o conjunto dos números pertencentes a U, que tornam a sentença dada verdadeira.

Quando o conjunto universo não for dado, considerar $U = \mathbb{R}$.

Para resolvermos uma inequação do 1º grau, aplicamos algumas das propriedades vistas, transformando-a em inequações equivalentes, até chegarmos a uma das seguintes expressões:

$x < \alpha$ ou $x \leqslant \alpha$ ou $x > \alpha$ ou $x \geqslant \alpha$,

onde α é um número real. E então escrevemos o conjunto solução da inequação. Sendo o conjunto universo $U = \mathbb{R}$, escrevemos:

$x < \alpha$ $x \leqslant \alpha$ $x > \alpha$ $x \geqslant \alpha$

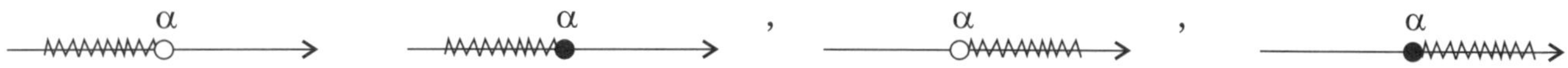

$S = \{x \in \mathbb{R} \mid x < \alpha\}$ $S = \{x \in \mathbb{R} \mid x \leqslant \alpha\}$ $S = \{x \in \mathbb{R} \mid x > \alpha\}$ $S = \{x \in \mathbb{R} \mid x \geqslant \alpha\}$

Devemos notar primeiramente que são equivalentes $a < b$ e $b > a$.

$$\boxed{a < b \Leftrightarrow b > a}$$

As propriedades mais usadas para resolvermos as inequações do 1º grau são:

P Se somarmos um mesmo número a ambos os membros de uma desigualdade verdadeira, para obtermos outra verdadeira, devemos **manter o sentido**.

$a < b \Rightarrow a + c < b + c$
manter o sentido
$a > b \Rightarrow a + c > b + c$

P Se multiplicarmos ambos os membros de uma desigualdade verdadeira por um **número positivo**, para obtermos outra verdadeira, devemos **manter o sentido**.

$a < b \wedge c > 0 \Rightarrow ac < bc$
manter o sentido
$a > b \wedge c > 0 \Rightarrow ac > bc$

P Se multiplicarmos ambos os membros de uma desigualdade verdadeira por um **número negativo**, para obtermos outra verdadeira, devemos **inverter o sentido**.

$a < b \wedge c < 0 \Rightarrow ac > bc$
inverter o sentido
$a > b \wedge c < 0 \Rightarrow ac < bc$

Resp: **3** a) $A = [-3, 3[\cup [7, +\infty[= \{x \in \mathbb{R} \mid -3 \leqslant x < 3 \vee x \geqslant 7\}$ b) $B =]-\infty, -12[\cup]15, 21] = \{x \in \mathbb{R} \mid x < -12 \vee 15 < x \leqslant 21\}$

c) $E = \left[-\frac{7}{2}, \sqrt{2}\right[\cup \left]\sqrt{2}, \pi\right] = \left\{x \in \mathbb{R} \mid -\frac{7}{2} \leqslant x < \sqrt{2} \vee \sqrt{2} < x \leqslant \pi\right\} = \left\{x \in \mathbb{R} \mid -\frac{7}{2} \leqslant x \leqslant \pi \wedge x \neq \sqrt{2}\right\}$

d) $H = \left]-\infty, -\frac{1}{2}\right] \cup \{4\} \cup]\sqrt{21}, 5] = \left\{x \in \mathbb{R} \mid x \leqslant -\frac{1}{2} \vee x = 4 \vee \sqrt{21} < x \leqslant 5\right\}$

4

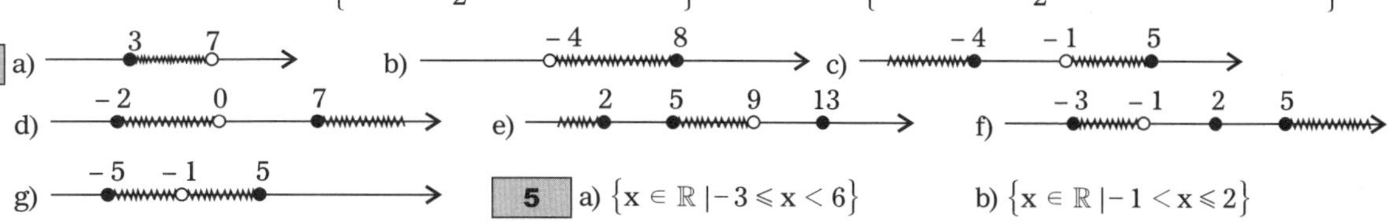

5 a) $\{x \in \mathbb{R} \mid -3 \leqslant x < 6\}$ b) $\{x \in \mathbb{R} \mid -1 < x \leqslant 2\}$ c) $\{x \in \mathbb{R} \mid -3 \leqslant x \leqslant -1\}$ d) $\{x \in \mathbb{R} \mid 2 < x < 6\}$

Exemplo 1: Observar as seguintes sentenças, verdadeiras, onde estão sendo aplicadas as propriedades vistas:

a) $x + 7 < 9 \Longrightarrow x < 9 - 7$

b) $3x - 5 < 10 \Longrightarrow 3x < 10 + 5$

c) $5x + 9 > 1 \Longrightarrow 5x > 1 - 9$

d) $7x - 2 > -16 \Longrightarrow 7x > -16 + 2$

e) $3x > 9 \Longrightarrow x > \frac{9}{3}$

f) $2x < 8 \Longrightarrow x < \frac{8}{2}$

g) $-5x > 10 \Rightarrow x < \frac{10}{-5}$

h) $-7x < 21 \Rightarrow x > \frac{21}{-7}$

Exemplo 2: Resolver a inequação no conjunto universo U dado, nos casos:

a) $7x + 2 < 4x + 14$, $U = \mathbb{N}$

$7x - 4x < -2 + 14$

$3x < 12 \Rightarrow x < \frac{12}{3} \Rightarrow \boxed{x < 4}$

$S = \{0, 1, 2, 3\}$ ou

$S = \{x \in \mathbb{N} \mid x \leqslant 3\}$

b) $5 - 7x > 20 - 12x$, $U = \mathbb{Z}$

$-7x + 12x > -5 + 20$

$5x > 15 \Rightarrow x > \frac{15}{5} \Rightarrow \boxed{x > 3}$

$S = \{4, 5, 6, 7, ...\}$ ou

$S = \{x \in \mathbb{Z} \mid x > 3\}$

c) $11x - 7 > 3x + 25$, $U = \mathbb{Z}$

$(11x - 3x < 7 + 25)$

$8x < 32 \Rightarrow \left(x < \frac{32}{8}\right) \Rightarrow \boxed{x < 4}$

$S = \{. . ., -1, 0, 1, 2, 3\}$ ou

$S = \{x \in \mathbb{Z} \mid x < 4\}$

d) $4x - 1 \geqslant x + 3$, $U = \mathbb{Q}$

$4x - x \geqslant 1 + 3$

$3x \geqslant 4 \Rightarrow x \geqslant \frac{4}{3}$

$S = \{x \in Q \mid x \geqslant \frac{4}{3}$

e) $3x - 4 \leqslant 9x - 22$, $U = \mathbb{R}$

$3x - 9x \leqslant 4 - 22$

$-6x \leqslant -18$

$x \geqslant \frac{-18}{-6}$

$\boxed{x \geqslant 3}$

$S = \{x \in \mathbb{R} \mid x \geqslant 3\}$

Quando dividir ou multiplicar por negativo, mudar o sentido da desigualdade

f) $6x + 30 \geqslant 10x + 62$, $U = \mathbb{R}$

$6x - 10x \geqslant -30 + 62$

$-4x \geqslant 32$

$x \leqslant \frac{32}{-4}$

$\boxed{x \leqslant -8}$

$S = \{x \in \mathbb{R} \mid x \leqslant -8\}$

Obs.: As passagens que estão entre parênteses podem ser feitas mentalmente.

Exemplo 3: Resolver a inequação, nos casos:

Obs.: Resolvemos como se fosse uma equação do 1º grau, não esquecendo de que se os membros de uma desigualdade forem multiplicados ou divididos por um número negativo, devemos simultaneamente inverter o sentido da desigualdade.

a) $2(3x - 1) - 4(x - 2) \leqslant 3(2x - 1) - 2(3 - 5x) - 13$

$6x - 2 - 4x + 8 \leqslant 6x - 3 - 6 + 10x - 13 \Rightarrow$

$2x + 6 \leqslant 16x - 22 \Rightarrow 2x - 16x \leqslant -6 - 22 \Rightarrow$

$-14x \leqslant -28$ (Multiplicando por (-1)), obtemos:

$14x \geqslant 28$ (Invertemos o sentido da desigualdade)

$x \geqslant \dfrac{28}{14} \Rightarrow \boxed{x \geqslant 2} \Rightarrow \boxed{S = \{x \in \mathbb{R} \mid x \geqslant 2}$

b) $\dfrac{2x-1}{3} - \dfrac{4x-1}{4} - \dfrac{3x-2}{6} \geqslant \dfrac{2x}{3} - \dfrac{x+1}{2} - \dfrac{5}{4}$

mmc = 12

$4(2x - 1) - 3(4x - 1) - 2(3x - 2) \geqslant 4(2x) - 6(x + 1) - 15$

$8x - 4 - 12x + 3 - 6x + 4 \geqslant 8x - 6x - 6 - 15 \Rightarrow$

$-10x + 3 \geqslant 2x - 21 \Rightarrow -10x - 2x \geqslant -3 - 21 \Rightarrow$

$-12x \geqslant -24 \Rightarrow \dfrac{-12x}{-12} \leqslant \dfrac{-24}{-12} \Rightarrow \boxed{x \leqslant 2}$

Dividimos por (– 12)

$$\boxed{S = \{x \in \mathbb{R} \mid x \leqslant 2}$$

Obs.: A divisão por (– 12) pode ser feita mentalmente.

8 Completar com $<, \leqslant, >$ ou $\geqslant$, de modo que a sentença obtida seja verdadeira, nos casos:

a) $x < 7$ $7 \quad x$	$5 < x$ $x \quad 5$	$-4 > x$ $x \quad -4$	$x \geqslant 3$ $3 \quad x$	$-x > 8$ $8 \quad -x$
b) $2x < 8$ $x \quad \dfrac{8}{2}$	$7x \geqslant -6$ $x \quad -\dfrac{6}{7}$	$4x \leqslant -12$ $x \quad -\dfrac{12}{4}$	$12 \geqslant 5x$ $\dfrac{12}{5} \quad x$	$-6 < 7x$ $-\dfrac{6}{7} \quad x$

Resp: **6** a) $A \cap B = \,]-7,-5] \cup \,]-3,-1[\, \cup \{9\}$; $A \cup B = \,]-\infty,0] \cup \{2,4\} \cup [7,\infty[$

$A - B = \,]-\infty,-7] \cup [-1,0] \cup \{4\}$; $B - A = \,]-5,-3] \cup \{2\} \cup [7,9[\, \cup \,]9,\infty[$

7 $C_B A = \{x \in \mathbb{R} \mid -2 \leqslant x \leqslant 1 \vee 5 < x < 9\}$, Como $B \not\subset A$; não existe $C_A B$;

$\overline{A} = \,]-\infty,1] \cup \,]5,\infty[$; $\overline{B} = \,]-\infty,-2[\, \cup [9,\infty[$

$\overline{A \cup B} = \,]-\infty,2[\, \cup [9,\infty[$; $\overline{A \cap B} = \,]-\infty,1] \cup \,]5,\infty[$

9 Completar com $<, \leqslant, >$ ou $\geqslant$, de modo que a sentença obtida seja verdadeira, nos casos:

a) $x + 7 < 8$ $x \quad 8 - 7$	$-3x - 2 \geqslant 7$ $-3x \quad 2 + 7$	$6 - 2x \leqslant -7$ $-2x \quad -6 - 7$	$5x < 2x - 1$ $5x - 2x \quad -1$
b) $-2x \geqslant 5$ $x \quad \frac{5}{-2}$	$-4x \leqslant -10$ $x \quad \frac{-10}{-4}$	$\frac{2x}{-3} \leqslant 4$ $2x \quad -3(4)$	$\frac{8x}{-5} \geqslant -3$ $8x \quad -5(-3)$
c) $2x < 8$ $x \quad 4$	$-3x \geqslant 15$ $x \quad -5$	$\frac{x}{3} \leqslant 2$ $x \quad 6$	$\frac{x}{-4} > 3$ $x \quad -12$
d) $10 > 5x$ $2 \quad x$	$-12 \leqslant -3x$ $4 \quad x$	$-18 \geqslant 6x$ $-3 \quad x$	$-27 < -3x$ $9 \quad x$
e) $x - 9 \leqslant 5$ $x \quad 14$	$x + 12 > 5$ $x \quad -7$	$10 \leqslant x + 8$ $2 \quad x$	$-3 \geqslant 7 + x$ $-10 \quad x$
f) $3 \leqslant \frac{x}{2}$ $6 \quad x$	$-3 \geqslant \frac{x}{-2}$ $6 \quad x$	$-5 < \frac{x}{-4}$ $20 \quad x$	$2 \leqslant \frac{x}{-3}$ $-6 \quad x$

10 Determinar x ($x > a$, $x \geqslant a$, $x < a$, ou $x \leqslant a$, $a \in \mathbb{R}$), nos casos:

a) $x - 8 < 7$	$7 + x \leqslant -1$	$2x \geqslant 12$	$3x \geqslant -21$
b) $-7 + x \geqslant 3$	$5x < -20$	$-5x \geqslant 20$	$-3x < -24$
c) $\frac{x}{3} \leqslant 5$	$\frac{x}{2} > 5$	$\frac{x}{-3} \leqslant 4$	$\frac{x}{-2} \geqslant 7$
d) $-4x \leqslant 28$	$\frac{x}{-4} \geqslant 1$	$-x < 7$	$-x \geqslant 4$
e) $-2x < 10$	$-x > -6$	$\frac{x}{-3} < -1$	$-x \leqslant 6$

11 Dar a resposta na forma $x < a$, $x \leqslant a$, $x > a$, ou $x \geqslant a$, com $a \in \mathbb{R}$, para cada desigualdade seguinte:

a) $7 \leqslant -x + 4$	$5 \geqslant 6 - x$	$8 < 10 - x$	$-9 \leqslant -5 - x$
b) $-11 < x$	$7 > x$	$18 \geqslant x$	$-2 \leqslant x$
c) $-12 < 2x$	$-15 \geqslant 3x$	$-21 \leqslant 7x$	$-16 > 4x$
d) $-20 > -5x$	$28 \leqslant -7x$	$35 > -5x$	$-42 < -6x$
e) $-7 > 2 + x$	$8 \leqslant 3 + x$	$-12 \geqslant -15 + x$	$21 < -4 + x$
f) $8 + 2x \leqslant 18$	$7 + 3x > 16$	$-3 + 4x < -27$	$7x - 1 \geqslant -50$

12 Determinar x (resposta na forma $x < a$, $x \leqslant a$, $x > a$ ou $x \geqslant a$).

a) $5 < -3x + 20$	$3 \leqslant -9x - 15$	$41 \geqslant -2x + 21$	$18 > -5x - 12$
b) $-6 \leqslant -48 - 7x$	$5 < 69 - 8x$	$-13 > -65 - 4x$	$-47 \geqslant 7 - 18x$
c) $4 \geqslant -3x + 22$	$7 \leqslant -20 - 3x$	$18 > -5x + 33$	$-13 < -55 - 6x$
d) $5 \leqslant 3x + 35$	$6 < 5x - 29$	$-12 > 7x + 44$	$29 \geqslant 8x - 43$
e) $13 > -22 + 5x$	$-11 \leqslant -53 + 6x$	$-3 \geqslant 45 + 4x$	$90 < -18 + 3x$
f) $26 \leqslant 3x - 13$	$48 < -17 + 5x$	$-1 > 7x + 41$	$4 \geqslant -77 + 9x$

Resp: **8** a) $>, <, <, \leqslant, <$ b) $<, \geqslant, \leqslant, \geqslant, <$

13 Resolver as seguintes inequações em $\mathbb{R}$.

Dar a resposta na forma $x < a$, $x \leqslant a$, $x > a$ ou $x \geqslant a$.

a) $2x - (3x + 2) - 4 \leqslant 3x - (x - 3)$

b) $2(3x - 1) - x + 23 > 4(2x - 3)$

c) $-2(3x - 4) - 2x \geqslant 5(3 - 3x)$

d) $2(4 - x) - 3(-5 - 3x) > 3(2x - 7)$

e) $4x(x - 2) - 19 \leqslant (2x - 1)^2$

f) $3x(x - 3) + 4x > x(-1 + 3x) - 16$

g) $(x - 3)(x + 7) \geqslant x(x + 7) + 9$

h) $x(2x - 7) < (2x - 1)(x + 1) + 17$

14 Resolver as seguintes inequações:

a) $\dfrac{2x}{3} - \dfrac{x-5}{4} \leqslant \dfrac{5x}{6} - \dfrac{5}{2}$

b) $\dfrac{3x-1}{2} - \dfrac{1}{3} - \dfrac{2x-1}{6} \leqslant 1$

c) $1 - \dfrac{x-1}{2} - \dfrac{2x-1}{10} - \dfrac{3x}{5} \geqslant 0$

d) $\dfrac{x-1}{4} - \dfrac{x-2}{6} - \dfrac{x-3}{18} \leqslant \dfrac{x}{9}$

e) $0 < \dfrac{2x-1}{4} - \dfrac{x-1}{6} - \dfrac{2x}{3} - \dfrac{x}{2}$

f) $x < \dfrac{2x}{3} - \dfrac{2x-1}{4} - \dfrac{4x-3}{6}$

Resp:

9 a) $<, \geqslant, \leqslant, <$ b) $\leqslant, \geqslant, \geqslant, \leqslant$ c) $<, \leqslant, \leqslant, <$ d) $>, \geqslant, \geqslant, >$ e) $\leqslant, >, \leqslant, \geqslant$ f) $\leqslant, \leqslant, >, \geqslant$

10 a) $x < 15, x \leqslant -8, x \geqslant 6, x \geqslant -7$ b) $x \geqslant 10, x < -4, x \leqslant -4, x > 8$ c) $x \leqslant 15, x > 5, x \geqslant -12, x \leqslant -14$ d) $x \geqslant -7, x \leqslant -4, x > -7, x \leqslant -4$ e) $x > -5, x < 6, x > 3, x \geqslant -6$

11 a) $x \leqslant -3, x \geqslant 1, x < 2, x \leqslant 4$ b) $x > -11, x < 7, x \leqslant 18, x \geqslant -2$ c) $x > -6, x \leqslant -5, x \geqslant -3, x < -4$ d) $x > 4, x \leqslant -4, x > -7, x < 7$ e) $x < -9, x \geqslant 5, x \leqslant 3, x > 25$ f) $x \leqslant 5, x > 3, x < -6, x \geqslant -7$

12 a) $x < 5, x \leqslant -2, x \geqslant -10, x > -6$ b) $x \leqslant -6, x < 8, x > -13, x \geqslant 3$ c) $x \geqslant 6, x \leqslant -9, x > 3, x < -7$ d) $x \geqslant -10, x > 7, x < -8, x \leqslant 9$ e) $x < 7, x \geqslant 7, x \leqslant -12, x > 36$ f) $x \geqslant 13, x > 13, x < -6, x \leqslant 9$

15 Resolver as seguintes inequações:

a) $2x(3x-1)-2(2x-1)(x+3)-(x-2)^2 > x(x-5)+17$

---

b) $(2x-1)(2x+1)-2(x-3)^2-3(3x-1)(x+4) \geqslant 7-2x(3x+7)-x^2$

---

c) $2x+9-2x(x-4) < 31x^2-2(3x-1)(x+2)-3(3x-1)^2$

---

d) $2(3x-2)^2-2(3x-2)(3x+2) \leqslant x(x-3)-(x+2)(x+7)+38$

6 – Inequação do 2º grau

Se os números **a**, **b**, e **c** são reais com **a** diferente de zero ($a \neq 0$), as sentenças

$ax^2 + bx + c > 0$, $ax^2 + bx + c \geqslant 0$, $ax^2 + bx + c < 0$ e $ax^2 + bx + c \leqslant 0$

são chamadas inequações do 2º grau.

Para resolver uma inequação do 2º grau fazemos o estudo da variação do sinal de $f(x) = ax^2 + bx + c$ e damos como resposta o conjunto dos valores de x, do domínio em questão, que tornam a sentença dada verdadeira.

Aplicando as propriedades das desigualdades já vistas, transformamos algumas inequações em inequações equivalentes que têm uma das formas dadas acima.

Inequações equivalentes são inequações que têm o mesmo conjunto solução.

Olhe como obtemos inequações equivalentes:

1) $12x^2 - 3x + 1 < 5x^2 + 2x - 10 \Leftrightarrow$

$$12x^2 - 3x + 1 - 5x^2 - 2x + 10 < 0 \Leftrightarrow \boxed{7x^2 - 5x + 11 < 0}$$

2) $-3x^2 + 5x + 8 \geqslant 0 \Leftrightarrow$

$$-1(-3x^2 + 5x + 8) \leqslant 0(-1) \Leftrightarrow \boxed{3x^2 - 5x - 8 \leqslant 0}$$

O estudo da variação do sinal de $f(x) = ax^2 + bx + c$, $a \neq 0$ pode ser feito de um do seguintes modos:

Através da parábola

a > 0

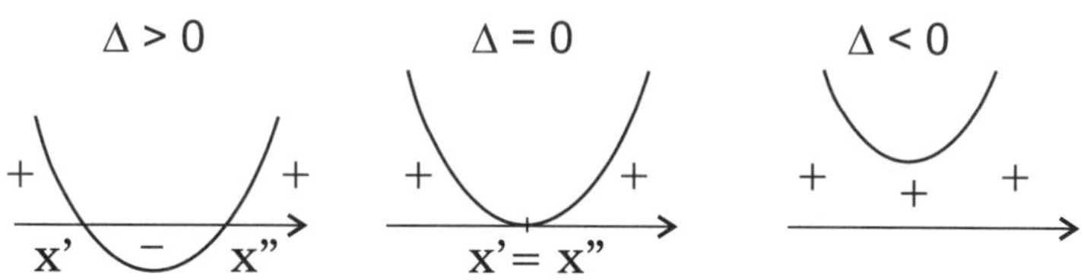

a < 0

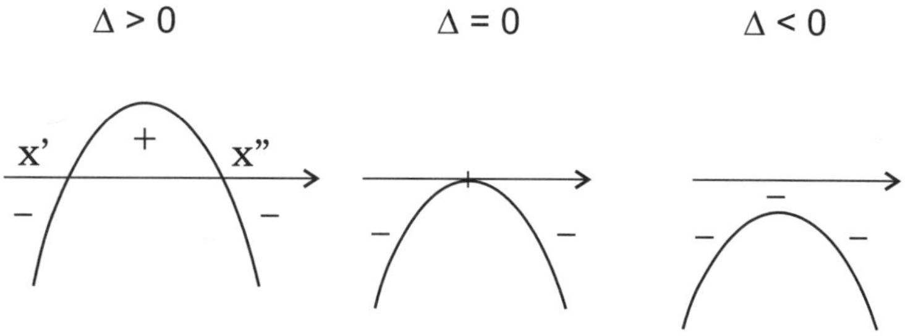

Dispositivo prático

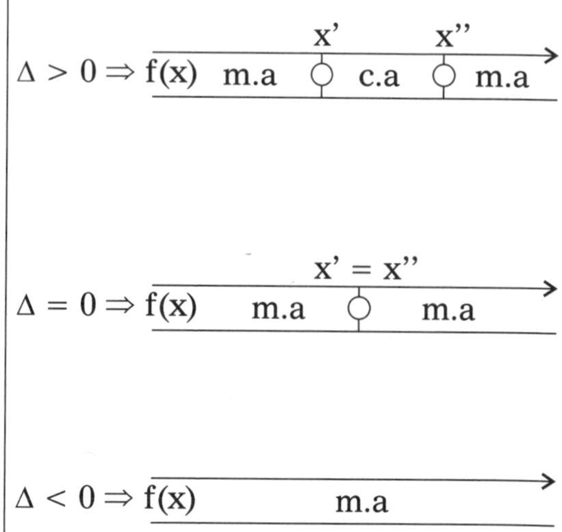

Resp: **13** a) $x \geqslant -3$ b) $x < 11$ c) $x \geqslant 1$ d) $x > -14$ e) $x \geqslant -5$ f) $x < 4$ g) $x \leqslant -10$ h) $x > -2$

14 a) $\{x \in \mathbb{R} \mid x > 9\}$ b) $\left\{x \in \mathbb{R} \mid x \leqslant \frac{10}{7}\right\}$ c) $\left\{x \in \mathbb{R} \mid x \leqslant \frac{16}{13}\right\}$ d) $\{x \in \mathbb{R} \mid x \geqslant 3\}$

e) $\left\{x \in \mathbb{R} \mid x < -\frac{1}{10}\right\}$ f) $\left\{x \in \mathbb{R} \mid x < \frac{1}{2}\right\}$

Exemplo 1: Resolver a inequação $-3x^2 - 5x + 2 < 0$.

Queremos determinar o conjunto dos valores de **x** que tomam o trinômio $y = -3x^2 - 5x + 2$ negativo.

1º modo: Vamos manter o a < 0

$\underbrace{-3x^2 - 5x + 2}_{y} < 0$

Cálculo das raízes:

$-3x^2 - 5x + 2 = 0 \Rightarrow$

$3x^2 + 5x - 2 = 0$

$\Delta = 25 + 24 = 49 \Rightarrow x = \dfrac{-5 \pm 7}{6} \Rightarrow$

$x' = -2 \;\; e \;\; x'' = \dfrac{1}{3}$

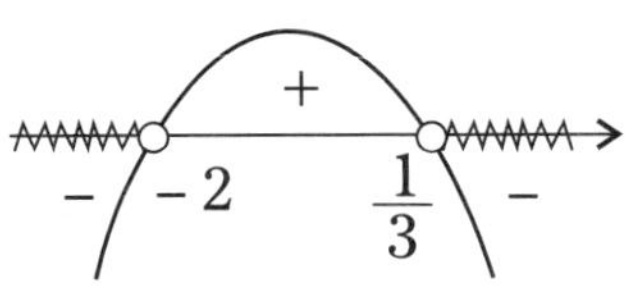

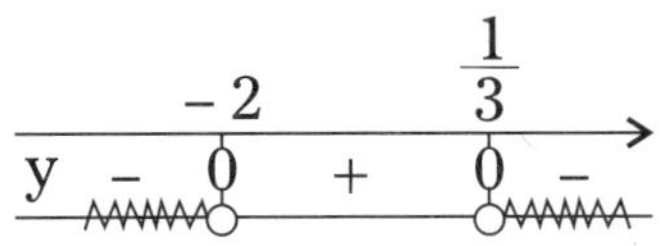

$S = \left\{x \in \mathbb{R} \mid x < -2 \vee x > \dfrac{1}{3}\right\}$

2º modo: Multiplicando por (– 1) e

invertendo o sentido

$-3x^2 - 5x + 2 < 0 \Rightarrow 3x^2 + 5x - 2 > 0$

Cálculo das raízes: (são as mesmas)

$3x^2 + 5x - 2 = 0$

$\Delta = 25 + 24 = 49 \Rightarrow x = \dfrac{-5 \pm 7}{6} \Rightarrow$

$x' = -2 \;\; e \;\; x'' = \dfrac{1}{3}$

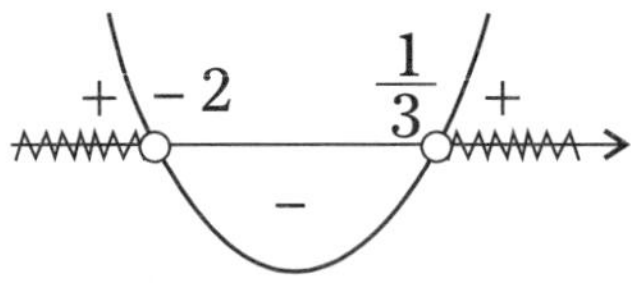

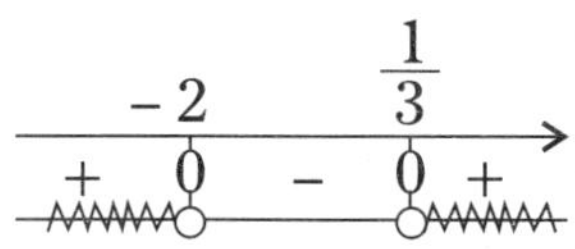

$S = \left\{x \in \mathbb{R} \mid x < -2 \vee x > \dfrac{1}{3}\right\}$

Exemplo 2: Resolver as inequações seguintes.

a) $\underbrace{9x^2 - 12x + 4}_{y} > 0$

Cálculo das raízes:

$9x^2 - 12x + 4 = 0$

$\Delta = 144 - 144 = 0 \Rightarrow \Delta = \dfrac{12 \pm 0}{18} \Rightarrow x' = x'' = \dfrac{2}{3}$

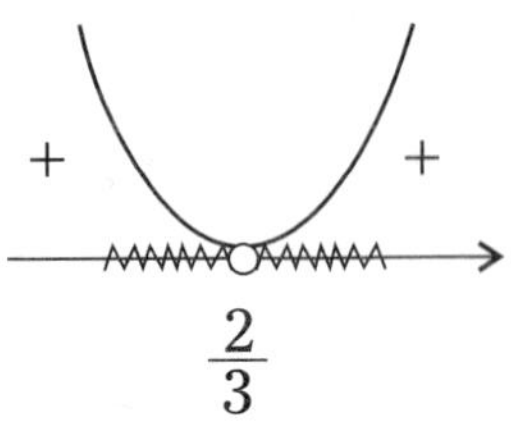

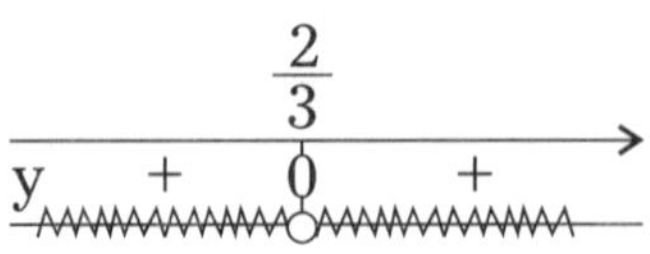

$S = \left\{x \in \mathbb{R} \mid x \neq \dfrac{2}{3}\right\} = R - \left\{\dfrac{2}{3}\right\}$

Obs.: Olhe as inequações com o mesmo trinômio:

$9x^2 - 12x + 4 \geqslant 0 \Rightarrow S = \mathbb{R}$

$9x^2 - 12x + 4 < 0 \Rightarrow S = \varnothing$

$9x^2 - 12x + 4 \leqslant 0 \Rightarrow S = \left\{\dfrac{2}{3}\right\}$

b) $\underbrace{3x^2 - 4x + 2}_{y} > 0$

Cálculo das raízes:

$3x^2 - 4x + 2 = 0$

$\Delta = 16 - 24 = -8 \Rightarrow \Delta < 0 \Rightarrow$ não há raízes reais.

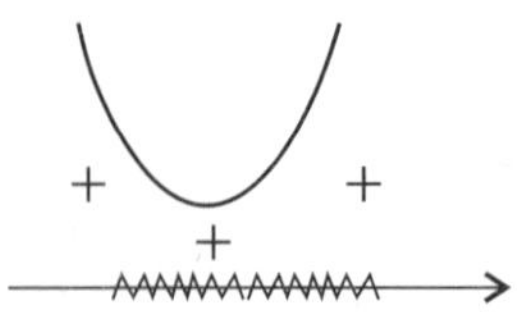

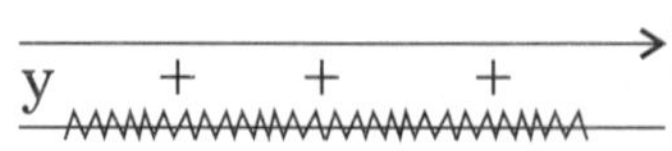

S = R

Obs.: Olhe as inequações com o mesmo trinômio

$3x^2 - 4x + 2 \geqslant 0 \Rightarrow S = \mathbb{R}$

$3x^2 - 4x + 2 < 0 \Rightarrow S = \varnothing$

$3x^2 - 4x + 2 \leqslant 0 \Rightarrow S = \varnothing$

Exemplo 3: Resolver as inequações seguintes.

a) $4x^2 - 36 \leqslant 0$

Cálculo das raízes:

$4x^2 - 36 = 0 \Rightarrow 4x^2 = 36 \Rightarrow$

$x^2 = 9 \Rightarrow$ $\boxed{x = \pm 3}$

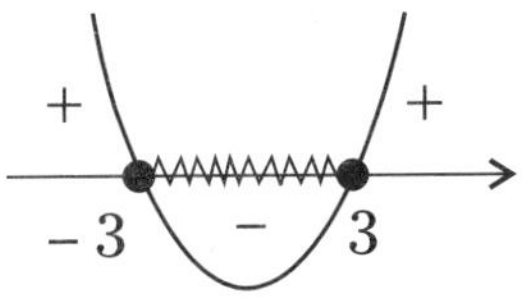

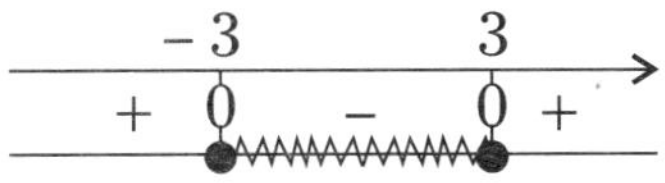

$S = \{x \in \mathbb{R} \mid -3 \leqslant x \leqslant 3\}$

b) $-5x^2 + 20x \leqslant 0$

Podemos multiplicar por (– 1) e inverter o sentido. Mas vamos resolver com a = – 5, como está.

Cálculo das raízes:

$-5x^2 + 20x = 0 \Rightarrow x^2 - 4x = 0 \Rightarrow$

$x(x - 4) = 0 \Rightarrow x' = 0$ e $x'' = 4$

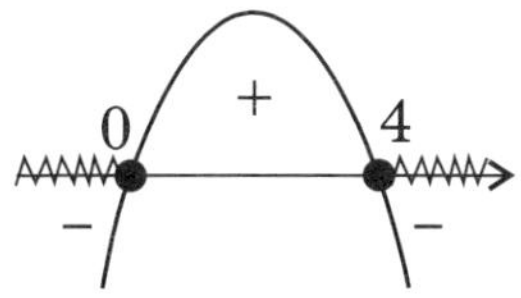

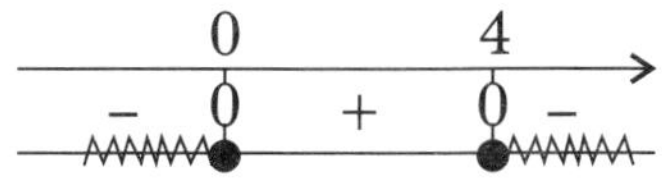

$S = \{x \in \mathbb{R} \mid x \leqslant 0 \text{ ou } x \geqslant 4\}$

16 Dadas as raízes do 1º membro, quando houver, e o sinal de **a**, resolver as inequações, nos casos:

a) $ax^2 + bx + c \geqslant 0$, $x' = -1$, $x'' = 6$ e $a > 0$

b) $ax^2 + bx + c \leqslant 0$, $x' = 1$, $x'' = 7$ e $a > 0$

c) $ax^2 + bx + c > 0$, $x' = -7$, $x'' = 1$, $a < 0$

d) $ax^2 + bx + c < 0$, $x' = 3$, $x'' = 9$, $a < 0$

e) $ax^2 + bx + c > 0$, $x' = x'' = 4$, $a > 0$

f) $ax^2 + bx + c \geqslant 0$, $x' = x'' = -2$, $a < 0$

g) $ax^2 + bx + c > 0$, $\Delta < 0$, $a > 0$

h) $ax^2 + bx + c > 0$, $\Delta < 0$, $a < 0$

Resp: **15** a) $S = \{x \in \mathbb{R} \mid x < -5\}$ b) $S = \{x \in \mathbb{R} \mid x \leqslant -2\}$ c) $S = \{x \in \mathbb{R} \mid x < -4\}$ d) $S = \{x \in \mathbb{R} \mid x \geqslant -3\}$

17 Resolver as seguintes inequações:

a) $2x^2 - 7x + 6 > 0$

b) $3x^2 + 11x - 4 < 0$

c) $2x^2 - 3x - 2 \leqslant 0$

d) $3x^2 + 2x - 8 \geqslant 0$

e) $-5x^2 - 14x + 3 \leqslant 0$

f) $-3x^2 + 20x - 12 > 0$

18 Resolver as seguintes inequações:

a) $4x^2 - 4x + 1 > 0$

b) $9x^2 + 6x + 1 \geqslant 0$

c) $4x^2 - 12x + 9 < 0$

d) $9x^2 - 12x + 9 \leqslant 0$

e) $-x^2 + 10x - 25 < 0$

f) $-4x^2 - 20x - 25 \leqslant 0$

g) $-36x^2 + 60x - 25 > 0$

h) $-25x^2 + 30x - 9 \geqslant 0$

Resp: **16** a) $S = \{x \in \mathbb{R} \mid x \leqslant -1 \vee x \geqslant 6\}$ b) $S = \{x \in \mathbb{R} \mid 1 \leqslant x \leqslant 7\}$ c) $S = \{x \in \mathbb{R} \mid -7 < x < 1\}$ d) $S = \{x \in \mathbb{R} \mid x < -3 \vee x > 9\}$
e) $S = \{x \in \mathbb{R} \mid x \neq 4\} = \mathbb{R} - \{4\}$ f) $S = \{-2\}$ g) $S = \mathbb{R}$ h) $S = \varnothing$

19 Resolver as seguintes inequações:

a) $2x^2 - 3x + 2 > 0$

b) $4x^2 + 5x + 3 \geqslant 0$

c) $5x^2 - x + 1 < 0$

d) $-7x^2 + 5x - 2 < 0$

e) $-3x^2 - 2x - 1 \leqslant 0$

f) $-x^2 + 4x - 5 \geqslant 0$

20 Resolver as seguintes inequações:

a) $x^2 - 9 \leqslant 0$

b) $4x^2 - 25 > 0$

c) $x^2 - 12 \geqslant 0$

d) $-9x^2 + 36 \geqslant 0$

e) $-7x^2 + 63 < 0$

f) $-x^2 + 20 > 0$

21 Resolver as seguintes inequações:

a) $x^2 + 5 > 0$

b) $x^2 + 7 < 0$

c) $-x^2 - 4 \leqslant 0$

22 Resolver as seguintes inequações, nos casos:

a) $x^2 - 5x \leqslant 0$

b) $7x^2 - 21x > 0$

c) $-2x^2 + 10x \leqslant 0$

23 Resolver:

a) $3x^2 > 0$

b) $4x^2 \geqslant 0$

c) $-7x^2 > 0$

d) $-3x^2 \geqslant 0$

e) $-\dfrac{3}{2}x^2 < 0$

f) $\sqrt{2}\,x^2 > 0$

g) $-\sqrt{3}\,x^2 \geqslant 0$

h) $-x^2 < 0$

i) $-5x^2 > 0$

j) $-\dfrac{2}{3}x^2 < 0$

k) $3x^2 - 4x - 1 \leqslant 4(x^2 - x - 1) + 4$

l) $5x^2 - 2(x - 1) - 4x > 2(x^2 - 3x) + 2$

Resp: **17** a) $S = \left\{x \in \mathbb{R} \mid x < \dfrac{3}{2} \vee x > 2\right\}$ b) $S = \left\{x \in \mathbb{R} \mid -4 < x < \dfrac{1}{3}\right\}$ c) $S = \left\{x \in \mathbb{R} \mid -\dfrac{1}{2} \leqslant x \leqslant 2\right\}$ d) $S = \left\{x \in \mathbb{R} \mid x \leqslant -2 \vee x \geqslant \dfrac{4}{3}\right\}$
e) $S = \left\{x \in \mathbb{R} \mid x \leqslant -3 \vee x \geqslant \dfrac{1}{5}\right\}$ f) $S = \left\{x \in \mathbb{R} \mid \dfrac{2}{3} < x < 6\right\}$ **18** a) $S = \mathbb{R} - \left\{\dfrac{1}{2}\right\}$ b) $S = \mathbb{R}$ c) $S = \varnothing$ d) $S = \left\{\dfrac{2}{3}\right\}$
e) $S = \mathbb{R} - \{5\}$ f) $S = \mathbb{R}$ g) $S = \varnothing$ h) $S = \left\{\dfrac{3}{5}\right\}$

24 Determinandos as raízes por fatoração, resolver as seguintes inequações do 2º grau.

a) $x^2 - 7x + 10 \leqslant 0$	b) $x^2 - 2x - 15 > 0$	c) $-x^2 + 2x + 8 \geqslant 0$
d) $-x^2 + 10x - 21 < 0$	e) $-x^2 + 4x + 21 > 0$	f) $x^2 + 4x - 21 > 0$
g) $-x^2 - 10x - 21 < 0$	h) $x^2 + 7x - 44 \leqslant 0$	i) $-x^2 + 17x - 52 > 0$
j) $x^2 + 8x - 65 \geqslant 0$	k) $-x^2 - x + 56 < 0$	l) $-x^2 - 11x + 60 \geqslant 0$

25 Resolver as seguintes inequações:

a) $2x^2 - 3(2x - 1)(x + 2) - (x + 3)(2x + 1) \leqslant -24 - 2(2x - 3)(x + 3) - 13x$

---

b) $x(3x + 2) - 2(3x - 1)(3x + 1) - 3(4 - 3x)(2 + 3x) > 4(2x - 1)^2 - 75$

---

c) $2(2x - 3)(2x - 1) - 3(x - 2)^2 - 7(x + 1)(x - 1) \leqslant x(x - 7) + 1 - x^2$

Resp: **19** a) $S = \mathbb{R}$ b) $S = \mathbb{R}$ c) $S = \varnothing$ d) $S = \mathbb{R}$ e) $S = \mathbb{R}$ f) $S = \varnothing$

20 a) $\{x \in \mathbb{R} \mid -3 \leqslant x \leqslant 3\}$ b) $\left\{x \in \mathbb{R} \mid x < -\frac{5}{2} \vee x > \frac{5}{2}\right\}$ c) $\left\{x \in \mathbb{R} \mid x \leqslant -2\sqrt{3} \vee x > 2\sqrt{3}\right\}$ d) $\{x \in \mathbb{R} \mid -2 \leqslant x \leqslant 2\}$ e) $\{x \in \mathbb{R} \mid x < -3 \vee x > 3\}$ f) $\left\{x \in \mathbb{R} \mid -2\sqrt{5} < x < 2\sqrt{5}\right\}$

21 a) $S = \mathbb{R}$ b) $S = \varnothing$ c) $S = \mathbb{R}$

22 a) $\{x \in \mathbb{R} \mid 0 \leqslant x \leqslant 5\}$ b) $\{x \in \mathbb{R} \mid x < 0 \vee x > 3\}$ c) $\{x \in \mathbb{R} \mid x < 0 \vee x > 5\}$

23 a) $S = \mathbb{R}^*$ b) $S = \mathbb{R}$ c) $S = \varnothing$ d) $S = \{0\}$ e) $S = \mathbb{R}^*$ f) $S = \mathbb{R}^*$ g) $S = \{0\}$ h) $S = \mathbb{R}^*$ i) $S = \varnothing$ j) $S = \mathbb{R}^*$ k) $S = \mathbb{R}$ l) $S = \mathbb{R}^*$

26 Dadas as funções $f(x) = 5x^2 - x + 8$ e $g(x) = 7x^2 - 8x + 4$, determinar os valores inteiros de **x** tal que $f(x) - g(x) > 0$.

27 Dadas as funções $f(x) = 2x^2 - 12x + 8$ e $g(x) = -3x^2 + 21x - 7$, determinar a soma dos valores inteiros de **x** tal que $f(x) - g(x) < 29$.

28 Determinando as raízes mentalmente, escrever a solução da inequação, nos casos:

a) $x^2 - 1 \geqslant 0$	b) $x^2 - 9 < 0$	c) $x^2 - 36 \leqslant 0$
d) $x^2 - 2x \geqslant 0$	e) $x^2 - 5x < 0$	f) $x^2 + 7x \leqslant 0$
g) $-x^2 + 25 < 0$	h) $-x^2 + 49 > 0$	i) $-2x^2 + 18 \geqslant 0$
j) $-x^2 + 4x < 0$	k) $-2x^2 - 10x \leqslant 0$	e) $-4x^2 - 20x > 0$

29 Resolver as seguintes inequações:

a) $x^2 - 5 < 0$

b) $x^2 - 2\sqrt{3}\,x \geqslant 0$

c) $-2x^2 + 100 \leqslant 0$

d) $x^2 - 2x - 2 \leqslant 0$

e) $2x^2 - 7\sqrt{2}\,x + 6 < 0$

f) $x^2 - 6x - 4 \geqslant 0$

g) $-3x^2 + 4x + 2 > 0$

Resp: **24** a) $\{x \in \mathbb{R} \mid 2 \leqslant x \leqslant 5\}$ b) $\{x \in \mathbb{R} \mid x < -3 \vee x > 5\}$ c) $\{x \in \mathbb{R} \mid -2 \leqslant x \leqslant 4\}$ d) $\{x \in \mathbb{R} \mid x < 3 \vee x > 4\}$
e) $\{x \in \mathbb{R} \mid -3 < x < 7\}$ f) $\{x \in \mathbb{R} \mid x < -7 \vee x > 3\}$ g) $\{x \in \mathbb{R} \mid -x < -7 \vee x > -3\}$ h) $\{x \in \mathbb{R} \mid -11 < x < 4\}$
i) $\{x \in \mathbb{R} \mid 4 < x < 13\}$ j) $\{x \in \mathbb{R} \mid x \leqslant -13 \vee x \geqslant 5\}$ k) $\{x \in \mathbb{R} \mid x < -8 \vee x > 7\}$ l) $\{x \in \mathbb{R} \mid -15 \leqslant x \leqslant 4\}$

25 a) $\left\{x \in \mathbb{R} \mid x \leqslant -\frac{3}{2} \vee x \geqslant 3\right\}$ b) $\left\{x \in \mathbb{R} \mid -\frac{7}{2} < x < \frac{7}{2}\right\}$ c) $\left\{x \in \mathbb{R} \mid x \leqslant 0 \vee x \geqslant \frac{3}{2}\right\}$

7 – Sistemas de inequações

Quando tivermos duas ou mais inequações e o que se quer é determinar os valores das incógnitas que satisfazem todas, simultaneamente, dizemos que estas inequações formam um sistema de inequações.

Para resolver um sistema de inequações resolvemos cada uma das inequações e a interseção das soluções obtidas será a solução do sistema em questão.

Exemplo 1: $\begin{cases} 3x - 2 \leqslant 16 \\ 5x - 2 > 3 \end{cases}$

Resolução:

1) $3x - 2 \leqslant 16$

$3x \leqslant 18$

(S_1) $\boxed{x \leqslant 6}$

2) $5x - 2 > 3$

$5x > 5$

(S_2) $\boxed{x > 1}$

3)

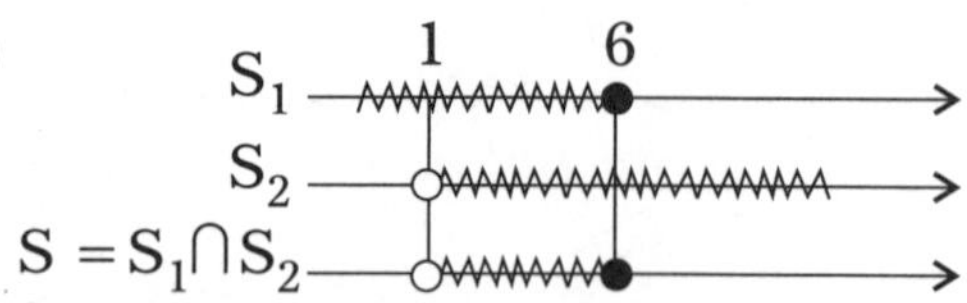

$S = \{x \in \mathbb{R} \mid 1 < x \leqslant 6\}$

Exemplo 2: $\begin{cases} 2x - 3 \geqslant 5x - 16 \\ x^2 - x - 56 \leqslant 0 \\ x^2 - 2x - 3 > 0 \end{cases}$

Resolução:

1) $2x - 3 \geqslant 5x - 18$

$-3x \geqslant -15$

$\boxed{x \leqslant 5}$

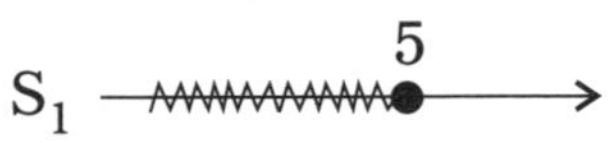

2) $x^2 - x - 56 \leqslant 0$

$x^2 - x - 56 = 0$

$(x - 8)(x + 7) = 0$

3) $x^2 - 2x - 3 > 0$

$x^2 - 2x - 3 = 0$

$(x - 3)(x + 1) = 0$

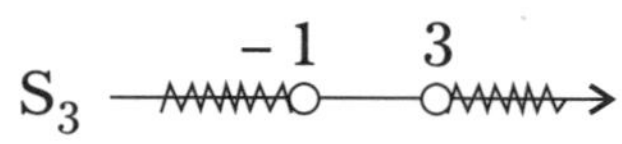

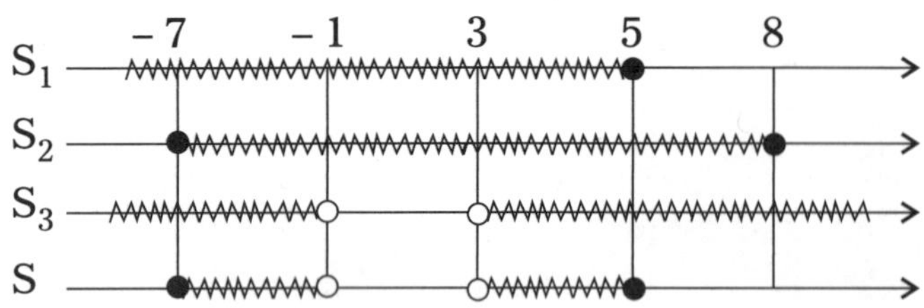

$S = S_1 \cap S_2 \cap S_3 = \{x \in \mathbb{R} \mid -7 \leqslant S\ x < -1 \vee 3 < x \leqslant 5\}$

ou $\quad S = [-7, -1[\cup]3, 5]$

Exemplo 3: $1 - 2x - x^2 \leqslant x^2 - 5x - 1 < 7 + 5x - 2x^2$

Resolução: $\begin{cases} x^2 - 5x - 1 < 7 + 5x - 2x^2 \\ x^2 - 5x - 1 \geqslant 1 - 2x - x^2 \end{cases} \Rightarrow \begin{cases} 3x^2 - 10x - 8 < 0 \\ 2x^2 - 3x - 2 \geqslant 0 \end{cases}$

1) $3x^2 - 10x - 8 < 0$

$3x^2 - 10x - 8 = 0$

$\Delta = 100 + 96 = 196$

$x = \dfrac{10 \pm 14}{6} \Rightarrow x = -\dfrac{2}{3} \lor x = 4$

2) $2x^2 - 3x - 2 \geqslant 0$

$2x^2 - 3x - 2 = 0$

$\Delta = 9 + 16 = 25$

$x = \dfrac{3 \pm 5}{4} \Rightarrow x = -\dfrac{1}{2} \lor x = 2$

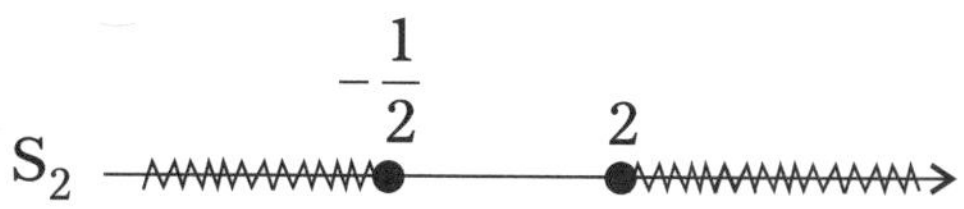

3) $S = S_1 \cap S_2$

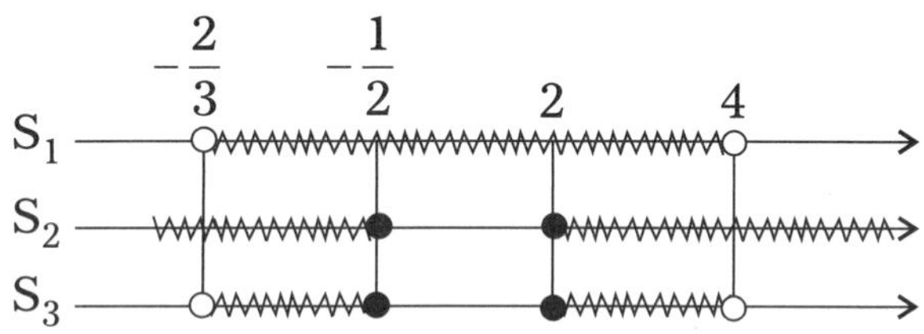

$S = \left\{x \in R \mid -\dfrac{2}{3} < x \leqslant -\dfrac{1}{2} \lor 2 \leqslant x < 4\right\} = \left]-\dfrac{2}{3}, -\dfrac{1}{2}\right] \cup [2, 4[$

30 Resolver o seguinte sistema

$\begin{cases} x^2 - 36 \leqslant 0 \\ 7x^2 - 21x > 0 \end{cases}$

Resp: **26** 0, 1, 2, 3 **27** 21 **28** a) $\{x \in \mathbb{R} \mid x \leqslant -1 \lor x \geqslant 1\}$ b) $\{x \in \mathbb{R} \mid -3 < x < 3\}$ c) $\{x \in \mathbb{R} \mid -6 \leqslant x \leqslant 6\}$ d) $\{x \in \mathbb{R} \mid x \leqslant 0 \lor x > 2\}$ e) $\{x \in \mathbb{R} \mid 0 < x < 5\}$ f) $\{x \in \mathbb{R} \mid -7 \leqslant x \leqslant 0\}$ g) $\{x \in \mathbb{R} \mid x < -5 \lor x > 5\}$ h) $\{x \in \mathbb{R} \mid -7 < x < 7\}$ i) $\{x \in \mathbb{R} \mid -3 \leqslant x \leqslant 3\}$ j) $\{x \in \mathbb{R} \mid x < 0 \lor x > 4\}$ k) $\{x \in \mathbb{R} \mid x \leqslant -5 \lor x \geqslant 0\}$ l) $\{x \in \mathbb{R} \mid -5 < x < 0\}$ **29** a) $\{x \in \mathbb{R} \mid -\sqrt{5} < x < \sqrt{5}\}$ b) $\{x \in \mathbb{R} \mid x \leqslant 0 \lor x \geqslant 2\sqrt{3}\}$ c) $\{x \in \mathbb{R} \mid x \leqslant -5\sqrt{2} \lor x \geqslant 5\sqrt{2}\}$ d) $\{x \in \mathbb{R} \mid 1 - \sqrt{3} \leqslant x \leqslant 1 + \sqrt{3}\}$ e) $\left\{x \in \mathbb{R} \mid \dfrac{\sqrt{2}}{2} < x < 3\sqrt{2}\right\}$ f) $\{x \in \mathbb{R} \mid x \leqslant 3 - \sqrt{13} \lor x \geqslant 3 + \sqrt{13}\}$ g) $\left\{x \in \mathbb{R} \mid \dfrac{2 - \sqrt{10}}{2} < x < \dfrac{2 + \sqrt{10}}{2}\right\}$

31 Resolver os sistemas de inequações seguintes:

a) $\begin{cases} 3x - 1 \leqslant 7x + 19 \\ 2x - 5 \geqslant 5x - 23 \end{cases}$

---

b) $\begin{cases} 5x - 1 < x + 27 \\ 2x - 3 > 4x - 9 \end{cases}$

---

c) $\begin{cases} x^2 - 9 \leqslant 0 \\ 3x - 1 > 8x - 31 \end{cases}$

---

d) $\begin{cases} x^2 - x - 12 < 0 \\ 4x^2 - 8x \geqslant 0 \end{cases}$

32 Resolver os sistemas de inequações, nos casos:

a) $\begin{cases} 2x^2 - 32 \geqslant 0 \\ 7x^2 - 14x < 0 \end{cases}$

---

b) $\begin{cases} x^2 - 2x + 15 \geqslant 0 \\ x^2 - 9 \leqslant 0 \end{cases}$

---

c) $\begin{cases} 2x^2 - 9x - 5 \leqslant 0 \\ -x^2 - x + 2 > 0 \end{cases}$

---

d) $4x - 10 < 2x - 2 < 7x + 8$

Resp: **30** $S = \{x \in \mathbb{R} \mid -6 \leqslant x < 0 \vee 3 < x \leqslant 6\} = [-6, 0[\cup]3, 6]$

8 – Domínio de funções definidas por expressões irracionais

Quando uma função for definida por uma expressão algébrica irracional onde o índice do radical for um número par, para que a imagem seja um número real, o radicando tem que ser positivo ou nulo (o radicando não pode ser negativo). Então, o domínio desta função é obtido quando impomos a condição do radicando ser maior ou igual a zero.

Exemplo: Determinar o domínio das seguintes funções:

a) $f(x) = \sqrt{2x-6}$

$f(x) \in \mathbb{R} \Leftrightarrow 2x-6 \geqslant 0 \Leftrightarrow 2x \geqslant 6 \Leftrightarrow \boxed{x \geqslant 3}$

$D = \{x \in \mathbb{R} \mid x \geqslant 3\}$

b) $f(x) = \sqrt[3]{3x-7}$

Como a raiz cúbica em $\mathbb{R}$, de qualquer número real, é um número real, obtemos: $D = \mathbb{R}$.

c) $f(x) = \sqrt{2x^2-5x-3}$

$f(x) \in \mathbb{R} \Leftrightarrow 2x^2-5x-3 \geqslant 0$.

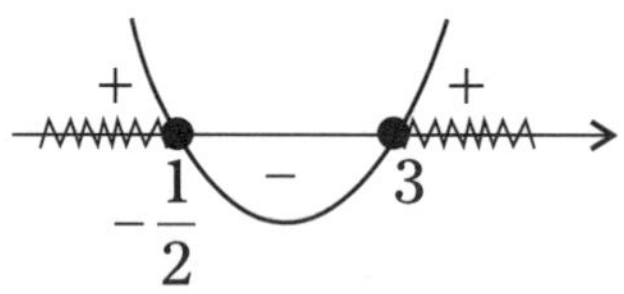

$2x^2 - 5x - 3 = 0$

$\Delta = 25 + 24 = 49$

$x = \frac{5 \pm 7}{4} \Rightarrow x = -\frac{1}{2} \vee x = 3.$ $D = \left\{x \in \mathbb{R} \mid x \leqslant -\frac{1}{2} \vee x \geqslant 3\right\}$

d) $f(x) = \sqrt{9-x^2} - \frac{x+1}{\sqrt{x^2-2x}}$

Note que devemos ter simultaneamente $9 - x^2 \geqslant 0$ e $x^2 - 2x > 0$.

($\sqrt{x^2-2x}$ é denominador, então não pode ser zero). Então o domínio é a solução do sistema.

$$\begin{cases} 9-x^2 \geqslant 0 \\ x^2-2x > 0 \end{cases}$$

1) $9 - x^2 \geqslant 0$

$\boxed{x^2-9 \leqslant 0}$

$x^2 - 9 = 0$

$\boxed{x = \pm 3}$

2) $x^2 - 2x > 0$

$x^2 - 2x = 0$

$x(x-2) = 0$

$x = 0 \vee x = 2$

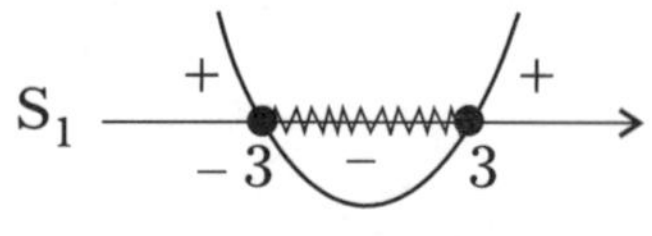

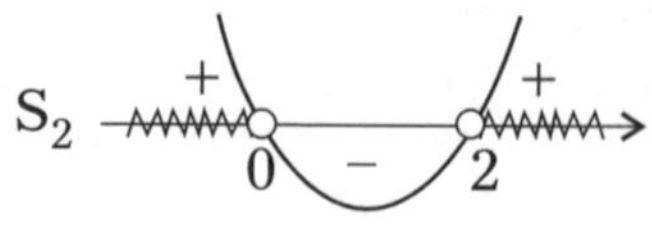

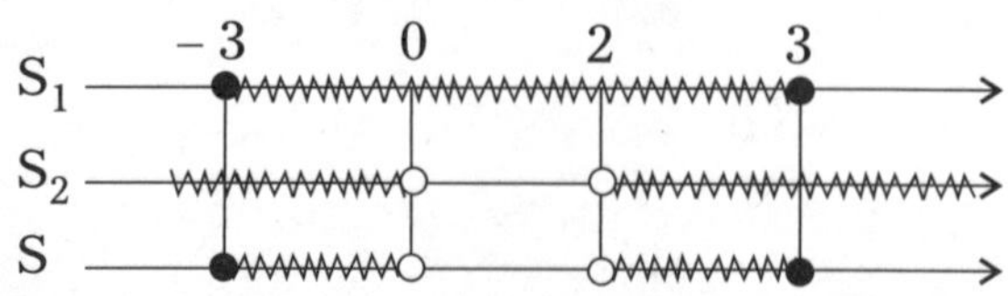

$D = \{x \in \mathbb{R} \mid -3 \leqslant x < 0 \vee 2 < x \leqslant 3\} = [-3, 0[\cup]2, 3]$

33 Determinar o domínio das seguintes funções:

a) $f(x) = \sqrt{3x - 12}$

b) $f(x) = \sqrt{21 - 3x}$

c) $f(x) = \dfrac{2x}{\sqrt{2x - 3}}$

d) $f(x) = \dfrac{2x - 7}{\sqrt{2x - 7}}$

e) $f(x) = \sqrt{3x + 4} + 2\sqrt{18 - 2x}$

f) $f(x) = \sqrt[3]{x - 4} + \sqrt[4]{x^2 - 1}$

g) $f(x) = \sqrt{3x^2 + 14x - 5} + 3x - 1$

h) $f(x) = \sqrt{-2x^2 + 5x + 12} + x^2 - 9$

Resp: **31** a) $\{x \in \mathbb{R} \mid -5 \leqslant x \leqslant 6\}$ b) $\{x \in \mathbb{R} \mid x < 3\}$ c) $\{x \in \mathbb{R} \mid -3 \leqslant x < 2\}$ d) $\{x \in \mathbb{R} \mid -3 < x \leqslant 0 \vee 2 \leqslant x < 4\}$

32 a) $S = \varnothing$ b) $S = \{-3\}$ c) $\left\{x \in \mathbb{R} \mid -\frac{1}{2} \leqslant x < 1\right\}$ d) $\{x \in \mathbb{R} \mid -2 < x < 4\}$

34 Determinar o domínio da função, nos casos:

a) $f(x) = \sqrt{-x^2 - 3x + 40} + 3\sqrt{7x^2 - 21x} + \sqrt{x^2 + x + 1}$

---

b) $f(x) = \sqrt{-x^2 + 4x + 21} + \sqrt{x^2 - 9x + 14} + \dfrac{x - 1}{\sqrt{-x^2 + 9x + 10}}$

9 – Problemas

Em alguns tipos de problemas como:

A partir de que número de peças produzidas vendidas, uma empresa começa a ter lucros.

Qual a nota que um aluno deve tirar em uma determinada disciplina para que a sua média bimestral seja superior a um determinado valor.

E em muitos outros casos, quando escrevemos a expressão, de acordo com o enunciado, encontramos uma inequação.

Exemplo 1: Em um concurso onde os candidatos fizeram provas de matemática e português, no qual a média das notas nestas matéria é ponderada, com pesos de 4 e 1, respectivamente, João fez 82 pontos em português e 40 pontos em matemática. Paulo fez 50 pontos em português, qual deve ser o número de pontos dele na prova de matemática para que sua média seja maior do que a de João?

Resolução: $M(J) = \dfrac{40(4) + 82(1)}{4+1}$ e $M(P) = \dfrac{x(4) + 50(1)}{4+1}$

$$M(P) > M(J) \Rightarrow \frac{4x + 50}{5} > \frac{160 + 82}{5} \Rightarrow 4x + 50 > 242$$

$$4x > 192 \Rightarrow \boxed{x > 48}$$

Resposta: maior do que 48 pontos

Exemplo 2: Apenas com o consumo de água, em sua residência, José gastava R$ 100,00 por mês. Ele furou um poço e passou a gastar R$ 25,00 por mês com o consumo de água, sendo que o consumo em litros permaneceu constante. Se o gasto para furar e por o poço em funcionamento foi de R$ 6 000,00, depois de quantos anos ele recuperará o dinheiro investido, admitindo que o consumo em litros permaneça constante.

Resolução: 1) Seja **x** o número de meses. Como ele gastava 100,00 por mês e passa a gastar 25,00, temos:

$$25 \cdot x + 6\,000 < 100x \Rightarrow 75x > 6\,000 \Rightarrow$$

$$3 \cdot 25x > 6 \cdot 100 \cdot 10 \Rightarrow x > 2 \cdot 4 \cdot 10 \Rightarrow x > 80$$

2) $80 \text{ meses} = \dfrac{80}{12}\text{anos} = \dfrac{20}{3}\text{anos} = 6 \text{ anos } \dfrac{2}{3}\text{ano} = 6 \text{ anos}, 8 \text{ meses}$

Resposta: **Depois de 6 anos e 8 meses**

Resp: **33** a) $D = \{x \in R \mid x \geqslant 4\}$ b) $D = \{x \in \mathbb{R} \mid x \leqslant 7\}$ c) $D = \left\{x \in \mathbb{R} \mid x > \frac{3}{2}\right\}$ d) $D = \left\{x \in \mathbb{R} \mid x > \frac{7}{2}\right\}$

e) $D = \left\{x \in \mathbb{R} \mid -\frac{4}{3} \leqslant x \leqslant 9\right\}$ f) $D = \{x \in \mathbb{R} \mid x \leqslant -1 \vee x \geqslant 1\}$ g) $D = \left\{x \leqslant -5 \vee x \geqslant \frac{1}{3}\right\}$ h) $D = \left\{x \in \mathbb{R} \mid -\frac{3}{2} \leqslant x \leqslant 4\right\}$

Exemplo 3: A escala 1: 200 000 em uma mapa significa que uma distância de 1 cm no mapa corresponde a uma distância real de 200 000 cm = 20 000 dm = 2 000 m = 200 dam = 20 hm = 2 km.

Sendo **d** uma distância no mapa, **D** a distância real e **E** a escala, escrevemos $E = \frac{d}{D}$. Na escala dado acima se d = 5 cm observe como determinar D.

$$E = \frac{d}{D} \Rightarrow \frac{1}{200\,000} = \frac{5}{D} \Rightarrow D = 1000\,000\text{ cm} \Rightarrow D = 10\,000\text{ m} \Rightarrow \boxed{D = 10\text{ km}}$$

Determinar **x** na escala $\frac{1}{x}$ para que uma avenida de 1500 m tenha no mapa um comprimento entre 5 cm e 8 cm.

1) $E = \frac{1}{x} \Rightarrow \frac{1}{x} = \frac{d}{D} \Rightarrow \frac{1}{x} = \frac{d}{1500\text{ m}} \Rightarrow d = \frac{1500\text{ m}}{x} \Rightarrow d = \frac{150\,000\text{ cm}}{x}$

2) $5 < d < 8 \Rightarrow 5 < \frac{150\,000}{x} < 8 \Rightarrow \frac{1}{5} > \frac{x}{150\,000} > \frac{1}{8} \Rightarrow$

$\frac{150\,000}{5} > x > \frac{150\,000}{8} \Rightarrow 30\,000 > x > 18\,750$

Resposta: 18750 < x < 30 000

Exemplo 4: Uma firma de entregas faz uma pontuação para entregas de curtas distâncias que depois são revertidas em prêmios. O entregador que faz a entrega a pé recebe **9 pontos**, o que a faz de bicicleta recebe **6 pontos** e o que a faz de carro recebe O.

Em um determinado dia cada funcionário deveria fazer 12 entregas.

a) É possível um funcionário fazer exatamente 94 pontos neste dia?

b) Quantas entregas ele tem que fazer a pé, no mínimo, para ter certeza de que fará mais do que 94 pontos?

c) Se um funcionário fez mais do que 94 pontos, qual é o número mínimo de entregas feitas a pé para que isto seja possível?

Resolução: a) Sendo a, b e c o número de entregas feitas, respectivamente, a pé, de bicicleta e carro temos:

$9a + 6b + 0c = 94 \Rightarrow 3(3a + 2b) = 94 \Rightarrow 3a + 2b = \frac{94}{3}$

Como $(3a + 2b) \in \mathbb{N}$ e $\frac{94}{3} \notin \mathbb{N}$, é impossível receber 94 pontos.

b) $9a > 94 \Rightarrow a > \frac{94}{9} \Rightarrow a > 10{,}44... \Rightarrow \boxed{a = 11}$

c) O número mínimo de entregas a pé para garantir mais do que 94 pontos é quando nenhuma deve ser feita de carro e o b seja o maior possível. Então:

1) $a + b = 12$, pois $c = 0$, $\Rightarrow b = 12 - a$

2) $9a + 6b > 94 \Rightarrow 9a + 6(12 - a) > 94 \Rightarrow 3a > 22 \Rightarrow a > 7{,}33...$

Para que **b** seja o maior possível, devemos ter a= 8, que é menor possível

Resposta: a) Não b) 11 c) 8

35 (ENEM-2014) Ao final de uma competição de ciências em uma escola, restaram apenas três candidatos. De acordo com as regras, o vencedor será o candidato que obtiver a maior média ponderada entre as notas das provas finais nas disciplinas química e física, considerando, respectivamente, os pesos 4 e 6 para elas. As notas são sempre números inteiros. Por questões médicas, o candidatos II ainda não fez a prova final de química. No dia em que sua avaliação for aplicada, as notas dos outros dois candidatos, em ambas as disciplinas, já terão sido divulgadas.

O quadrado apresenta as notas obtidas pelos finalistas nas provas finais.

Candidato	Química	Física
I	20	23
II	x	25
III	21	18

A menor nota que o candidato II deverá obter na prova final de química para vencer a competição é

a) 18 b) 19 c) 22 d) 25 e) 26

36 (ENEM-2005) O gás natural veicular (GNV) pode substituir a gasolina ou álcool nos veículos automotores. Nas grandes cidades, essa possibilidade tem sido explorada, principalmente, pelos táxis, que recuperam em um tempo relativamente curto o investimento feito com a conversão por meio da economia proporcionada pelo uso do gás natural. Atualmente, a conversão para gás natural do motor de um automóvel que utiliza a gasolina custa R$ 3.000,00. Um litro de gasolina permite percorrer cerca de 10 km e custa R$ 2,20, enquanto um metro cúbico de GNV permite percorrer cerca de 12 km e custa R$ 1,10. Desse modo, um taxista que percorra 6.000 km por mês recupera o investimento da conversão em aproximadamente.

a) 2 meses b) 4 meses c) 6 meses d) 8 meses e) 10 meses

37 (ENEM-2018) Uma empresa de comunicação tem a tarefa de elaborar um material publicitário de um estaleiro para divulgar um novo navio, equipado com um guindaste de 15 m de altura e uma esteira de 90 m de comprimento. No desenho desse navio, a representação do guindaste dever ter sua altura entre 0,5 cm e 1 cm, enquanto a esteira deve apresentar comprimento superior a 4 cm. Todo o desenho deverá ser feito em uma escola 1:x.

Os valores possíveis para x são, apenas:

a) $x > 1\ 500$ b) $x < 3\ 000$ c) $1\ 500 < x < 2\ 250$

d) $1\ 500 < x < 3\ 000$ e) $2\ 250 < x < 3\ 000$

Resp: **34** a) $D = \{x \in \mathbb{R} \mid -8 \leqslant x \leqslant 0 \vee 3 \leqslant x \leqslant 5\} = [-8, 0] \cup [3, 5]$ b) $D = \{x \in \mathbb{R} \mid -1 < x \leqslant 2 \vee x = 7\} =]-1, 2] \cup \{7\}$

38 (UFG-2013) Um comerciante comprou um lote de um produto **A** por R$ 1.000,00 e outro, de um produto **B**, por R$ 3.000,00 e planeja vendê-los, durante um certo período de tempo, em kits contendo um item da cada produto, descartando o que não for vendido ao final do período. Cada kit é vendido ao preço de R$ 25,00, correspondendo a R$ 10,00 do produto **A** e R$ 15,000 do **B**. Tendo em vista estas condições, o número mínimo de kits que o comerciante precisa vender, para o lucro obtido com o produto **B** seja maior do que com o **A**, é:

a) 398 b) 399 c) 400 d) 401 e) 402

---

39 (FGV-2013) Laura caminha pelo menos 5 km por dia. Rita também caminha todos os dias, e a soma das distâncias diárias percorridas por Laura e Rita em suas caminhadas não ultrapassa 12 km. A distância máxima diária percorrida por Rita, em quilômetros, e igual a

a) 4 b) 5 c) 6 d) 7 e) 8

---

40 (FGV-2014) Em uma competição de Matemática, a prova é do tipo múltipla escolha com 25 questões. A pontuação de cada competidor é feita de tal maneira que cada questão

- respondida corretamente vale 6 pontos;
- não respondida vale 1,5 ponto;
- respondida erradamente vale 0 (zero) ponto.

a) É possível um competidor fazer exatamente 100 pontos? Se a resposta for afirmativa, mostre uma maneira; se não for, justifique a impossibilidade.

b) Márcia fez mais de 100 pontos. Quantas questões, no mínimo, ela respondeu corretamente?

41 (FUVEST-2008) Por recomendação médica, uma pessoa deve fazer, durante um curto período, dieta alimentar que lhe garanta um mínimo diário de 7 miligramas de vitamina A e 60 microgramas de vitamina D, alimentando-se exclusivamente de um iogurte especial e de uma mistura de cereais, acomodada em pacotes. Cada litro do iogurte fornece 1 miligrama de vitamina A e 20 microgramas de vitamina D. Cada pacote de cereais fornece 3 miligramas de vitamina A e 15 microgramas de vitamina D. Consumindo x litros de iogurte e y pacotes de cereais diariamente, a pessoa terá certeza de estar cumprindo a dieta se

a) $x + 3y \geqslant 7$ e $20x + 15y \geqslant 60$
b) $x + 3y \leqslant 7$ e $20x + 15y \leqslant 60$
c) $x + 20y \geqslant 7$ e $3x + 15y \geqslant 60$
d) $x + 20y \leqslant 7$ e $3x + 15y \leqslant 60$
e) $x + 15y \geqslant 7$ e $3x + 20y \geqslant 60$

---

42 (FGV-2016) Uma empresa fabrica x unidades de uma peça de automóvel a um custo total mensal dado por $C(x) = 10\,000 + a \cdot x$, em que 10 000 é o custo fixo e a é o custo variável por unidade. Em janeiro foram fabricadas e vendidas 1 000 peças a um custo médio de R$ 60,00. Se, em fevereiro, o preço de venda de cada peça for R$ 75,00, qual a quantidade mínima a ser fabricada e vendida para a empresa não ter prejuízo? Nota: o custo médio é igual ao custo total dividido pela quantidade produzida.

a) 370
b) 390
c) 380
d) 360
e) 4000

---

43 (FUVEST-2004) Um estacionamento cobra R$ 6,00 pela primeira hora de uso, de R$ 3,00 por hora adiconal e tem uma despesa diária de R$ 320,00. Considere-se um dia em que sejam cobradas, no total, 80 horas de estacionamento. O número mínimo de usuários necessário para que o estacionamento obtenha lucro nesse dia é:

a) 25
b) 26
c) 27
d) 28
e) 29

Resp: **35** A **36** B **37** C

44 (INSPER-2018) Uma peça pode ser fabricada pelo técnico A, com moldagem manual, ou pelo técnico B, com impressora 3D. Para fabricar a peça com moldagem manual, gastam-se 4 horas de trabalho do técnico A e R$ 40,00 de material. O valor da hora de trabalho do técnico A é R$ 17,00. Quando feita com impressora 3D, a mesma peça é fabricada em 3 horas de trabalho do técnico B, com gasto de R$ 12,00 com material.

A fabricação dessa peça é mais cara com impressora 3D se o valor da hora de trabalho do técnico B for, no

a) mínimo, superior a R$ 32,00. b) mínimo, R$ 32,00. c) mínimo, superior a R$ 24,00.

d) máximo, R$ 32,00. e) máximo, inferior a R$ 24,00.

---

45 (UFG-2013) Duas empresas de transporte concorrentes adotaram diferentes políticas de preços para um determinado tipo de transporte, em função da distância percorrida. Na empresa **A**, o preço é de R$ 3,00 fixos, mais R$ 1,50 por quilômetro rodado. Já a empresa **B** cobra R$ 8,00 fixos, mais R$ 0,10 multiplicados pelo quadrado da quilometragem rodada. Tendo em vista as informações apresentadas,

a) Para um percurso de 20 km, qual das empresas tem o menor preço?

b) Para quais distâncias a empresa B tem um preço menor do que a **A**?

---

46 (UFU-2018) Funções afins e quadráticas têm aplicações em alguns modelos simples, envolvendo os conceitos preço de venda e custo de produção de uma mercadoria, bem como a receita e o lucro obtidos com sua venda. Para uma empresa, é fundamental determinar o intervalo de produção em que a receita supera o custo de produção.

Suponha que o custo de produção de uma mercadoria de certa empresa, em função da quantidade produzida x, seja dado pela função $C(x) = 40x + 1400$ ($c_0 = 1400$ é denominado custo fixo de produção) e que o preço de venda seja $p(x) = -2x + 200$, em que x é a quantidade demandada (vendida). Nesse caso, a receita R obtida com as vendas é função de x, precisamente $R(x) = x \cdot p(x)$.

As quantidades produzidas e vendidas **x** para as quais essa empresa tem lucro $L(x) = R(x) - C(x)$ positivo (receita supera o custo de produção) é

a) $\{x \in \mathbb{R} \mid x > 40\}$ b) $\{x \in \mathbb{R} \mid 0 < x < 10\}$

c) $\{x \in \mathbb{R} \mid 10 < x < 70\}$ d) $\{x \in \mathbb{R} \mid 10 < x < 40\}$

47 (FAC.ALBERT EINSTEIN - 2018) Para arrecadar recursos para a festa de formatura, os formandos de uma escola decidiram vender convites para um espetáculo. Cada formando recebeu para vender um número de convites que é igual ao número total de formandos mais 3. Se todos os formandos conseguirem vender todos os convites a 5 reais, o dinheiro arrecadado será menor do que R$ 26 270,00. Nessas condições, o maior número de formandos que essa escola pode ter é múltiplo de

a) 12 b) 13 c) 14 d) 15

---

48 (FGV-2003) O custo diário de produção de um artigo é $C = 50 + 2x + 0{,}1x^2$, onde x é a quantidade diária produzida. Cada unidade do produto é vendida por R$ 6,50. Entre que valores deve variar x para não haver prejuízo?

a) $19 \leqslant x \leqslant 24$ b) $20 \leqslant x \leqslant 25$ c) $21 \leqslant x \leqslant 26$ d) $22 \leqslant x \leqslant 27$ e) $23 \leqslant x \leqslant 28$

---

49 (PUCSP-2008) Suponha que no século XVI, (n–23) anos antes do ano n^2, Leonardo da Vinci pintou o famoso quadro Mona Lisa. Se Leonardo nasceu em 1452 e morreu em 1519, então quantos anos ele tinha ao pintar esse quadro?

a) 59 b) 56 c) 55 d) 53 e) 51

Resp: **38** D **39** D **40** a) Chega-se a uma equação que mostra que o nº de pontos tem que ser múltiplo de 3 e como 100 não é, não é possível obter 100 pontos. b) 14 **41** A **42** E **43** C

II PORCENTAGEM

1 - Significado

Quando dizemos que uma aplicação financeira rende 8 por cento (escrevemos 8%) ao ano, queremos dizer que cada R$ 100,00 aplicados rende no fim de um ano R$ 8,00.

Quando dizemos que uma conta paga com atraso tem uma multa de 2%, queremos dizer que para cada R$ 100,00 do valor da conta, a pessoa pagará R$ 2,00 a mais na conta.

O caso da aplicação:

Aplicação	Renda
R$ 100,00	R$ 8,00
R$ 200,00	R$ 16,00
R$ 50,00	R$ 4,00
R$ 250,00	R$ 20,00

O caso de multa:

Conta	Multa
R$ 100,00	R$ 2,00
R$ 200,00	R$ 4,00
R$ 50,00	R$ 1,00
R$ 350,00	R$ 7,00

O símbolo % significa centésimos. Então:

$15\% = 15 \text{ centésimos} = 0,15 = \frac{15}{100} = \frac{3}{20}$

$8\% = 8 \text{ centésimos} = 0,08 = \frac{8}{100} = \frac{2}{25}$

$235\% = 235 \text{ centésimos} = 2,35 = \frac{235}{100} = \frac{47}{20}$

A porcentagem também é chamada de **taxa centecimal** ou **porcentual**

Da mesma forma qualquer número decimal pode ser escrito com o símbolo de porcentagem.

$0,12 = 12 \text{ centésimos} = \frac{12}{100} = 12\%$, $\quad 0,05 = 5 \text{ centésimos} = \frac{5}{100} = 5\%$

$0,2 = 2 \text{ décimos} = 20 \text{ centésimos} = \frac{2}{10} = \frac{20}{100} = 20\%$

Outros exemplos:

$12\% = 0,12 = \frac{12}{100}$; $\quad 18\% = 0,18 = \frac{18}{100}$; $\quad 240\% = 2,40 = \frac{240}{100}$

$5\% = \frac{5}{100}$; $\quad 50\% = \frac{50}{100} = \frac{1}{2}$; $\quad 100\% = \frac{100}{100} = 1$

$0,25 = \frac{25}{100} = 25\%$; $\quad 1,53 = \frac{153}{100} = 153\%$; $\quad 0,005 = \frac{5}{1000} = \frac{0,5}{100} = 0,5\%$

2 - Porcentagem de um número

Para calcularmos uma porcentagem de um número, basta multiplicarmos esta porcentagem pelo número. É o mesmo que achar uma fração de um número. Ou seja:

1) $\frac{2}{3}$ de $12 = \frac{2}{3}(12) = 2 \cdot 4 = 8$; $\quad \frac{3}{5}$ de $8 = \frac{3}{5} \cdot 8 = \frac{24}{5} = \frac{24}{10} = 2,4$

2) 5% de $500 = \frac{5}{100}(500) = 5 \cdot 5 = 25$; $\quad 15\%$ de $2000 = \frac{15}{100}(2000) = 15(20) = 300$

50 Escrever na forma de porcentagem os seguintes números:

a) $\frac{27}{100} =$	b) $\frac{3}{100} =$	c) $\frac{145}{100} =$	d) $\frac{200}{100} =$

e) $\frac{3}{10} =$	f) $\frac{7}{50} =$	g) $\frac{13}{20} =$
h) $\frac{3}{5} =$	i) $\frac{5}{4} =$	j) $\frac{11}{25} =$

51 Escrever na forma de porcentagem os seguintes números:

a) 0,27 =	b) 0,07 =	c) 0,12 =
d) 1,15 =	e) 1,02 =	f) 0,25 =
g) 0,025	h) 2,5 =	i) 25 =
j) 1 =	k) 2 =	l) 3 =

52 Transformar em fração decimal e quando possível, simplificar:

a) 23% =	b) 15% =	c) 10% =
d) 20% =	e) 25% =	f) 125% =

53 Transformar em número decimal:

a) 17% =	b) 5% =	c) 1% =
d) 10% =	e) 15,3% =	f) 2,5% =

54 Determinar:

a) $\frac{2}{5}$ de 45	b) $\frac{5}{3}$ de 360	c) $\frac{5}{7}$ de 210	d) $\frac{2}{5}$ de 34

Resp: **44** A **45** a) Empresa A b) Entre 5 km e 10 km. **46** C **47** C **48** B **49** D

55 Determinar o que se pede, nos casos:

a) 10% de 250

b) 15% de 300

c) 15% de 250

d) 7% de 11

e) 15% de $\frac{3}{5}$

f) 5% de $\frac{2}{7}$

56 Determinar o número que satisfaz a condição dada, nos casos:

a) $\frac{2}{3}$ dele é 40

b) $\frac{5}{7}$ dele é 105

c) 25% dele é 50

d) 15% dele é 75

e) 6% dele é 0,3

f) 6% dele é 150

g) 3% dele é 45,6

h) 8% dele é 10%

57 Transformar em expressão com denominador 100 e em seguida expressar em taxa porcentual o número dado, nos casos:

a) $\frac{270}{1000} =$

b) 0,32 =

c) 0,375 =

d) $\frac{3}{10} =$

e) $\frac{3,15}{10} =$

f) 0,035 =

g) 1,2 =

h) 0,0075 =

58 Simplificar as seguintes expressões:
(Dar a resposta na forma de taxa porcentual)

a) 5% + 10% + 15%

b) 50% – 20% – 12% =

c) 20%(40%)

d) 35%(20%)

e) 5%(15%)

f) 30% : (5%)

g) 5% : (20%)

h) 10% : 5%

i) $(5\%)^2 =$

j) $(15\%)^2 =$

k) $(10\%)^3 =$

Resp: **50** a) 27% b) 3% c) 145% d) 200% e) 30% f) 14% g) 65% h) 60% i) 125% j) 44% **51** a) 27% b) 7% c) 12% d) 115% e) 102% f) 25% g) 2,5% h) 250% i) 2500% j) 100% k) 200% l) 300%
52 a) $\frac{23}{100}$ b) $\frac{3}{20}$ c) $\frac{1}{10}$ d) $\frac{1}{5}$ e) $\frac{1}{4}$ f) $\frac{5}{4}$ **53** a) 0,17 b) 0,05 c) 0,01 d) 0,1 e) 0,153 f) 0,025 **54** a) 18 b) 600 c) 150 d) 13,6

3 – Problemas

O cálculo de porcentagem, cálculo de centésimos de um número, é usado em muitos problemas de descontos sobre preços, multas sobre contas, quando pagas com atraso, ganhos em aplicações financeiras, etc. Vejamos alguns exemplos:

Exemplo 1: Um número somado com os 30% dele resulta em 455. Qual é esse número?

Resolução: Sendo **x** o número, obtemos que 30% de x é igual a $\frac{30}{100}x = \frac{3}{10}x$. Então:

$$x + 30\%x = 455 \Rightarrow x + \frac{3}{10}x = 455 \Rightarrow \frac{13x}{10} = 455$$

$$\Rightarrow x = \frac{455 \cdot 10}{13} \Rightarrow 35 \cdot 10 \Rightarrow \boxed{x = 350}$$

Resposta: 350

Exemplo 2: Ao pagar uma conta com atraso, pelos 5% de multa, acabei pagando R$ 1 575,00 para quitá-la. Qual era o valor original da conta?

Resolução: Sendo **x** o valor da conta, temos:

$$x + 5\%x = 1\,575 \Rightarrow x + \frac{5}{100}x = 1575 \Rightarrow x + \frac{1}{20}x = 1575 \Rightarrow$$

$$20x + x = 1\,575(20) \Rightarrow 21x = 1575\ (20) \Rightarrow$$

$$\Rightarrow 7x = 525(20) \Rightarrow x = 75(20) \Rightarrow x = 1500$$

Obs.: Note que a multa foi de R$ 1 575,00 – R$ 1 500,00 = R$ 75,00

Resposta: R$ 1 500,00

Exemplo 3: Ao comprar um tênis, a loja deu-me um desconto de 20%. Se paguei R$ 388,00 por ele, qual era o preço sem o desconto?

Resolução: Sendo **x** o preço original, temos:

1º modo: $x - 20\%x = 388 \Rightarrow x - \frac{20}{100}x = 388 \Rightarrow$

$$x - \frac{1}{5}x = 388 \Rightarrow 5x - x = 388(5) \Rightarrow$$

$$4x = 388(5) \Rightarrow x = 97(5) \Rightarrow \boxed{x = 485}$$

2º modo: Se houve um desconto de 20%, o preço pago foi 80% de x. Então:

$$80\%x = 388 \Rightarrow \frac{80}{100}x = 388 \Rightarrow \frac{8}{10}x = 388 \Rightarrow \frac{4}{5}x = 388 \Rightarrow$$

$$4x = 388\ 388 \cdot 5 \Rightarrow x = 97 \cdot 5 \Rightarrow x = 485$$

Resposta: R$ 485,00

Exemplo 4: Determinar quanto por cento é

a) 8 de 10 b) 3 de 5 c) $\frac{1}{2}$ de $\frac{5}{7}$ d) 8 de 3

Resolução: a) **1º modo**: Transformamos em fração de denominador 100 ou em número decimal e escrevemos %.

Para isto, dividimos o primeiro pelo segundo.

$$\frac{8}{10} = \frac{8 \cdot 10}{10 \cdot 10} = \frac{80}{100} = 80\% \quad \text{ou} \quad \frac{8}{10} = 0,8 = 0,80 = \boxed{80\%}$$

2º modo: 8 é x% de 10 $\Rightarrow 8 = \frac{x}{100}10 \Rightarrow 8 = \frac{x}{10} \Rightarrow x = 80 \Rightarrow \boxed{80\%}$

b) $\frac{3}{5} = \frac{6}{10} = \frac{60}{100} = 60\%$

c) $\dfrac{\frac{1}{2}}{\frac{5}{7}} = \frac{1}{2} \cdot \frac{7}{5} = \frac{7}{10} = \frac{70}{100} = 70\%$

d) $\frac{8}{3} = 2,66666... = \frac{266,66}{100} = 266,66\%$ (aproximadamente)

Exemplo 5: Se paguei R$ 3 553,00 por um televisor e o preço que estava marcado era R$ 3 740,00, que porcentagem a loja me deu de desconto?

Resolução: 1) Valor do desconto = 3 740 – 3 553 = 187

2) **Cálculo da porcentagem**

1º modo: $\frac{187}{3\,740} = \frac{1}{20} = \frac{1 \cdot 5}{20 \cdot 5} = \frac{5}{100} = \boxed{5\%}$

2º modo: $187 = x\%\,(3\,740) \Rightarrow x\% = \frac{187}{3\,740} \Rightarrow x\% = \frac{1}{20} \Rightarrow$

$$\frac{x}{100} = \frac{1}{20} \Rightarrow x = \frac{100}{20} \Rightarrow x = 5 \Rightarrow \boxed{5\%}$$

Resposta: Desconto de 5%

Exemplo 6: 30% dos alunos do 3º ano do ensino médio de uma escola prestaram vestibular para a faculdade de engenharia e 80% deles, que são 108 alunos entraram na faculdade. Quantos são os alunos do 3º ano desta escola?

Resolução: Sendo **n** o número de alunos deste 3º ano temos:

$$80\%(30\%n) = 108 \Rightarrow \frac{80}{100} \cdot \frac{30}{100}n = 108 \Rightarrow$$

$$\frac{24}{100}n = 108 \Rightarrow n = \frac{108 \cdot (100)}{24} \Rightarrow n = \frac{27 \cdot (100)}{6} \Rightarrow$$

$$n = \frac{9}{2} \cdot 100 \Rightarrow n = 9(50) \Rightarrow \boxed{n = 450}$$

Resposta: 450 alunos

Resp: **55** a) 25 b) 45 c) 37,5 d) 0,77 e) 0,09 f) $\frac{1}{70}$ **56** a) x = 60 b) x = 147 c) x = 200 d) x = 500 e) x = 5 f) x = 2 500 g) x = 1 520 h) $x = \frac{5}{4}$ **57** a) $\frac{27}{100} = 27\%$ b) $\frac{32}{100} = 32\%$ c) $\frac{37,5}{100} = 37,5\%$ d) $\frac{30}{100} = 30\%$ e) $\frac{31,5}{100} = 31,5\%$ f) $\frac{3,5}{100} = 3,5\%$ g) $\frac{120}{100} = 120\%$ h) $\frac{0,75}{100} = 0,75\%$ **58** a) 30% b) 18% c) 8% d) 7% e) 0,75% f) 600% g) 25% h) 200% i) 0,25% j) 2,25% k) 0,1%

Exemplo 7: Um tanque contém, misturado, 8 litros de gasolina e 12 litros de álcool. Quantos litros de gasolina devemos acrescentar à mistura para que 60% da nova mistura seja de gasolina?

Resolução: A mistura inicial tem 20 litros. Acrescentando **x** litros de gasolina a nova mistura terá (20 + x) litros, dos quais (8 + x) litros é gasolina. Então:

$$8 + x = 60\% \, (20 + x) \Rightarrow 8 + x = \frac{60}{100}(20 + x) \Rightarrow 8 + x = \frac{3}{5}(20 + x) \Rightarrow$$

$$40 + 5x = 60 + 3x \Rightarrow 2x = 20 \Rightarrow \boxed{x = 10}$$

Resposta: 10 litros

Exemplo 8: Duas máquinas de lavar iguais, em uma loja, foram vendidas, uma com um prejuízo de 15% e outra com um lucro de 20%.

Se a diferença entre estes preços foi de R$ 525,00, qual o custo desta máquina para a loja?

Resolução: Sendo **x** o preço de custo desta máquina temos:

1º modo: Venda com lucro = x + 20%x

Venda com prejuízo = x – 15%x.

Diferença dos preços = 525. Então:

$$x + 20\%x - (x - 15\%x) = 525 \Rightarrow 35\%x = 525 \Rightarrow$$

$$\frac{35}{100}x = 525 \Rightarrow \frac{7}{20}x = 525 \Rightarrow x = \frac{20}{7}(525) \Rightarrow x = 20\,(75) \Rightarrow \boxed{x = 1500}$$

2º modo: A diferença entre os preços é de 35%x. Então:

$$35\%x = 525 \Rightarrow \frac{35}{100}x = 525 \Rightarrow \frac{7}{10}x = 525 \Rightarrow \boxed{x = 1500}$$

Resposta: R$ 1500,00

Exemplo 9: Resolver:

a) Quanto custará um aparelho que custava **x** e teve um aumento de 30%?

Resolução: Custava **x** e teve um aumento de 30% de x, temos:

$$x + 30\%x = x + \frac{30}{100}x = \frac{100x + 30x}{100} = \frac{130}{100}x = 1{,}30x$$

Resposta: Custava x e passará a custar 1,3x

b) Quanto custará um aparelho que custava **x** cujo preço teve uma queda de 5%?

Resolução: Custava **x** e teve um a queda de 5% de x, temos

$$x - 5\%x = x - \frac{5}{100}x = \frac{100x - 5x}{100} = \frac{95}{100}x = 0{,}95x$$

Resposta: **Custava x e passará a custar 0,95x**

Exemplo 10: Um comerciante remarcou o preço de uma mercadoria, colocando um preço 60% mais barato do que o antigo. Depois de um mês resolveu voltar ao preço antigo. Que porcentagem ele deve aumentar o preço novo, para voltar ao preço antigo?

Resolução: 1) Sendo x o preço inicial, o preço com 60% de desconto será:

$$x - 60\%x = x - \frac{60}{100}x = \frac{40}{100}x = \boxed{0,4x}$$

2) Seja $\alpha\%$ o aumento que devemos dar a 0,4x para voltarmos ao preço inicial x. Então:

$$0,4x + \alpha\%(0,4x) = x \Rightarrow \alpha\%(0,4x) = 0,6x \Rightarrow$$

$$\alpha\% = \frac{0,6}{0,4} \Rightarrow \alpha\% = \frac{3}{2} \Rightarrow \alpha\% = \frac{150}{100} \Rightarrow \alpha\% = 150\%$$

Resposta: 150%

Exemplo 11: Uma mercadoria que custava **x** teve dois descontos seguidos de 20%. Qual foi o preço após esses dois descontos?

Resolução: Após o 1º desconto de 20%x = 0,2x, o preço fica 0,8x

Aplicando o 2º desconto de 20% sobre 0,8x o preço final será 80% de (0,8x) = 0,8(0,8x) = 0,64x

Resposta: 64%x = 0,64x

Exemplo 12: Um equipamento eletrônico de preço **x** sofre dois aumentos sucessivos de 10%. Qual o seu preço final?

Resolução: 1) Após o 1º aumento o seu preço será 1,10x, pois $x + 10\%x = x + \frac{10}{100}x = \frac{110}{100}x = 1,1x$

2) Aplicando outro aumento de 10% sobre 1,1x, obtemos:

1,1(1,1x) = 1,21x, pois

$$1,1x + 10\%(1,1x) = (1 + 10\%)\,1,1x = \left(1 + \frac{10}{100}\right)1,1x = 1,1(1,1x) = 1,21x$$

Resposta: 121%x = 1,21x

Exemplo 13: O preço **x** de um aparelho sofre um aumento de 20% e em seguida uma queda de 30%. Qual o preço final?

Resolução: 1) Após um aumento de 20%x, o preço passa de x para 1,2x.

2) Após um desconto de 30% sobre este novo preço, o novo preço será 70% do preço 1,2x. Então o novo preço será:

70%(1,2x) = 0,7(1,2x) = 0,84x

Resposta: 84%x = 0,84x

Exemplo 14: Um produto subiu 20% em um mês e 15% em outro. Qual foi o aumento porcentual?

Resolução: Sendo x o preço original, após o 1º aumento temos 1,20x e após o 2º aumento teremos $1,15(1,20x) = 1,38x \Rightarrow$

aumento de $1,38x - x = 0,38x = 38\%x$

Resposta: 38%

Exemplo 15: Uma mercadoria teve um aumento de 60% e em seguida uma queda de 30% (em seus preços). O que ocorreu com o seu preço?

Resolução: Sendo **x** o preço original, temos:

Após o aumento o preço será 1,60x.

Após uma queda de 30% o preço será $70\%(1,60x) = \frac{70}{100}(1,6x)$

$= \frac{7 \cdot 16}{100}x = \frac{112}{100}x = 1,12x \Rightarrow$ Aumento de 12%

Resposta: aumento de 12%

Exemplo 16: Um recipiente, contém 20 litros de uma mistura de água e óleo, dos quais 80% é de água. Retira-se um número de litros de água do recipiente até que o número de litros de água na mistura seja 75% do total da mistura. Quantos litros terá a mistura no final deste processo?

Resolução: 1) Litros de água $= 80\%\ (20) = \frac{80}{100}(20) = 16$

Litro de óleo $= 20 - 16 = 4$

2) Retirando-se **n** litros de água da mistura teremos na nova mistura 4 L de óleo e $(16 - n)$L de água.

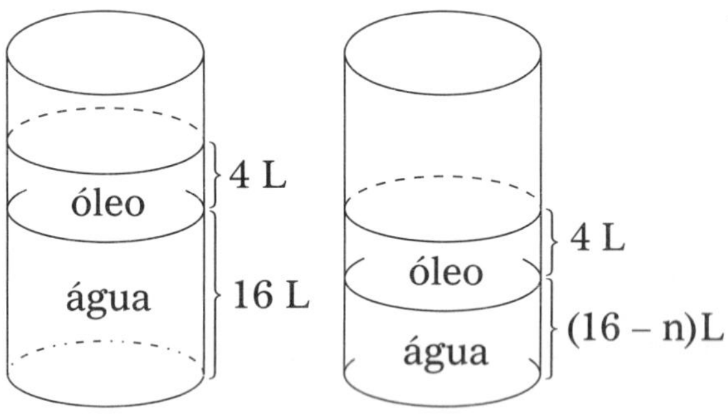

1º modo: Como $(16 - n)$ é 75% de $(20 - n)$, temos:

$16 - n = 75\%(20 - n) \Rightarrow$

$16 - n = \frac{75}{100}(20 - n) \Rightarrow$

$16 - n = \frac{3}{4}(20 - n) \Rightarrow$

$\Rightarrow 64 - 4n = 60 - 3n \Rightarrow \boxed{n = 4} \Rightarrow$

A mistura final terá $20 - 4 = 16$ litros

2º modo: Se a mistura final tiver **a** litros de água, ela terá $(a + 4)$ litros. Se **a** é 75% de $(a + 4)$, temos:

$a = \frac{75}{100}(a + 4) \Rightarrow a = \frac{3}{4}(a + 4) \Rightarrow 4a = 3a + 12 \Rightarrow \boxed{a = 12} \Rightarrow$

A mistura final terá $12 + 4 = 16$ litros

3º modo: Se a mistura final tiver **x** litros, dos quais 4 são de óleo, a água da mistura será $(x - 4)$ litros que é 75% de x. Então:

$x - 4 = 75\%x \Rightarrow x - 4 = \frac{3}{4}x \Rightarrow 4x - 16 = 3x \Rightarrow \boxed{x = 16}$

Resposta: 16 litros

Exemplo 17: (Insper-2016) Jair tem três opções de pagamento na compra de uma máquina no valor de 100 mil reais, que são:

I. à vista com 4% de desconto;

II. em duas prestações mensais iguais, sem desconto, vencendo a primeira um mês após a compra;

III. em duas prestações mensais iguais com desconto de 2%, vencendo a primeira no ato da compra.

Como Jair dispõe dos 100 mil reais para a compra, antes de tomar a decisão, ele verificou que é possível conseguir uma aplicação financeira no seu banco com rendimentos líquidos mensais de 2%. Dessa forma, comparando as três opções ao final de dois meses, a melhor das três é a

a) I. com vantagem de R$ 1 121,60 sobre a pior opção.

b) I, com a vantagem de R$ 964,80 sobre a pior opção.

c) II, com vantagem de R$ 482,50 sobre a pior opção.

d) II, com vantagem de R$ 236,40 sobre a pior opção.

e) III, com vantagem de R$ 180,20 sobre a pior opção.

Resolução: Como na opção II a compra só termina após 2 meses, o dinheiro economizando na opção I, que é feita à vista, tem que ser aplicado durante 2 meses para se equiparar ao tempo da opção II.

E também o dinheiro economizado na opção III, cuja compra termina no final do 1º mês, tem que ser aplicado até o final do 2º mês para se equiparar a opção II.

Opção I: $4\% \; (100\,000) = \frac{4}{100}(100\,000) = 4\,000 \Rightarrow$

Depois do 1º mês: $4\,000 + 2\%(4\,000) = 4000 + \frac{2}{100}(4\,000) = 4\,080$

Depois do 2º mês: $4\,080 + 2\% \; (4\,080) = 4\,080 + \frac{2}{100}(4\,080) = 4\,161{,}60$

Outro modo: $[(4\,000)\cdot 1{,}02] = (1{,}02)^2 \cdot 4\,000 = 1{,}0404 \cdot 4\,000 = \boxed{4161{,}60}$

Opção II: Depois do 1º mês: $100\,000 + 2\% \; (100\,000) = 102\,000 \Rightarrow$

$102\,000 - 50\,000 = 52\,000$

Depois do 2º mês: $52\,000 + 2\% \; (52\,000) = 52\,000 + 1\,040 = 53\,040$

$53\,040 - 50\,000 = \boxed{3040}$

Opção III: $50\,000 - 2\%(50\,000) = 50\,000 - \frac{2}{100}(50\,000) = 50\,000 - 1\,000 = 49\,000$

$100\,000 - 49\,000 = 51\,000$

Depois do 1º mês: $51\,000 + 2\%(51\,000) = 51\,000 + \frac{2}{100}(51\,000) = 52\,020$

$52\,020 - 49\,000 = 3020$

Depois do 2º mês: $3\,020 + 2\% \; (3\,020) = 3\,020 + \frac{2}{100}(3\,020) = \boxed{3\,080{,}40}$

Na opção (I) ele economizou R$ 4 161,60, na (II) economizou R$ 3 040,00 e na (III) economizou R$ 3 080,40. A melhor é a (I) e a pior é a (II).

R$ 4 161,60 – R$ 3 040,00 = R$ 1 121,60

Resposta: A

59 A soma de um número com o 20% dele é igual a 420 que número é este?

60 Paguei R$ 6 630,00 para quitar uma conta que, por conta de um atraso, teve uma multa de 2%. Qual o valor desta multa?

61 Na compra de um sofá, como o pagamento era à vista, João obteve um desconto de 20% sobre o preço de tabela. Se João pagou R$ 3 000,00 pelo sofá, quanto ele economizou?

62 Determinar quanto por cento é (ou que porcentagem é),

a) 200 de 800

b) 66 de 440

c) 1 687,5 de 1 250

d) $\frac{3}{20}$ de $\frac{5}{4}$

63 Se Paulo pagou R$ 1 974,00 por uma máquina de lavar e o preço de tabela desta peça era R$ 2 350,00, qual o desconto porcentual dado pela loja?

64 25% dos alunos do 3º ano do ensino médio de uma escola prestaram vestibular para faculdades de direito e 96% desses alunos, que são 120 alunos, entraram na faculdade. Quantos são os alunos deste 3º anos desta escola?

65 Resolver:

a) Se 40% das pessoas que entram em uma livraria compram algum livro, qual é a porcentagem dos que entram e não compram?

b) Se 95% dos alunos de uma sala estavam presentes em uma determinada aula, qual é a porcentagem dos que estavam ausentes?

c) Se um veículo custava x e teve uma desvalorização de 15%, ele passou a custar quanto?

d) Se uma pessoa aplicou x e a aplicação rendeu 10% em um ano, ela tinha quanto no final deste ano?

e) Um aparelho eletrônico que custava x teve dois descontos seguidos de 20% (o segundo sobre o novo preço). Qual foi o preço após os dois descontos?

66 Escrever diretamente o aumento ou a queda porcentual sofrida por um produto que custava x, nos casos:

a) Ele passou a custar 1,3x

b) Ele passou a custar 0,85x

c) Ele passou a custar 0,34x

d) Ele passou a custar 1,45x

e) Ele passou a custar 2,3x

f) Ele passou a custar 1,05x

67 Determinar o preço final de um produto que custava x, nos casos:

a) Teve dois aumentos seguindos de 30%

b) Teve duas quedas seguidas de 40%

c) Teve um aumento de 20% em seguida outro de 30%

d) Teve uma queda de 10% e em seguida outra de 20%.

e) Teve um aumento de 20% e em seguida uma queda de 30%.

f) Teve uma queda de 20% e em seguida um aumento de 30%.

g) Teve um aumento de 25% e em seguida uma queda de 25%.

h) Teve uma queda de 25% e em seguida um aumento de 25%.

68 Resolver:

a) Um produto subiu 15% em um mês e 20% em outro. Qual foi o aumento porcentual?

b) Uma mercadoria teve um aumento de 55% e em seguida uma queda de 45%. O que ocorreu com o preço, em porcentagem?

c) Aumentos sucessivos de 15% e 20% equivalem a um único aumento de quanto por cento?

d) Descontos sucessivos de 30% e 15% equivalem a um único desconto de quanto por cento?

69 Em uma fábrica, 40% dos operários são mulheres e o número de homens excede o número de mulheres em 50. Quantos são os operários?

70 Duas máquinas iguais foram vendidas, uma com um lucro de 35% e outra com um prejuízo de 5%. Qual o preço de custo de cada máquina se a diferença entre esses preços foi de R$ 1 060,00?

Resp: **59** x = 350 **60** R$ 6 500,00 **61** R$ 750,00 **62** a) 25% b) 15% c) 135% d) 12%
63 16% **64** 500 alunos **65** a) 60% b) 5% c) 0,85x d) 1,1x e) 0,64x

71 Resolver:

a) Se x é 20% de y, que porcentagem 15x é de y?

---

b) O preço do quilo de feijão em um mês foi de R$ 5,00 para R$ 12,00. Qual foi o porcentual do aumento?

---

c) De cada 125 kg de um certo minério são extraídos 23,5 kg de cobre, qual a porcentagem de cobre que este minério, contém?

---

d) 5% da massa da água do mar é sal, quantos quilogramas de água pura são necessários acrescentar a 60 kg de água do mar para que 3% da mistura obtida seja de sal?

---

e) Duas vasilhas contém juntas 62 litros de leite. Se tirarmos 22,5% de uma e colocarmos na outra, elas ficam com quantidades iguais. Quantos litros tem cada vasilha?

---

f) Uma loja vendeu um objeto com prejuízo de 15%, por R$ 1 071,00. Qual o preço de custo deste objeto?

72 Uma loja faturou em dezembro 150% a mais do que tinha faturando em novembro. O faturamento de novembro é quanto por cento inferior ao de dezembro?

73 Em 2 meses uma ação valorizou 56%. se no 1º mês ela valorizou 30%, quanto ela valorizou no 2º mês?

74 O abatimento que se faz sobre R$ 30 000,00 quando se concede um desconto de 20% e, a seguir mais um de 5% é?

a) R$ 5 700,00
b) R$ 6 900,00
c) R$ 7 200,00
d) R$ 7 500,00
e) R$ 9 000,00

75 Um comerciante comprou uma peça de tecido de 50 metros por R$ 1 000,00. Se ele vender 20 m com lucro de 50%, 20 m com lucro de 30% e 10 m pelo preço de custo, o seu lucro total na venda dessa peça será de:

a) 8%
b) 12%
c) 20%
d) 32%
e) 40%

Resp: **66** a) Aumento de 30% b) Queda de 15% c) Queda de 66% d) Aumento de 45% e) Aumento de 130% f) Aumento de 5% **67** a) 1,69x b) 0,36x c) 1,56x d) 0,72x e) 0,84x f) 1,04x g) 0,9375x h)0,9375x

68 a) 38% b) Sofreu uma queda de 14,75% c) 38% d) 40,5% **69** n = 250 **70** R$ 2 650,00

76 Sobre uma dívida de R$ 60 000,00 obteve-se um desconto de 10% e, sobre o restante, um outro desconto que a reduziu a R$ 43 200,00. O segundo desconto foi de:

a) 80% b) 28% c) 25% d) 20% e) 18%

---

77 Supondo uma taxa de inflação de 20% ao ano, os preços deverão dobrar em aproximadamente:

a) 1 ano b) 2 anos c) 3 anos d) 4 anos e) 5 anos

---

78 Nos 3 primeiros meses de um ano a inflação foi respectivamente 5%, 4% e 6%. Nestas condições a inflação acumulada do trimestre foi:

a) 15,752% b) 15% c) 12% d) 18% e) 15,36%

---

79 (F.C.CHAGAS) Um mesmo serviço pode ser feito por A em 8 horas e por B em 12 horas, quando operam separamente. Se, durante 3 horas, trabalharem juntos nesse serviço, executarão uma parte corrrespondente aos seus:

a) 15% b) 24% c) 30% d) 43,75% e) 62,50%

80 Lucrar 75% sobre o preço de venda de um artigo é equivalente a lucrar sobre o seu custo uma porcentagem de:

a) 125 b) 150 c) 200 d) 225 e) 300

81 (UNESP-2019) Em um dia de aula, faltaram 3 alunas e 2 alunos porque os cinco estavam gripados. Dos alunos e alunas que foram à aula, 2 meninos e 1 menina também estavam gripados. Dentre os meninos presentes à aula, a porcentagem dos que estavam gripados era 8% e, dentre as meninas, a porcentagem das que estavam gripadas era 5%. Nos dias em que a turma está completa, a porcentagem de meninos nessa turma é de

a) 52% b) 50% c) 54% d) 56% e) 46%

82 (UNICAMP-2019) Os preços que aparecem no cardápio de um restaurante já incluem um acréscimo de 10% referente ao total de impostos. Na conta, o valor a ser pago contém o acréscimo de 10% relativo aos serviços (gorjeta). Se o valor total da conta for p reais, o cliente estará desembolsando pelo custo original da refeição, em reais, a quantia de

a) $\frac{p}{1,20}$ b) $\frac{p}{1,21}$ c) $\frac{p}{0,80}$ d) $\frac{p}{0,81}$

83 (FAC.ALBERT EINSTEIN-MEDICIN-2017) Para um concurso militar, o número de vagas para homens correspondia a 80% de número de vagas para mulheres. Dada a grande procura de candidatos, decidiu-se ampliar o número de vagas, sendo 30 novas vagas para homens e 15 para mulheres.
Após a mudança, o número total de vagas para homens passou a ser 84% do número total de vagas para mulheres. Com isso, o total de vagas para ambos os sexos passou a ser

a) 276 b) 552 c) 828 d) 1 104

Resp: **71** a) 300% b)140% c) 18,8% d) 40 kg e) 40 litros e 22 litros f) R$ 1 260,00
72 60% **73** 20% **74** C **75** D

84 (UNICAMP-2015) Um compra no valor de 1 000 reais será paga com uma entrada de 600 reais e uma mensalidade de 420 reais. A taxa de juros aplicada na mensalidade é igual a

a) 2%   b) 5%   c) 8%   d) 10%

---

85 (INSPER-2015) Uma universalidade decidiu fazer uma análise sobre a quantidade de alunos cursando dependências, ou seja, aqueles que foram reprovados em alguma matéria em determinado semestre e tiveram de cursá-la novamente no semestre seguinte. As conclusões, todas referentes a uma mesma turma de um curso, foram:

- Cerca de 30% dos alunos tiveram dependência em pelo menos uma matéria ao término do 1º semestre do curso;
- Ao término do 2º semestre, cerca de 80% dos que não cursavam dependências foram aprovados em todas as matérias, ao passo que apenas 30% dos que cursavam alguma dependência foram aprovados em todas as matérias;
- As mesmas porcentagens do 2º semestre se repetiram ao final do 3º semestre.

Assim, ao término do 3º semestre, os alunos livres de dependências para o semestre seguinte representavam

a) 35,0% da turma.   b) 37,5% da turma.   c) 50,0% da turma
d) 62,5% da turma.   e) 65,0% da turma.

---

86 (INSPER-2014) Um retângulo tem comprimento x a largura y, sendo x e y números positivos menores do que 100. Se o comprimento do retângulo aumentar y% e a largura aumentar x%, então a sua área aumentará.

a) $\left(x + y + \frac{xy}{100}\right)\%$ b) $\left(xy + \frac{x + y}{100}\right)\%$ c) $\left(\frac{x + y + xy}{100}\right)\%$ d) $(x + y)\%$ e) $(xy)\%$

87 (INSPER-2012) O preço de um produto na loja A é 20% maior do que na loja B, que ainda oferece 10% de desconto para pagamento à vista. Sérgio deseja comprar esse produto pagando à vista. Nesse caso, para que seja indiferente para ele optar pela loja A ou pela B, o desconto oferecido pela loja A para pagamento à vista deverá ser de

a) 10% b) 15% c) 20% d) 25% e) 30%

88 (UNESP-2012) Um quilograma de tomates é constituído por 80% de água. Essa massa de tomate (polpa + H2O) é submetida a um processo de desidratação, no qual apenas a água é retirada, até que a participação da água na massa de tomate se reduza a 20%. Após o processo de desidratação, a massa de tomate, em gramas, será de:

a) 200 b) 225 c) 250 d) 275 e) 300

89 (FUVEST-1993) 95% da massa de uma melancia de 10 kg é constituída de água. A fruta é submetida a um processo de desidratação (que elimina apenas água) até que a participação da água na massa da melancia se reduza a 90%. A massa da melancia após o processo de desidratação será igual a:

a) $\frac{5}{9}$kg b) $\frac{9}{5}$kg c) 5 kg d) 9 kg e) 9,5 kg

Resp: **76** D **77** D **78** A **79** E **80** E **81** C **82** B **83** C

90 (FATEC-2019) O Instituto Brasileiro de Geografia e Estatística (IBGE) apresentou a Pesquisa Nacional por Amostra de Domicílios (PNAD) Contínua, referente a 2016, que, em um de seus tópicos, investigou pessoas de 14 anos ou mais que realizaram algum tipo de trabalho. Em seus módulo “Outras Formas de Trabalho”, a pesquisa apontou que 3,9% das pessoas entrevistadas nesse tópico praticou o trabalho voluntário. Essa porcentagem corresponde a 6,5 milhões de brasileiros na faixa etária citada.

<https://tinyrl.com/yc9myhl9> Acesso em: 04/10/2018. Adaptado.

Considere que, em 2016, havia N milhões de brasileiros com 14 anos ou mais que realizaram algum tipo de trabalho.

De acordo com o texto, é correto afirmar que o valor de N é

a) 3,9. b) 10,4. c) 16,7. d) 25, 4. e) 166,7.

---

91 (UNICAMP-2018) A tabela abaixo exibe o valor das mensalidades do Ensino Fundamental em três escolas particulares nos anos de 2017 e 2018.

ANO	Escola A	Escola B	Escola C
2017	R$ 1 000,00	R$ 1 200,00	R$ 1 500,00
2018	R$ 1 150,00	R$ 1 320,00	R$ 1 680,00

a) Determine qual escola teve o maior aumento percentual nas mensalidades de 2017 para 2018.

b) Uma família tem três filhos matriculados na **Escola B**. Suponha que essa escola ofereça um desconto de 10% na mensalidade para o segundo filho e de 20% par ao terceiro filho. Calcule o valor a ser gasto mensalmente com os três filhos em 2018.

---

92 (UNICAMP-2017) Diversas padarias e lanchonetes vendem o “cafezinho” e o “cafezinho com leite”. Uma pesquisa realizada na cidade de Campinas registrou uma variação grande de preços entre dois estabelecimentos, A e B, que vendem esses produtos com um volume de 60 ml, conforme mostra a tabela abaixo.

Produto	A	B
Cafezinho	R$ 2,00	R$ 3,00
Cafezinho com leite	R$ 2,50	R$ 4,00

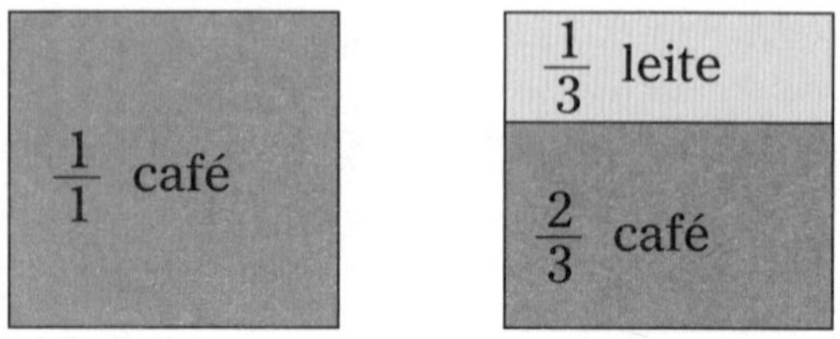

cafezinho cafezinho com leite

a) Determine a variação percentual dos preços do estabelecimento A para o estabelecimento B, para os dois produtos.

b) Considere a proporção de café e de leite servida nesses dois produtos conforme indica a figura. Suponha que o preço cobrado se refere apenas às quantidades de café e de leite servidas. Com base nos preços praticados no estabelecimento B, calcule o valor que está sendo cobrado por um litro de leite.

93 (PUC-SP-2012) Chama-se renda per capita de um país a razão entre seu produto interno bruto (PIB) e sua população economicamente ativa. Considerando que, no período de 1996 a 2010, a renda per capita de certo país aumentou em 36%, enquanto o seu PIB aumentou em 56,4%, é correto afirmar que, neste mesmo período, o acréscimo percentual da sua população economicamente ativa foi de

a) 11,5% b) 15% c) 16,5% d) 17% e) 18,5%

---

94 (INSPER-2012) Texto para a próxima questão:

De acordo com as regularmentações de um país para setor de aviação, as empresas aéreas podem emitir, para um voo qualquer, um número de bilhetes até 10% maior do que a lotação da aeronave, uma vez que é muito comum que alguns passageiros não compareçam no momento do embarque.
Uma empresa opera uma rota ligando duas cidades desse país. Tanto para o voo das 8h quanto para o das 9h de um determinado dia, realizados em aeronaves de mesma lotação, a empresa emitiu um número de bilhetes exatamente 10% maior do que a lotação das aeronaves. Para o voo das 8h compareceram todos os que compraram o bilhete, e parte deles teve de ser remanejada para ao voo das 9h. Se todos os que compraram o bilhete para o voo das 9h comparecerem, também será necessário um remanejamento. Para que isso não ocorra, a porcentagem máxima dos passageiros que compraram bilhete para o voo das 9h que pode comparecer no momento do embarque é

a) 90% b) 87% c) 82% d) 80% e) 75%

---

95 (FATEC-2015) O voto válido é aquele destinado diretamente a um candidato ou a um partido político. Votos nulos e brancos não são considerados votos válidos. Para que um candidato conquiste a eleição em 1º turno, ele deve conquistar mais de 50% dos votos válidos.

A eleição ao governo de um estado foi realizada entre apenas quatro candidatos (A, B, C e D). O resultado final dos votos destinados a esses candidatos no 1º turno está na tabela:

Candidato	Total de votos apurados (%)
A	20,3
B	15,5
C	32,2
D	2,0

Com base nos dados apresentados, podemos concluir corretamente que

a) o candidato C conquistou a eleição no 1º turno, pois teve 52% dos votos válidos.
b) o candidato C conquistou a eleição no 1º turno, pois teve 70% dos votos válidos.
c) o candidato C disputará o 2º turno e teve 46% dos votos válidos.
d) o candidato A disputará o 2º turno e teve 32% dos votos válidos.
e) o candidato A disputará o 2º turno e teve 25% dos votos válidos.

Resp: **84** B **85** D **86** A **87** D **88** C **89** C **90** E
91 a) Os aumentos porcentuais foram, expectivamente, 15%, 10% e 12%. Escola A teve o maior aumento. b) R$ 3 564,00
92 a) O cafezinho: 50%, cafezinho com leite: 60% b) R$ 100,00 **93** B **94** C **95** C

III CIRCUNFERÊNCIA E CÍRCULO

1 – π = 3,1415926535... e comprimento da circuferência

π é o número irracional mais famoso.

Ele é a razão entre o comprimento (perímetro) de uma circunferência e o seu diâmetro. A letra grega π (pi) para representá-lo deve-se principalmente ao metamático Euler.

Sendo R o raio de uma circunferência (2R é o diâmetro) e C o comprimento desta circunferência, temos

$$\boxed{\frac{C}{2R} = \pi} \Rightarrow \boxed{C = 2\pi R}$$

2 – Área do círculo

Uma ideia para “aceitar” que a aréa A de um círculo de raio R é dada por $A = \pi R^2$, é imaginar o círculo como a união de infinitos, triângulos com bases “minúsculos” e alturas relativas a elas iguais ao raio, onde a somas das bases é o comprimento da circunferência ($2\pi R$).

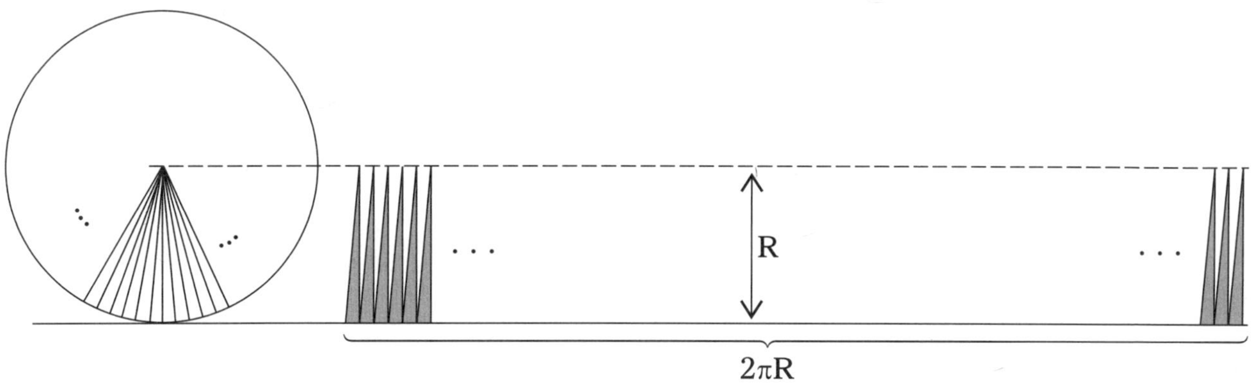

Como a área do círculo é a soma das áreas dos triângulos, obtemos:

$A = \frac{b \cdot R}{2} + \frac{bR}{2} + \ldots + \frac{bR}{2}$, onde b é a base “minúscula” de cada triângulo. Então:

$A = (b + b + ... + b)\,\frac{R}{2} = 2\pi R \cdot \frac{R}{2} \Rightarrow \boxed{A = \pi R^2}$. O que acabamos de ver não é uma demonstração, mas dá uma ideia de onde a demonstração pode sair.

3 – Área da coroa e área de um setor de media α (em graus).

A área coroa é a diferença entre as áreas dos círculos.

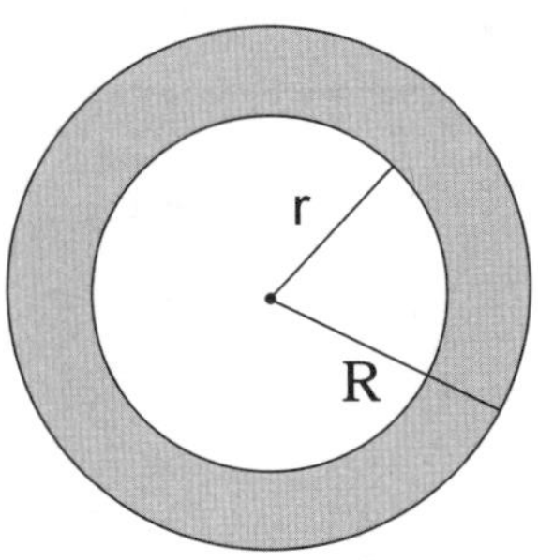

$$A_{coroa} = \pi R^2 - \pi r^2$$

ou

$$A_{coroa} = \pi(R^2 - r^2)$$

A área de setor é uma fração da área do círculo. Dos 360° vamos tomar α.

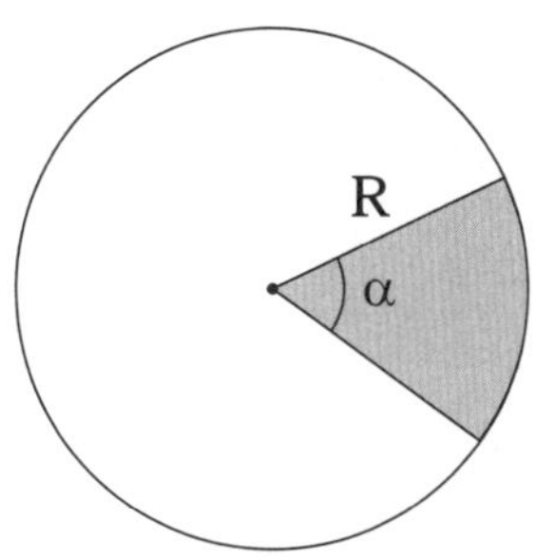

$$A_{setor} = \frac{\alpha}{360^o}(\pi R^2)$$

4 – Comprimento de um arco de medida α em graus

O comprimento de um arco é uma fração do comprimento da circunferência.

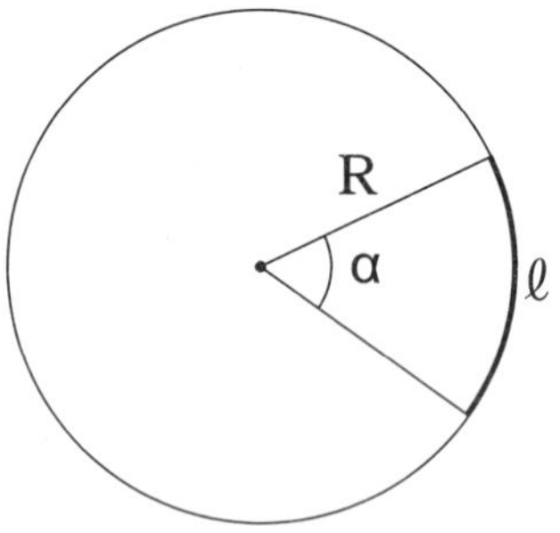

$$\ell = \frac{\alpha}{360^o}(2\,\pi R)$$

5 – Área de um setor com arco de comprimento ℓ

A área deste setor é uma fração da área do círculo. Do comprimento $2\pi R$ estamos tomando ℓ.

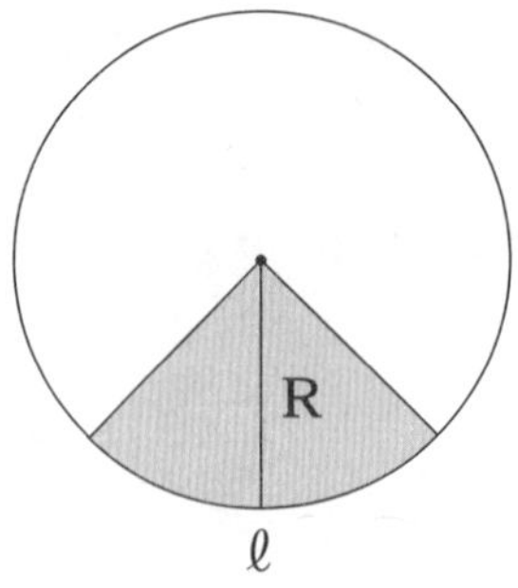

$$A_{setor} = \frac{\ell}{2\,\pi R}(\pi R^2)$$

$$A_{setor} = \frac{\ell R}{2}$$

Exemplos:

a) Determinar a área do círculo cuja circunferência, tem 30π cm.

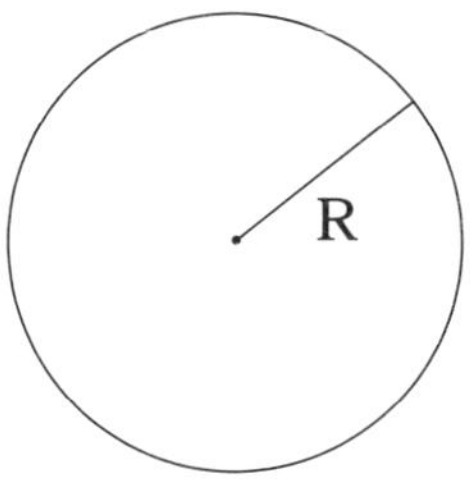

1) Cálculo de R

$C = 2\pi R \Rightarrow 2\pi R = 30\pi$

$\Rightarrow$ $R = 15$

2) **Área**

$A = \pi R^2 \Rightarrow A = \pi \cdot 15^2 \Rightarrow$

$\Rightarrow$ $A = 225\pi \text{ cm}^2$

b) Determinar o comprimento de uma circunferência cujo círculo tem 36π cm^2.

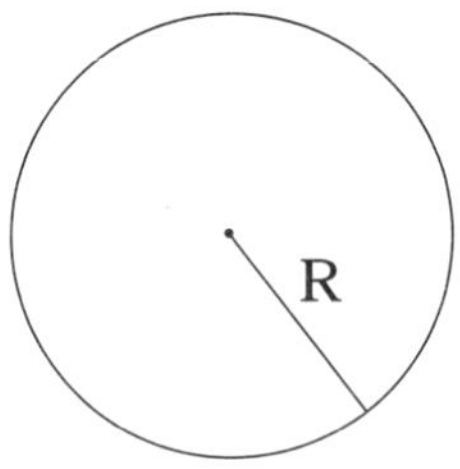

1) Cálculo de R

$A = \pi R^2 \Rightarrow \pi R^2 = 36\pi \Rightarrow$

$\Rightarrow$ $R = 6$

2) **Comprimento**

$C = 2\pi R \Rightarrow C = 2\pi \cdot 6 \Rightarrow$

$\Rightarrow$ $C = 12\pi \text{ cm}$

c) Qual é o comprimento de um arco de 72° de uma circunferência de 25 cm de raio?

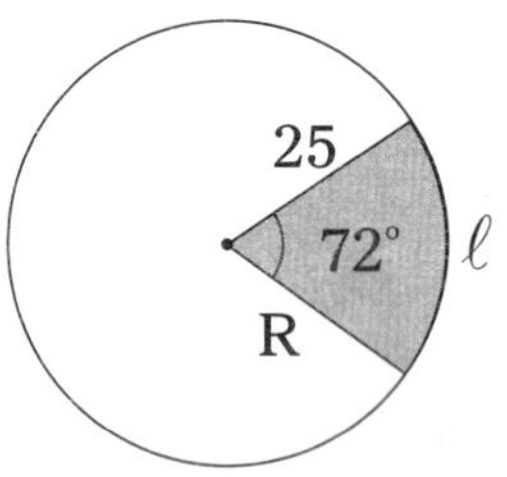

ℓ é uma fração de $2\pi R$

$$\ell = \frac{\alpha}{360^o}(2\pi R) \Rightarrow$$

$$\ell = \frac{72^o}{360^o}(2\pi \cdot 25) = \frac{1}{5}(2\pi \cdot 25)$$

$\ell = 10\pi \text{ cm}$

d) Qual é a área de um setor de 70° de um círculo de 12 cm de raio?

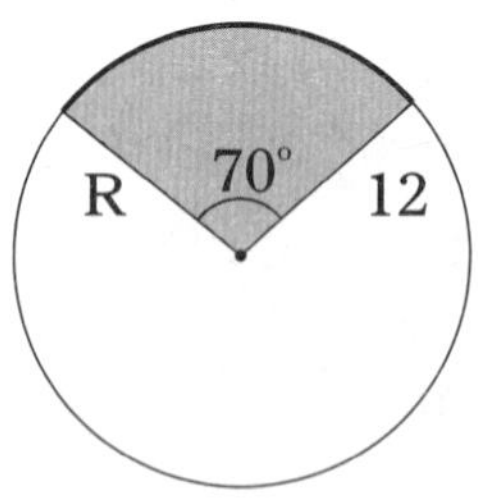

A_{setor} é uma fração de πR^2

$$A_S = \frac{\alpha}{360^o}(\pi R^2) \Rightarrow$$

$$A_S = \frac{70^o}{360^o}\pi \cdot 12 \cdot 12 = \frac{7}{3}\pi \cdot 12$$

$A_{setor} = 28\pi \text{ cm}^2$

e) Qual é a área de um setor cujo arco mede 20π m e o raio mede 28 m?

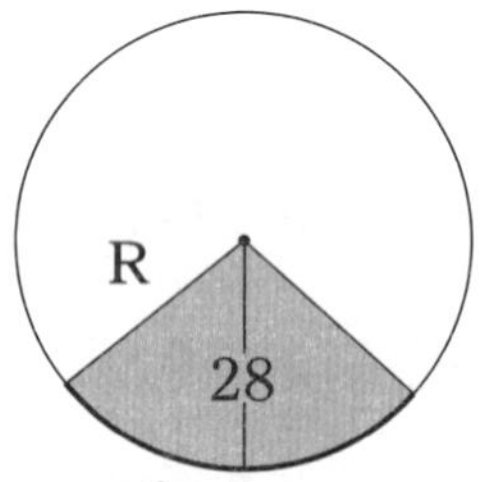

$\ell = 20\pi$

$$A_{setor} = \frac{\ell R}{2} \Rightarrow$$

$$A_{setor} = \frac{20\pi \cdot 28}{2} \Rightarrow$$

$A_{setor} = 280\pi \text{ cm}^2$

96 Determinar a área do círculo e o comprimento da circunferência, nos casos:

a)

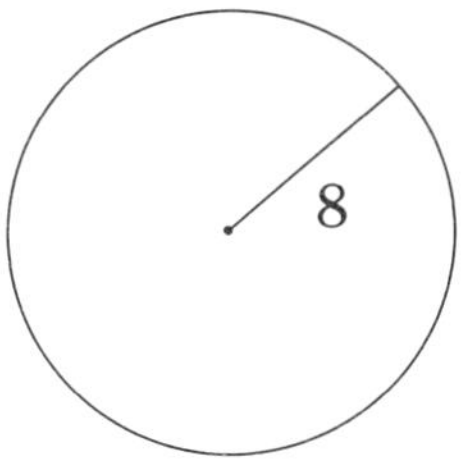

b)

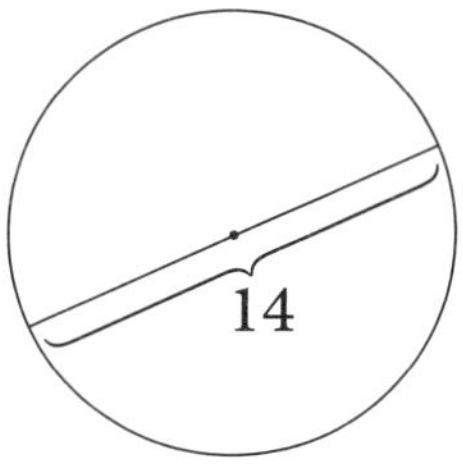

c)

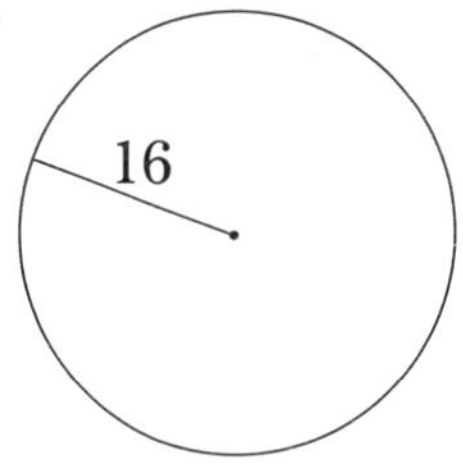

97 Em cada caso é dado a área A do círculo ou o comprimento C da circunferência. Determinar o raio R.

a) $A = 121\pi\ m^2$

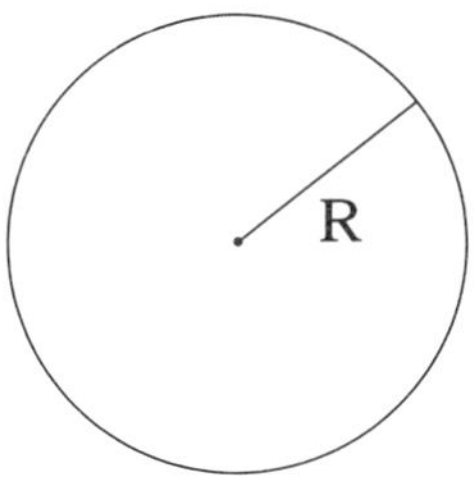

b) $C = 62\pi\ m$

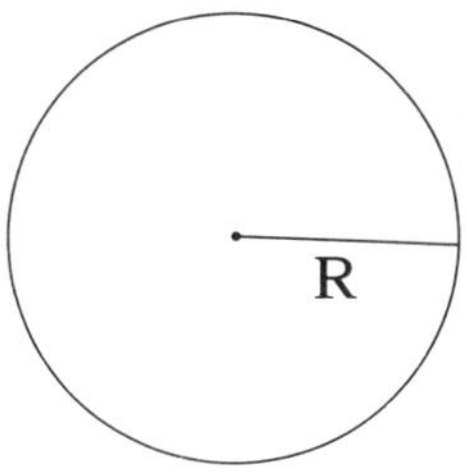

c) $A = 225\pi\ m^2$

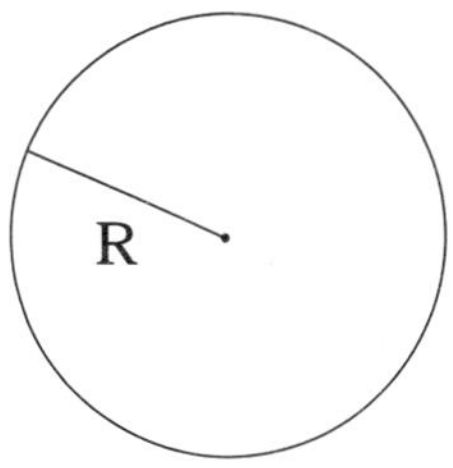

98 Dada a área do círculo, determinar o perímetro (o comprimento) da circunferência, nos casos:

a) $A = 36\pi\ m^2$

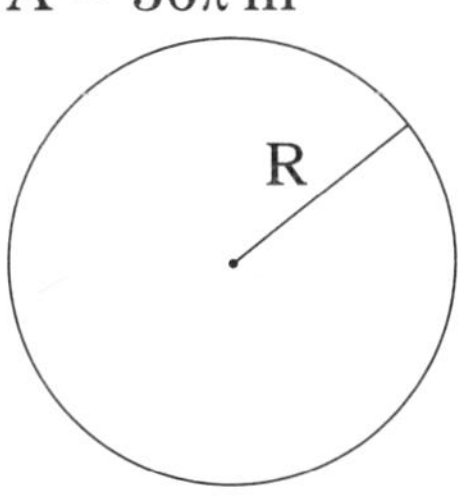

b) $A = 169\pi\ m^2$

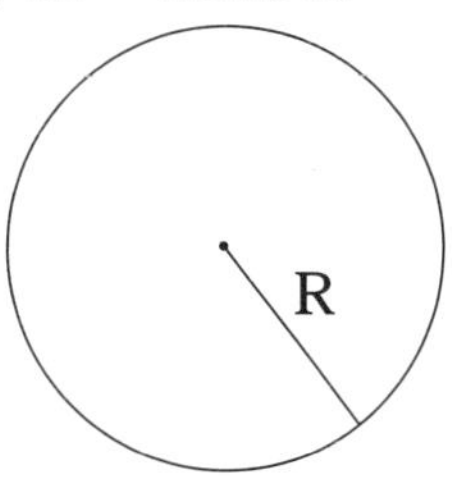

99 Dado o perímetro (o comprimento) da circunferência, determinar a área do círculo nos casos:

a) $C = 48\pi$ m

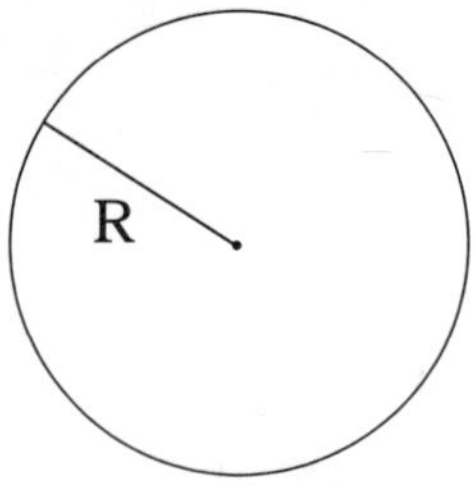

b) $C = 36\pi$ m

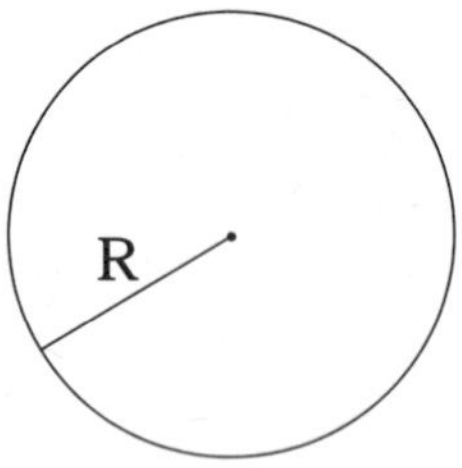

100 Determinar a área da coroa circular, nos casos:

a)

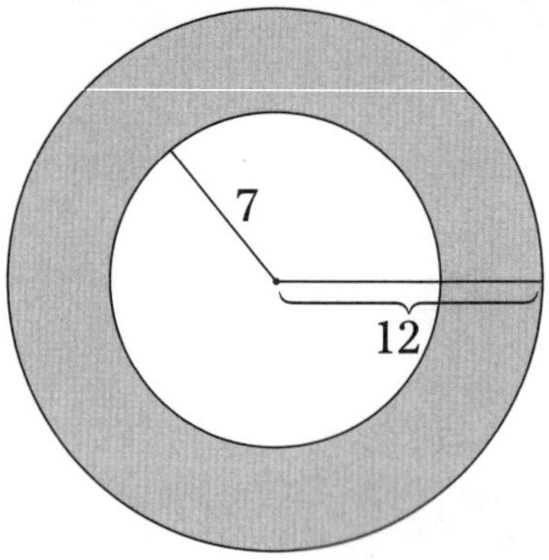

b)

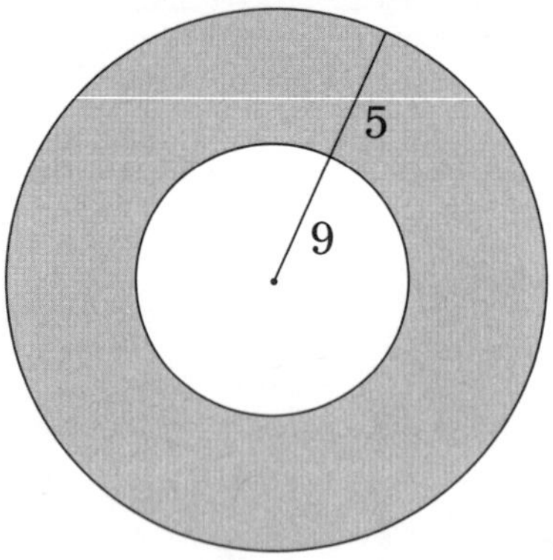

101 Qual é a área de uma coroa cujas circunferências tem perímetros (comprimentos) de 50π m e 30π m?

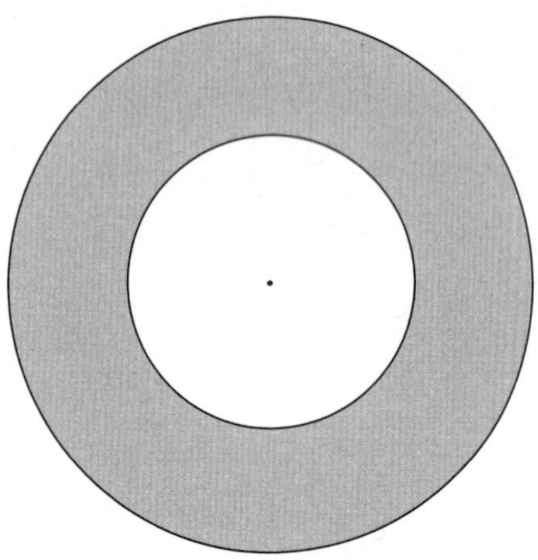

102 Em cada caso a coroa tem $96\pi\ m^2$ de área, determine x:

a)

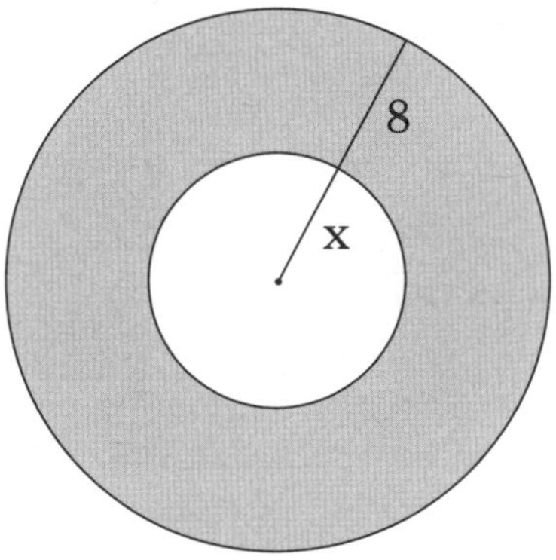

b)

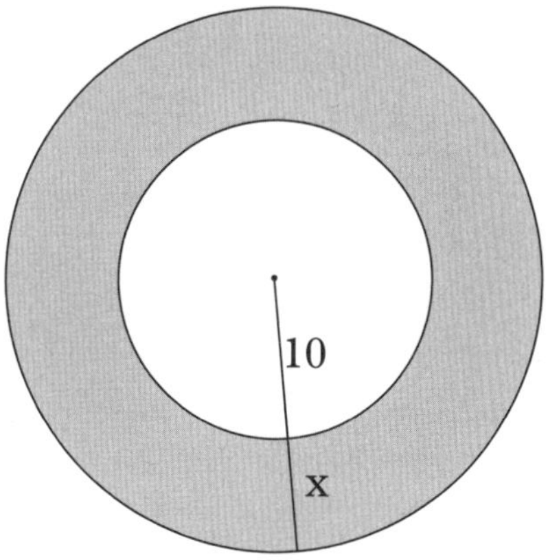

103 A circunferência menor de uma coroa tem 32π m e a coroa tem $144\pi\ m^2$ de área. Qual é o comprimento da circunferência maior?

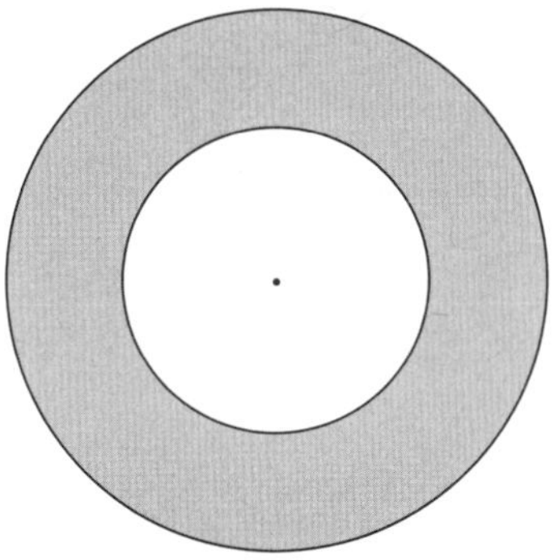

104 Sendo 10 m o raio de uma circunferência, determine a área do círculo e o comprimento da circunferência, para o valor aproximado dado de π, nos casos:

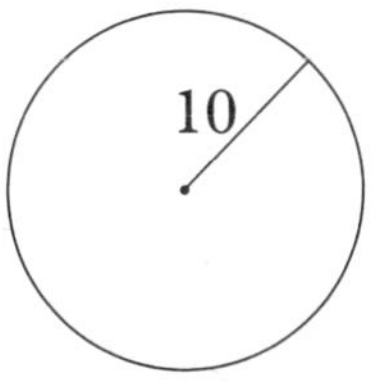

a) $\pi = 3$

b) $\pi = 3,1$

c) $\pi = 3,14$

Resp: **96** a) $64\pi\ m^2, 16\pi$ m b) $49\pi\ m^2, 14\pi$ m c) $256\pi\ m^2, 32\pi$ m

97 a) 11 m b) 31 m c) 15 m **98** a) 45π m b) 36π m

105 Dadas a área do círculo e a medida α em graus, do arco de um setor dele, determine a área do setor, nos casos:

a) $A = 270\pi\ m^2$, $\alpha = 80°$

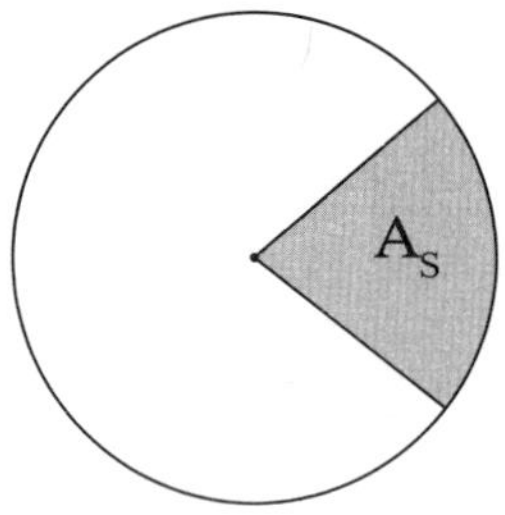

b) $A = 288\pi\ m^2$, $\alpha = 150°$

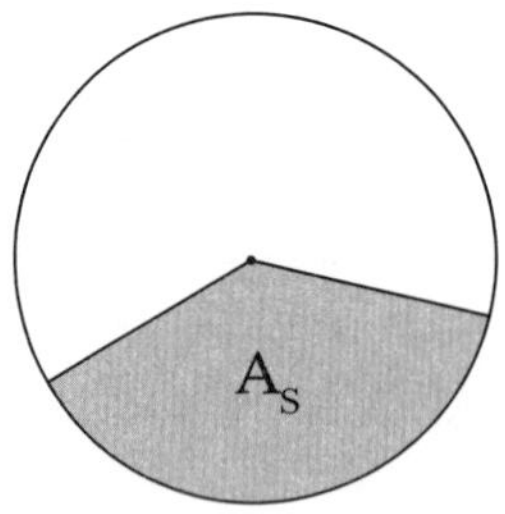

c) $A = 200\pi\ m^2$, $\alpha = 216°$

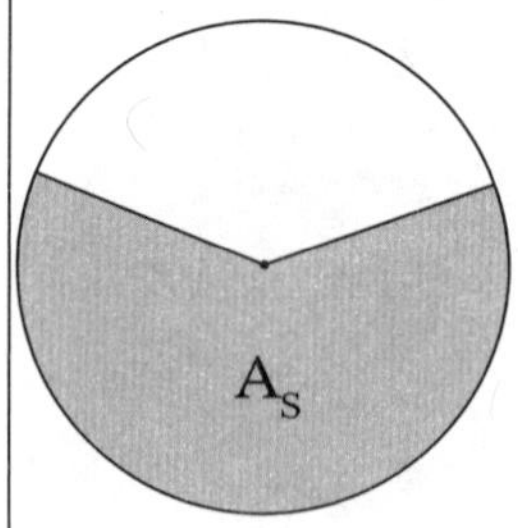

106 Dados o comprimento da circunferência e a medida α, em graus, de um arco dela, determine o comprimento deste arco, nos casos:

a) $C = 540\pi\ m$, $\alpha = 70°$

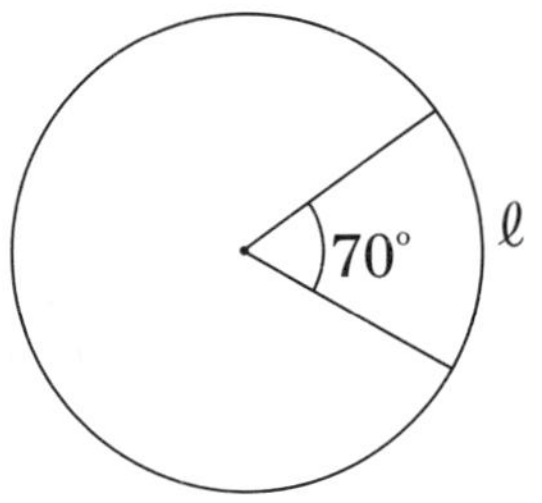

b) $C = 216\pi\ m$, $\alpha = 130°$

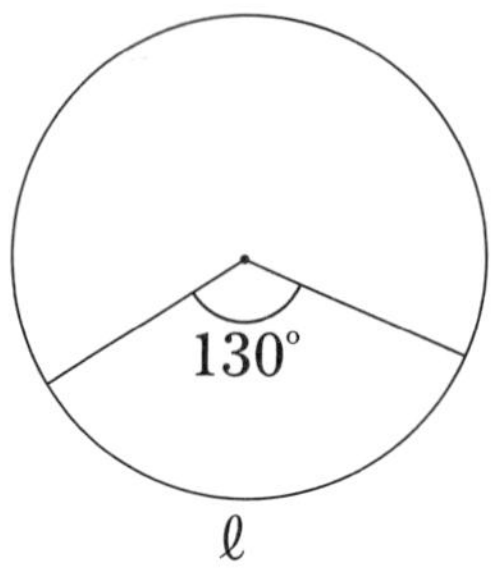

c) $C = 279\pi\ m$, $\alpha = 160°$

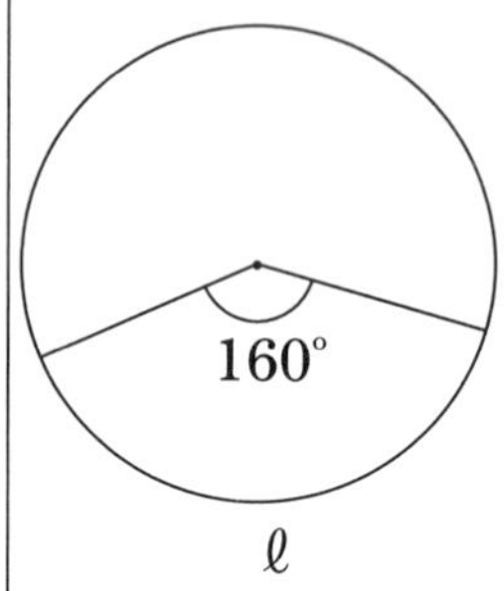

107 Determinar a área do setor dados o raio e o comprimento do arco, nos casos:

a)

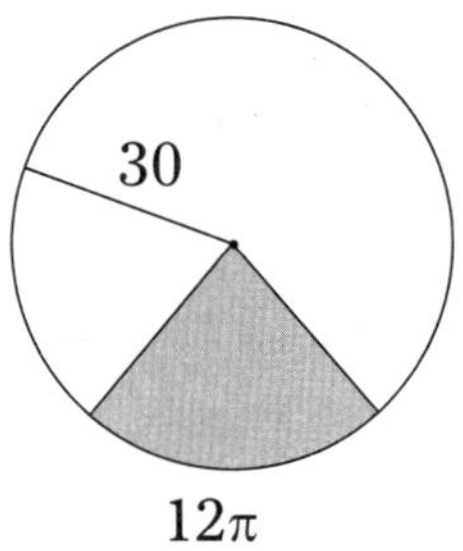

b)

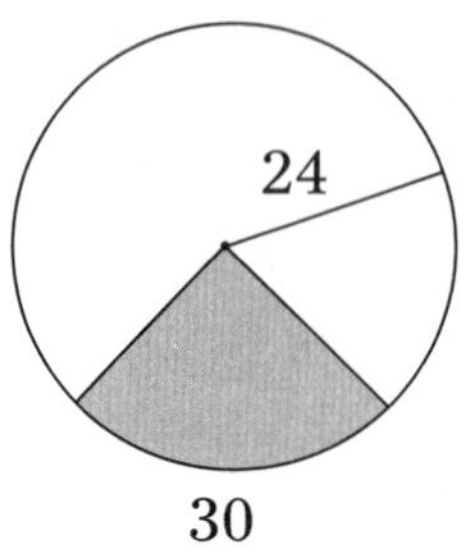

108 Determinar a área do setor e o comprimento do arco correspondente, nos casos:

Obs: Lembre-se de que a **área do setor** é uma fração da **área do círculo** e que o **comprimento do arco** é uma fração do **comprimento da circunferência**.

a)

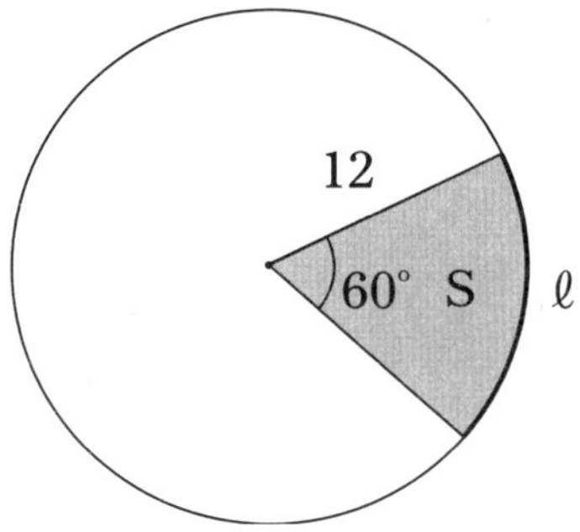

b)

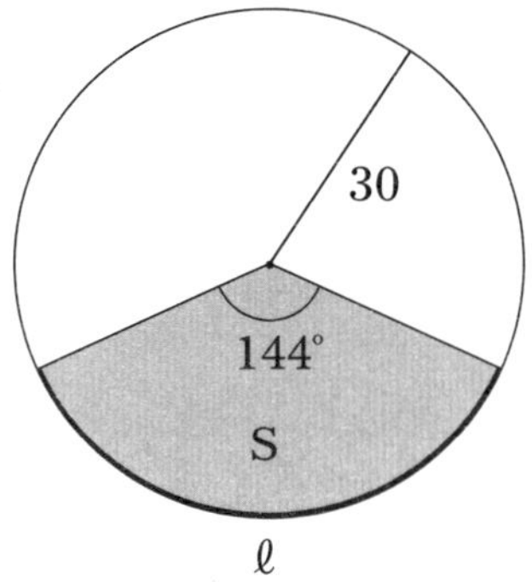

109 Determinar o raio do círculo, nos casos:

a) Um setor dele, com arco de 4π m, tem 24π m^2 de área.

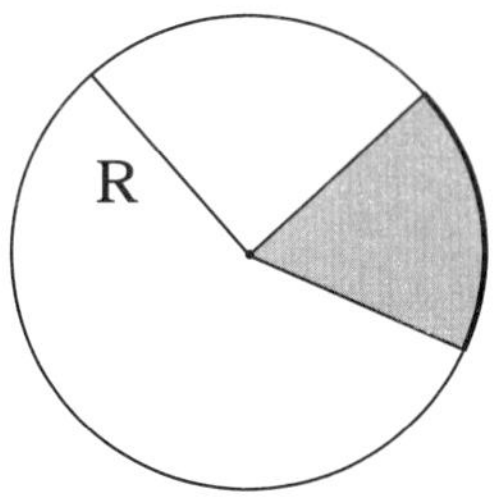

b) Um setor dele, de 45°, tem 32π m^2 de área.

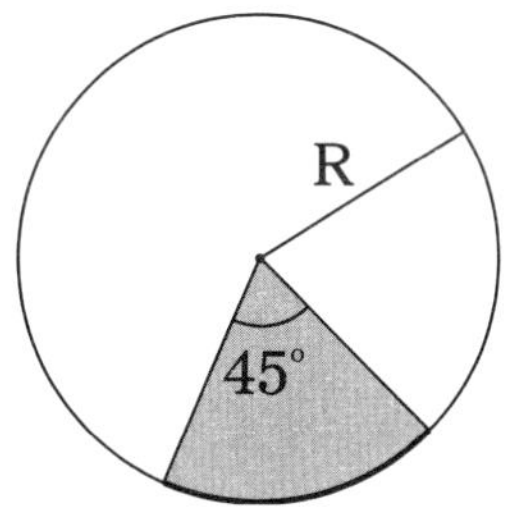

c) Um arco de 80° dele tem 36π m de comprimento.

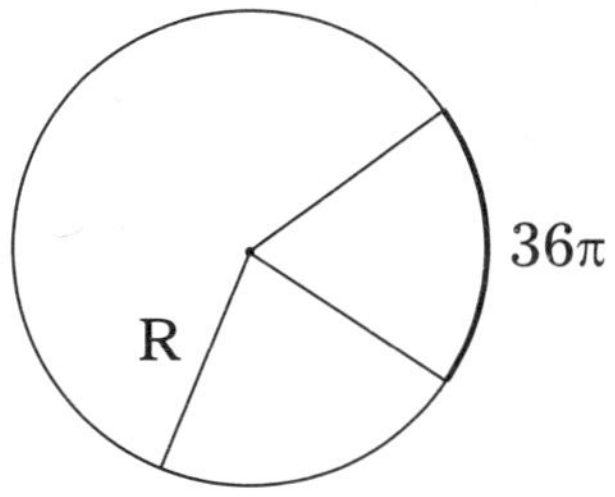

d) Um setor dele, de 108°, tem 270π m^2 de área.

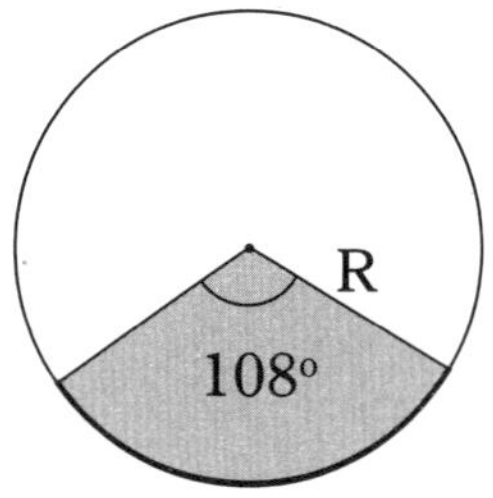

Resp: **99** a) 576π m^2 b) 324π m^2 **100** a) 95π m^2 b) 115π m^2 **101** 400π m^2 **102** a) 2 m b) 4 m
103 40π m **104** a) 300 m^2 , 60 m b) 310 m^2 , 62 m c) 314 m^2 , 62,8 m

110 Determinar a medida em graus do setor do círculo, nos casos:

a) O círculo tem 25 m de raio e o arco do setor mede 10π m.

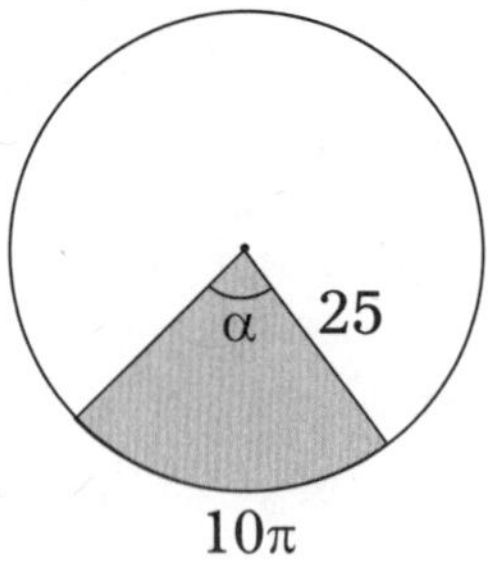

b) O círculo tem 18 m de raio e o setor tem $108\pi\ m^2$ de área.

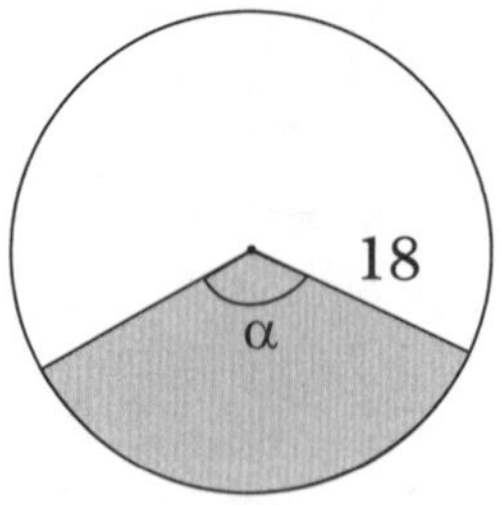

c) O setor tem $144\pi\ m^2$ de área e o arco do setor mede 16π m.

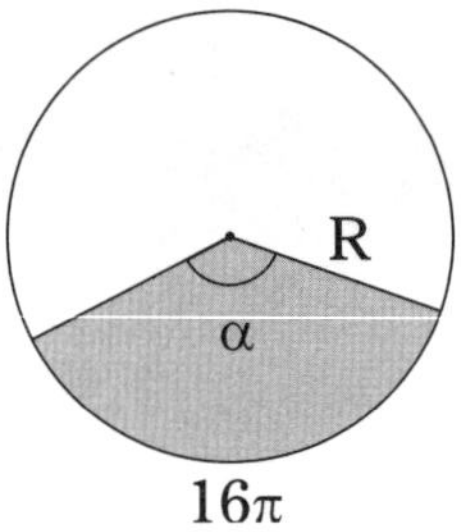

111 Um setor, de 135°, de um círculo tem $54\pi\ m^2$ de área. Quanto mede (em metros) o arco deste setor?

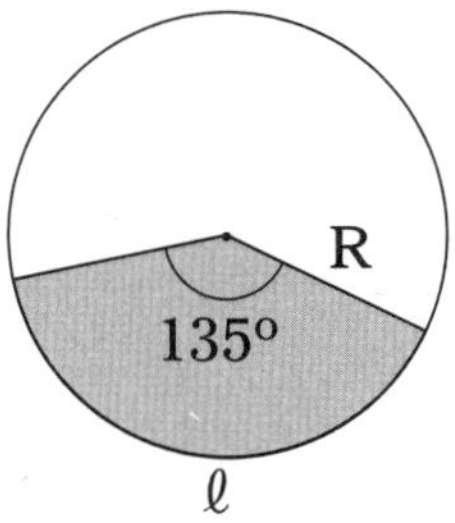

112 Um setor de um círculo tem $24\ m^2$ de área e o perímetro deste setor tem 22 m de comprimento. Determinar o raio e o comprimento do arco do setor circular.

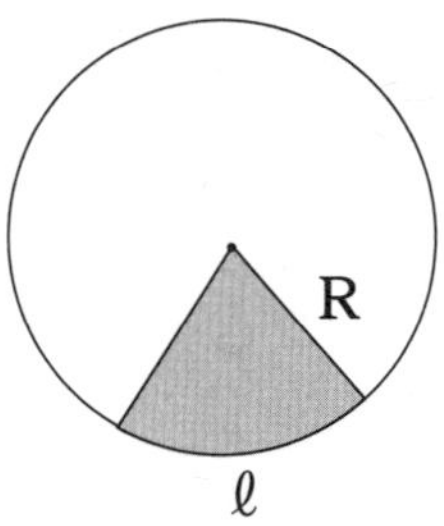

113 Determinar a área **S** da região sombreada, nos casos:

a) Setor

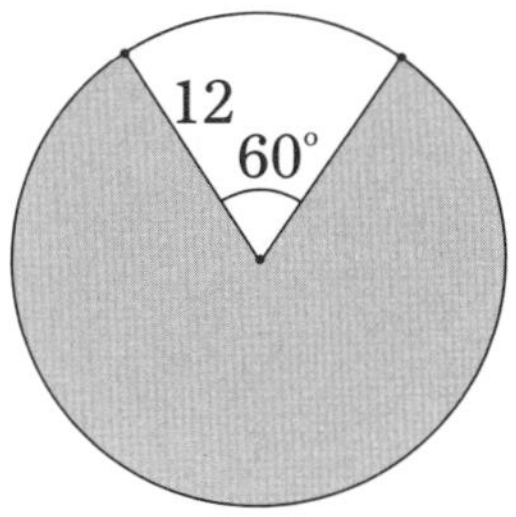

b) Setor

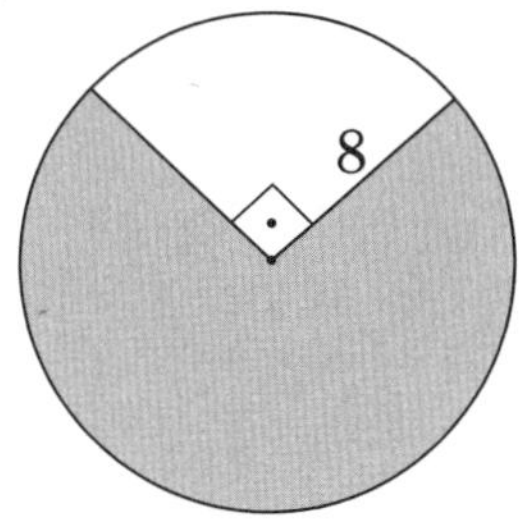

c) Setor

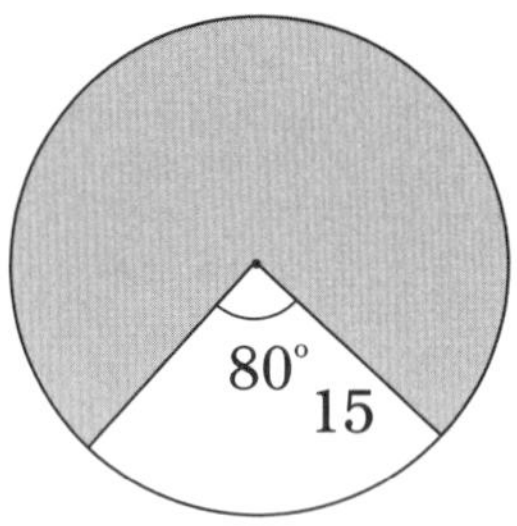

d) Setor

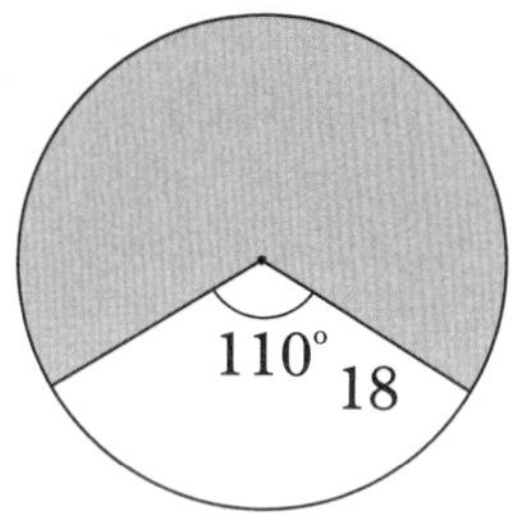

e) Segmento circular

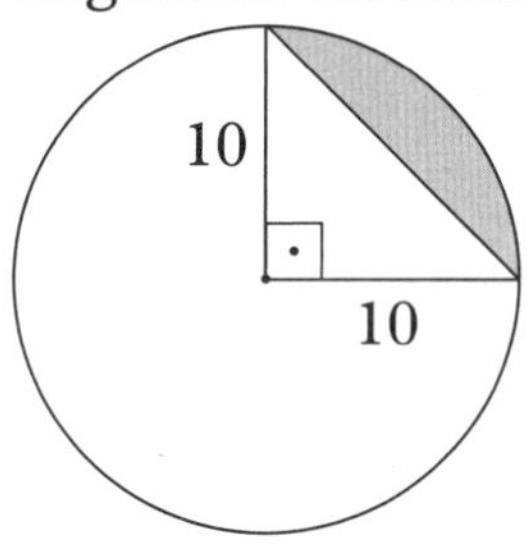

f) Segmento circular

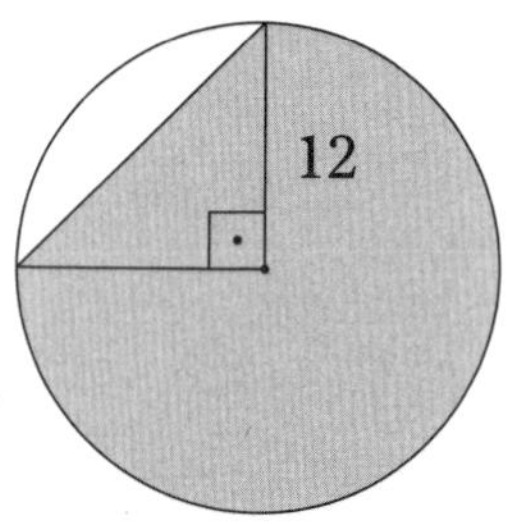

g) AB é diâmetro

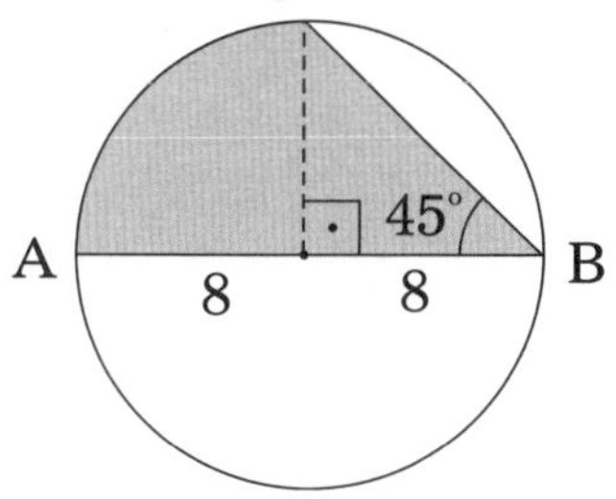

h) OABC é quadrado

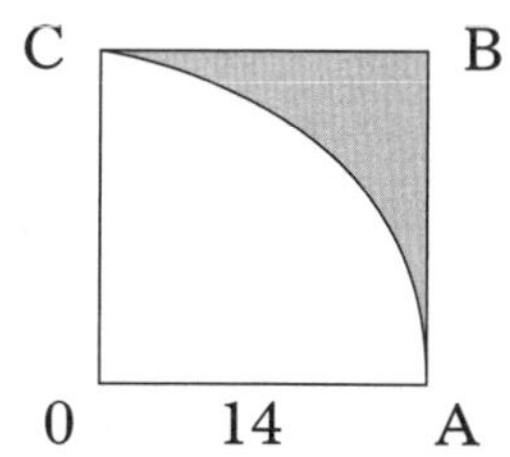

Resp: **105** a) $60\pi\ m^2$ b) $120\pi\ m^2$ c) $120\pi\ m^2$ **106** a) 105π m b) 78π m c) 124π m **107** a) $180\pi\ m^2$ b) $360\pi\ m^2$

108 a) $24\pi\ m^2$, 4π m b) $360\pi\ m^2$, 24π m **109** a) 12 m b) 16 m c) 81 m d) 30 m

114 Em cada caso temos um círculo inscrito em um quadrado.

a) O quadrado tem 24 m de perímetro. Qual é a área do círculo?

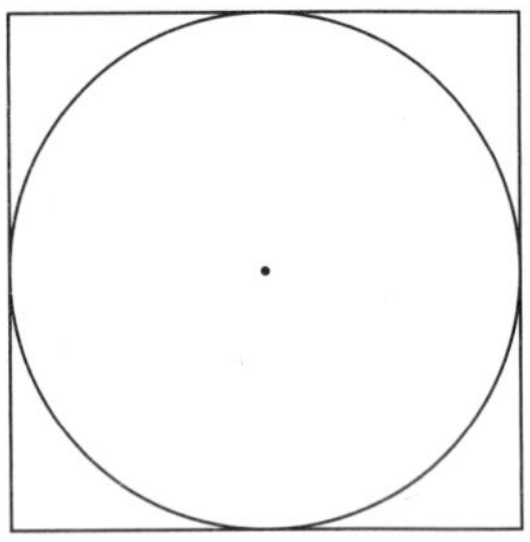

b) O círculo tem 30π m de perímetro (comprimento da circunferência). Qual é a área do quadrado?

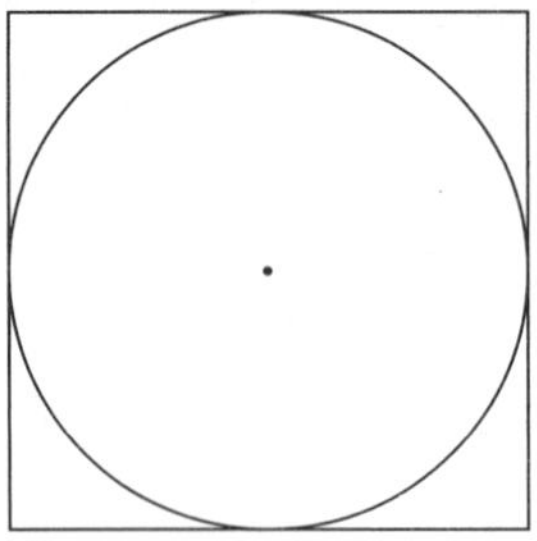

115 Em cada caso temos um retângulo e circunferências tangentes e tangentes a lados deles.

a) Se o retângulo tem 72 m de perímetro, qual é a sua área?

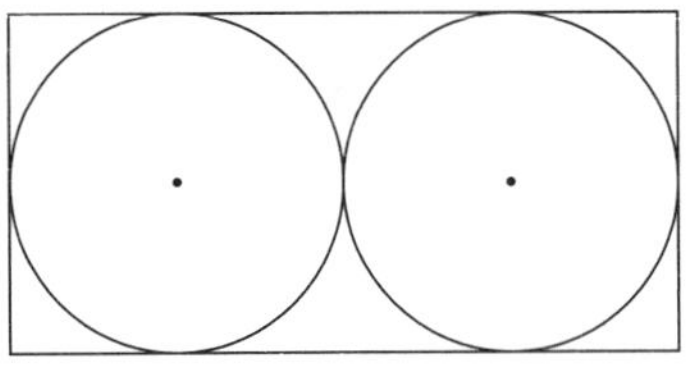

b) Se o retângulo tem 192 m^2 de área, qual é o seu perímetro?

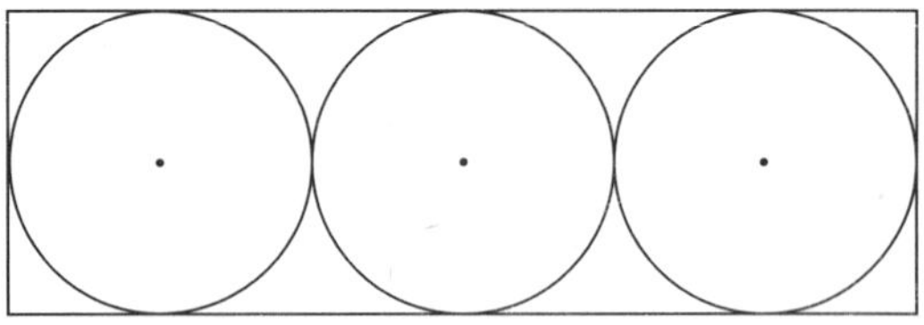

116 Na figura temos duas circunferências, cada uma com o centro na outra, e tangentes a lados do retângulo. Se a região sombreada tem $9(4-\pi)\,m^2$ de área, qual é a área do retângulo?

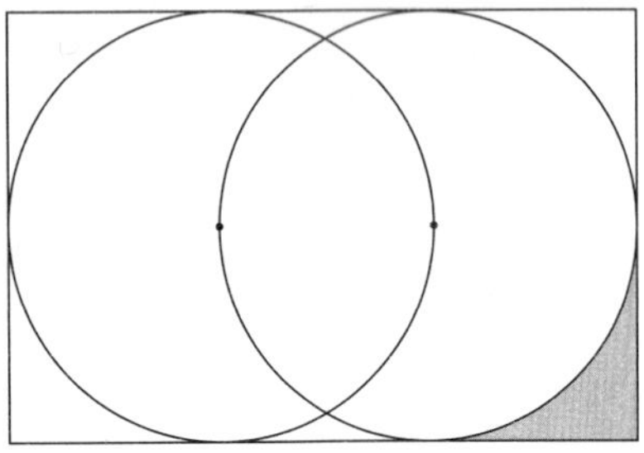

117 Dada a área da região sombreada, determinar a área pedida, nos casos:

a) $36(\pi - 2)\,m^2$. Determinar a área do círculo.

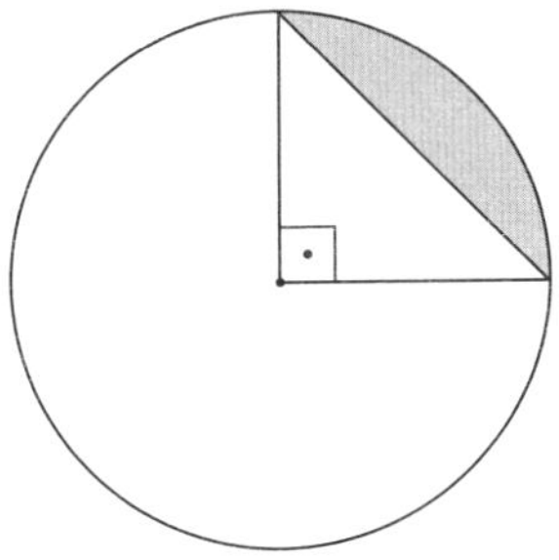

b) $36(4 - \pi)\,m^2$. O arco tem centro em O e o quadrilátero é um quadrado. Determinar sua área.

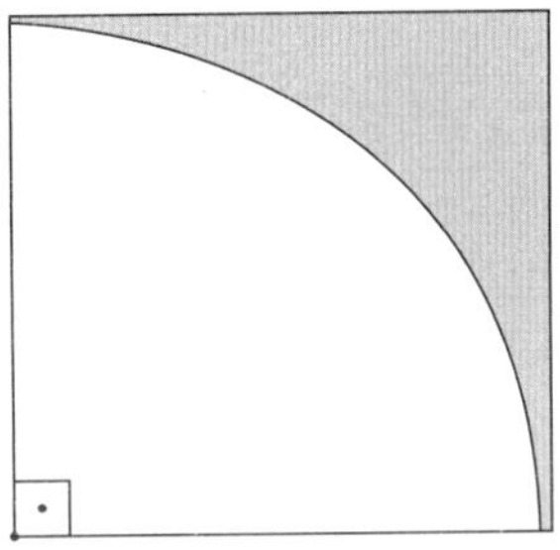

c) $64(\pi + 2)\,m^2$. Determinar o comprimento da circunferência de centro **O**.

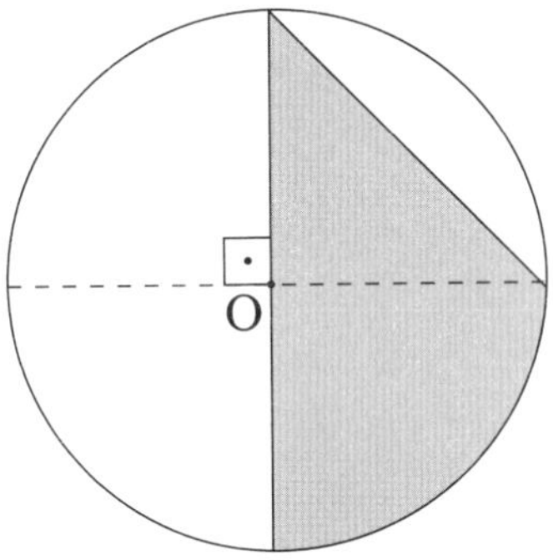

d) $81(3\pi + 2)\,m^2$. Determinar a área do círculo de centro **O**.

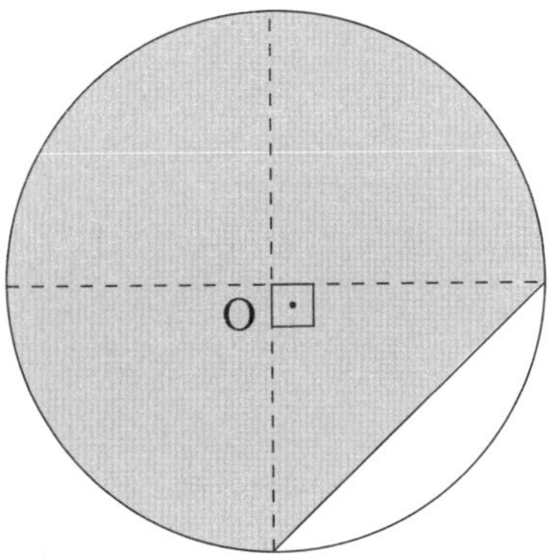

Resp: **110** a) 72° b) 120° c) 160° **111** a) 9π m **112** $R = 3, \ell = 16$ ou $R = 8, \ell = 6$ **113** a) $120\pi\,m^2$ b) $48\pi\,m^2$ c) $175\pi\,m^2$ d) $225\pi\,m^2$ e) $25(\pi - 2)\,m^2$ f) $36(3\pi + 2)\,m^2$ g) $16(\pi + 2)\,m^2$ h) $49(4 - \pi)\,m^2$

118 Determinar o raio do círculo, nos casos:

a) Catetos de 7 e 24

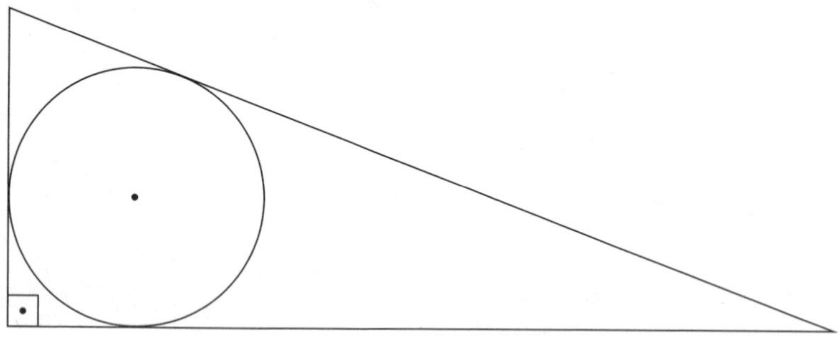

b)

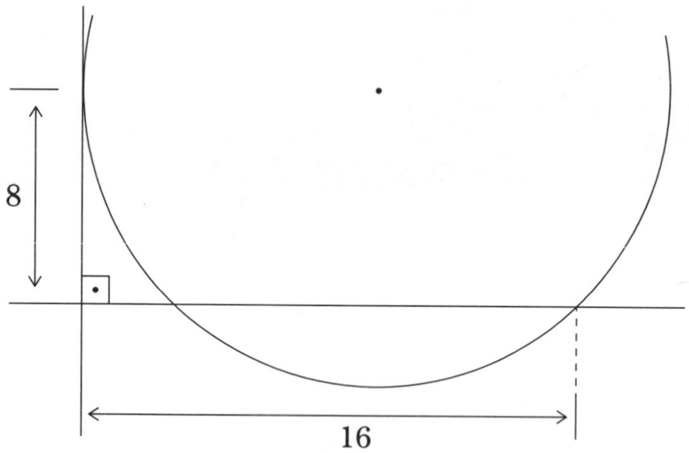

119 Determinar o raio do círculo menor, nos casos:

a)

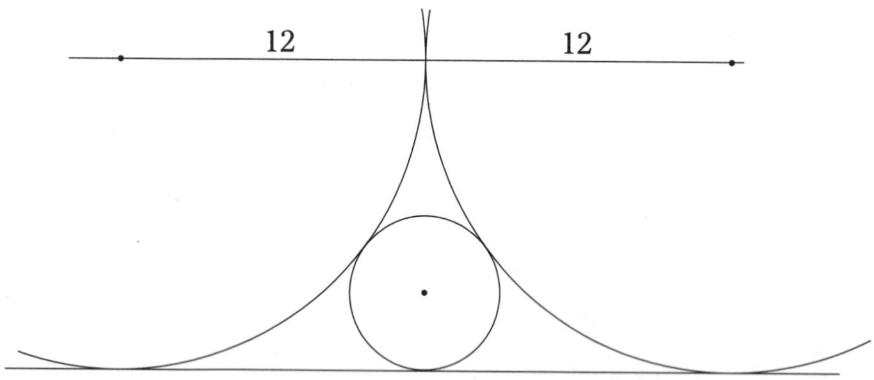

b) Dados três semi-círculos de diâmetros 24, 12 e 12.

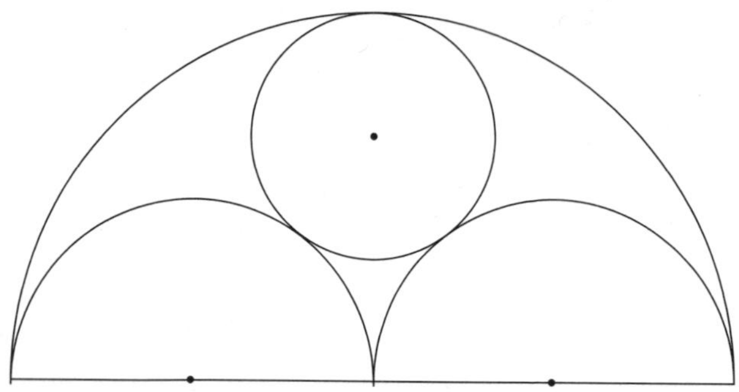

120 Em cada caso temos um triângulo isósceles de base BC inscrito em uma circunferência. Determinar o raio.

a)

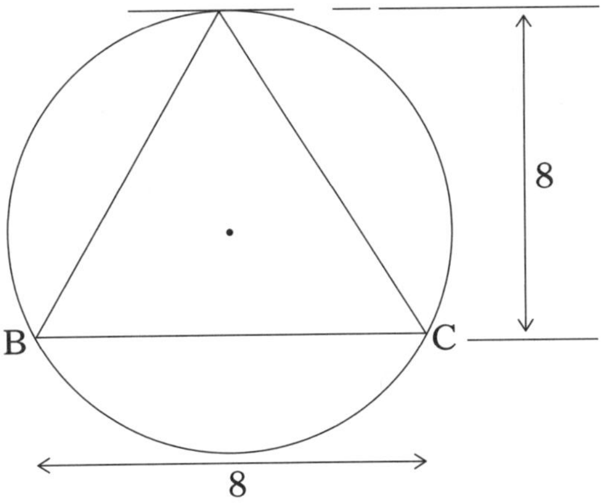

b)

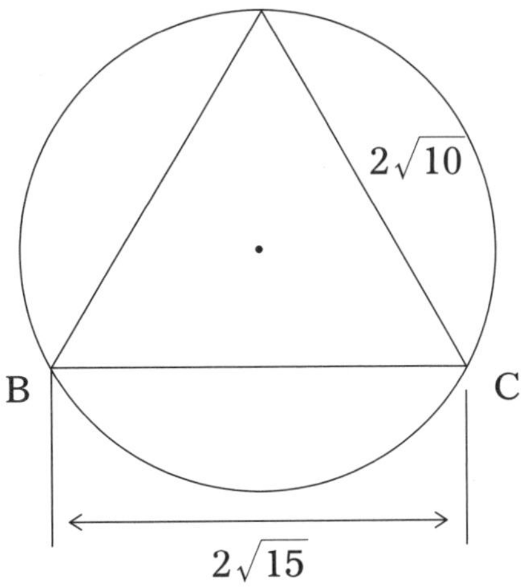

c)

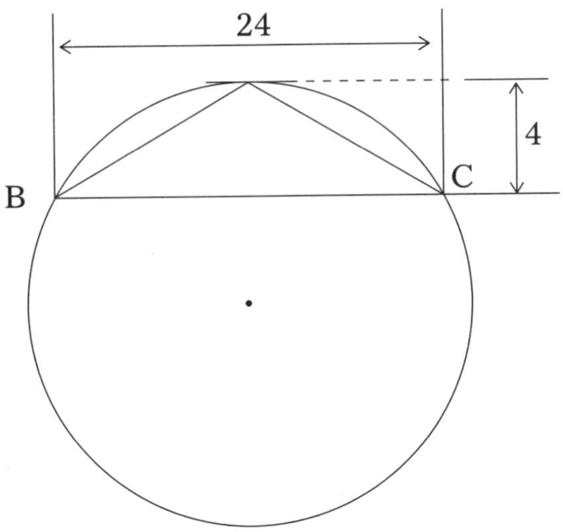

d)

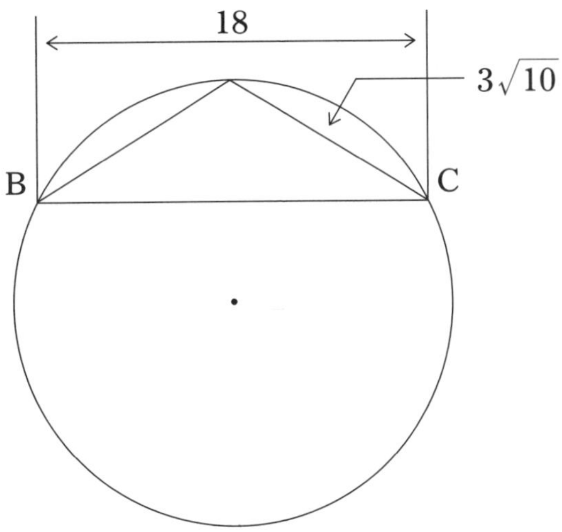

Resp: **114** a) $9\pi\ m^2$ b) $900\ m^2$ **115** a) $288\ m^2$ b) $64\ m$ **116** $216\ m^2$

117 a) $144\pi\ m^2$ b) $144\ m^2$ c) $32\pi\ m^2$ d) $324\pi\ m^2$

121 Determinar o raio da circunferência, nos casos:

a) Duas cordas dela, de 12 m e 16 m, são perpendiculares e têm uma extremidade em comum.

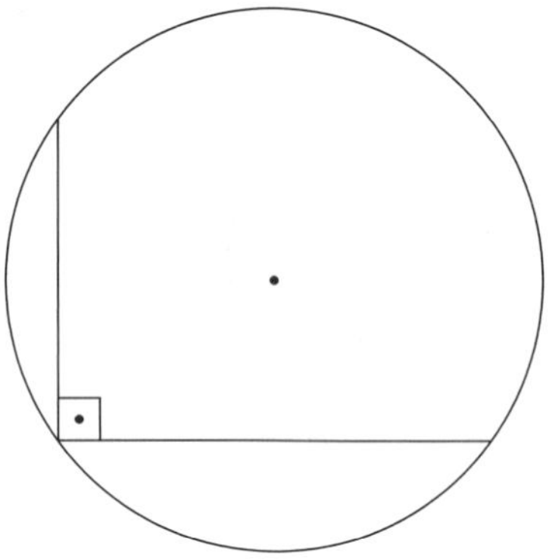

b) Ela passa por dois vértices consecutivos e tangencia o lado oposto de um quadrado de 24 m de lado.

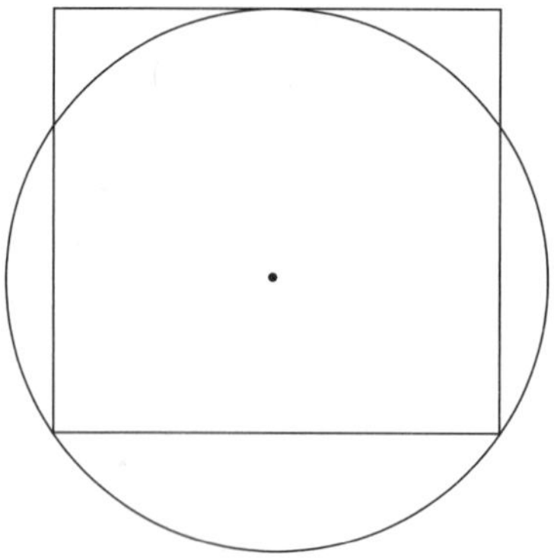

122 Resolver:

a) Na figura temos um retângulo com lados de 20 m e 25 m. Os três círculos são tangentes entre si. Os que tangenciam dois lados do retângulo têm raios de 5 m. Determinar o raio do que tangencia apenas um lado.

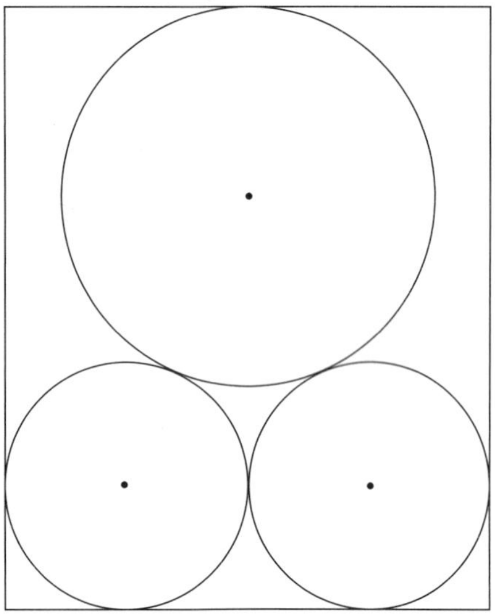

b) Na figura temos um quadrado de 16 m de lado e dois arcos de 90°, de 16 m de raio, com centros nas extremidades de um lado. Determinar o raio da circunferência que tangencia estes arcos e o lado oposto aquele dos centros dos arcos.

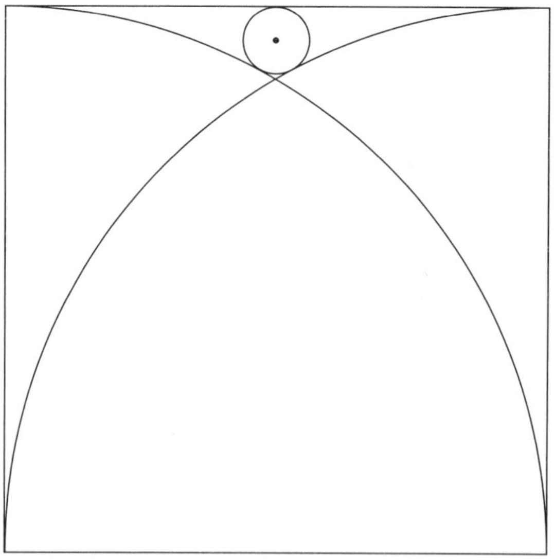

123 Em cada caso há um trapézio circunscritível (há uma circunferência que tangencia todos os seus lados). Determine o raio da circunferência, inscrita.

a) Trapézio isósceles com bases de 4 m e 16 m.

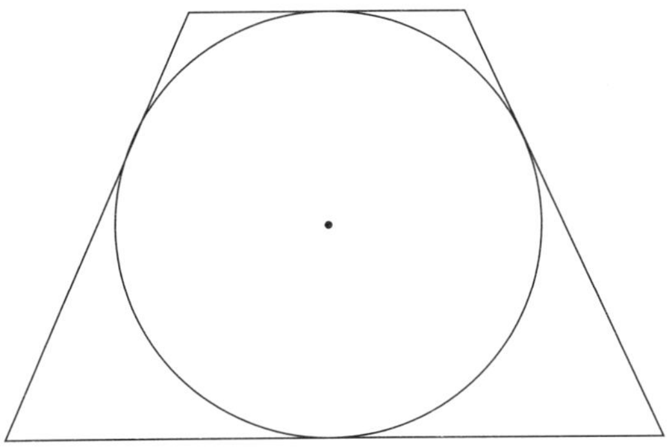

b) Trapézio retângulo com bases de 10 m e 15 m.

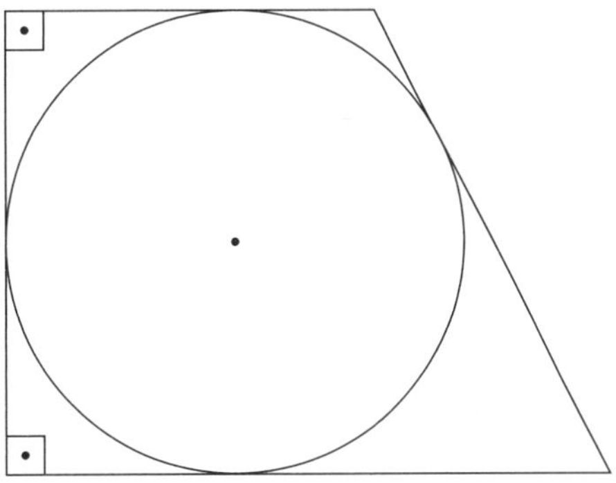

124 Em cada caso temos uma circunferência e duas cordas paralelas. Determinar o raio:

a)

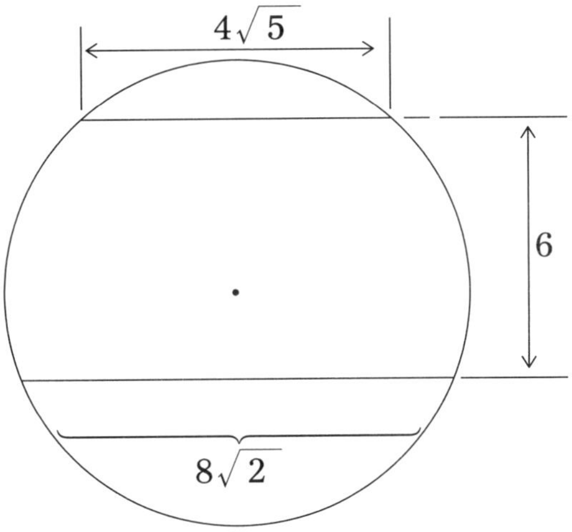

b)

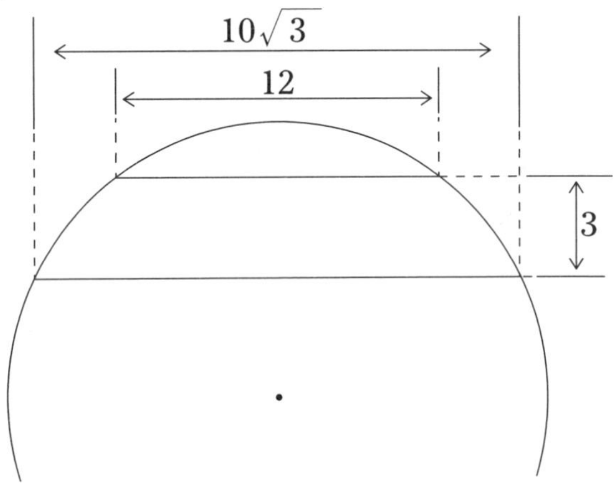

Resp: **118** a) 3 b) 10 **119** a) 3 b) 4 **120** a) 5 b) 4 c) 20 d) 15

125 Em cada caso temos um círculo inscrito em um triângulo isósceles. Determinar o raio.

a) Os lados do triângulo medem 20 m, 20 m e 24 m.

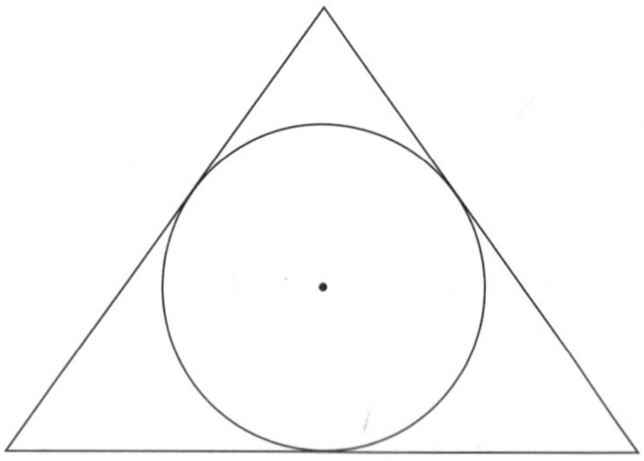

b) A base e a altura relativa a ela medem, respecitvamente 30 m e 36 m.

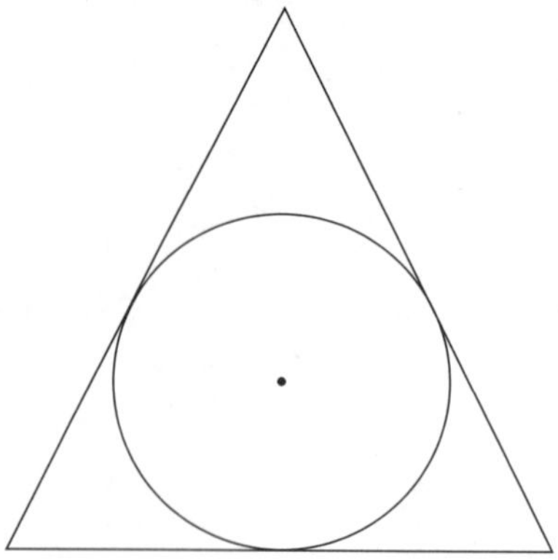

126 Resolver:

a) Considere um quadrado de 8 m de lado com dois arcos de 90º e 8 m de raio com centros nas extremidades de um lado. Determine o raio da circunferência que tangencia os arcos e um lado, como mostra a figura.

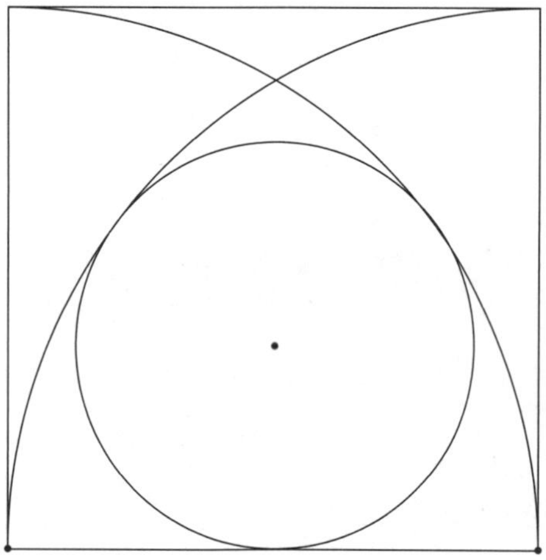

b) Na figura temos um triângulo isósceles de lados oblíquos as bases com $6\sqrt{13}$ m cada um. Se a circunferência circunscrita ao triângulo tem 13 m de raio, quanto mede a base do triângulo?

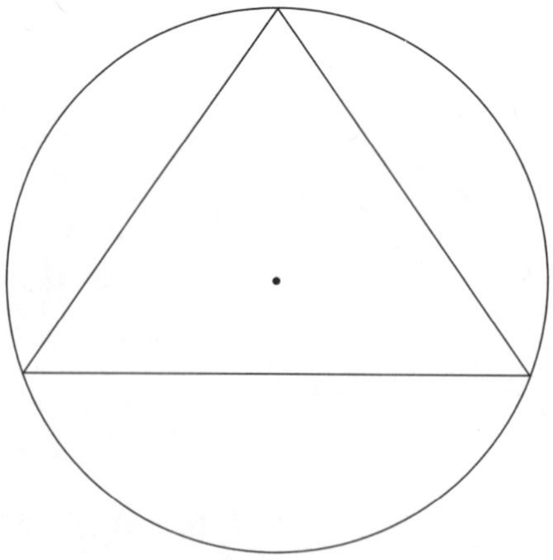

127 Considere um quadrado de lado 6 m e nele dois arcos de 90°, de raio 6 m, com centros nas extremidades de um lado. Determinar o raio da circunferência que tangencia os dois arcos e um lado, como mostra a figura.

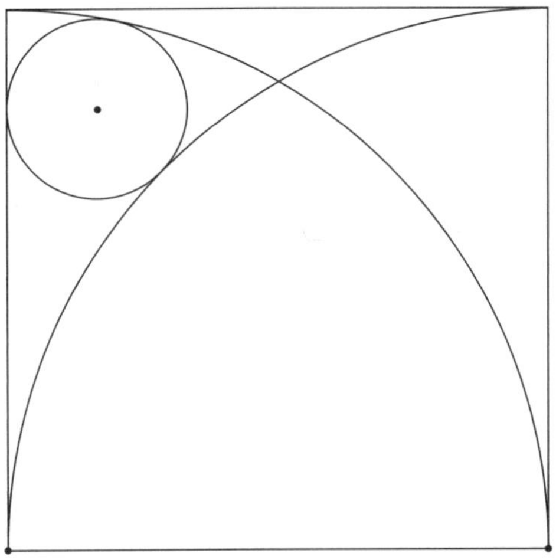

128 Na figura temos um setor de 90° e raio 12 m e uma semi-circunferência de 12 m de diâmetro contida nele. Determinar o raio da circunferência tangente a um raio e aos arcos, como mostra a figura.

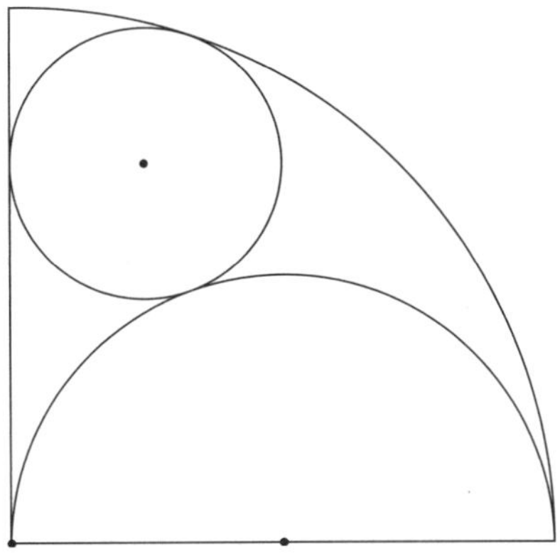

129 Na figura temos 4 circunferências congruentes de raio r, cada uma tangente a outras duas e tangentes internamente a uma maior. Determinar o raio da maior em função de **r**.

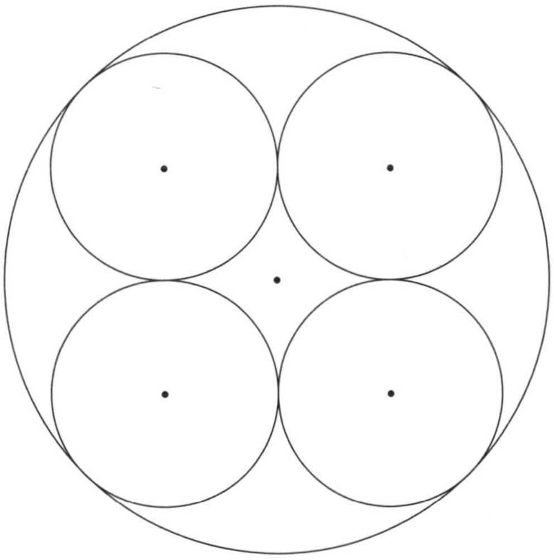

Resp: **121** a) 10 b) 15 **122** a) 8 b) 1 **123** a) 4 b) 6 **124** a) 6 b) 10

130 Em cada caso temos um quadrado de lado **a** e um arco de circunferência com centro em um vértice e raio **a**. Determinar o raio da circunferência que tangencia dois lados do quadrado e o arco de circunferência, como mostra a figura.

a)

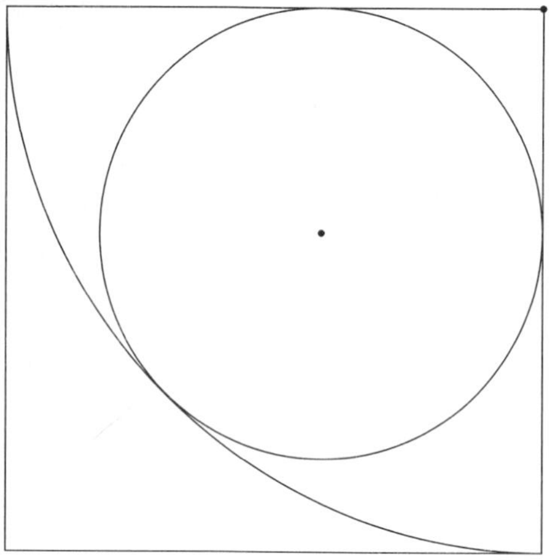

b)

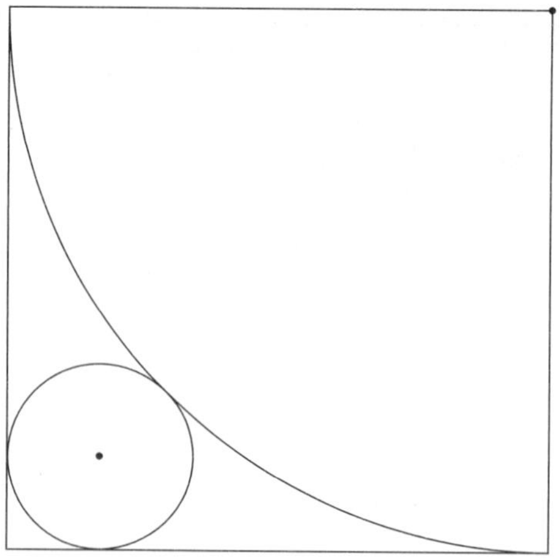

131 Na figura temos duas semi-circunferências de diâmetros 18 m e 36 m. Determinar o raio da circunferência que tangencia uma internamente, a outra externamente e um diâmetro.

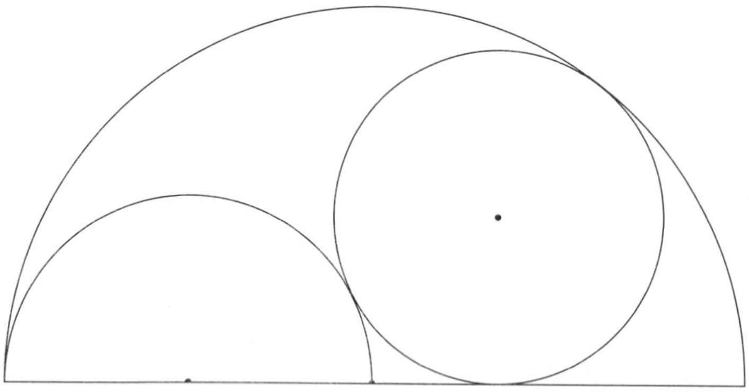

132 Na figura temos cinco circunferências de raios iguais, com uma em cada canto do quadrado, tangenciando dois de seus lados e uma no centro tangenciando as outras quatro. Se o lado do quadrado é **a**, determinar, em função de **a**, o raio dessas circunferências.

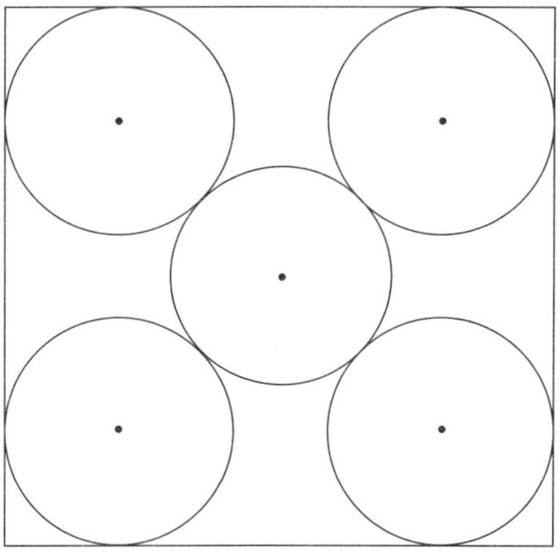

---

133 Na figura temos um retângulo ABCD com AB = 4 m e nele um arco de 180º e diâmetro AB e um arco de 90º com centro C e raio 4 m, tangentes entre si. Determinar o raio da circunferência que tangencia esses arcos e AD.

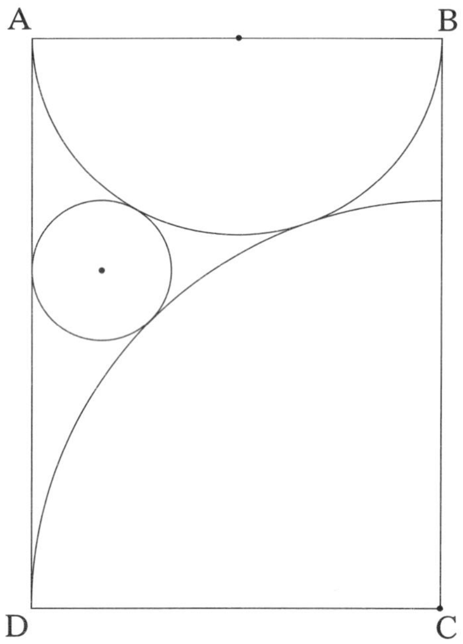

Resp: **125** a) 6 b) 10 **126** a) 3 b) 24 **127** 1 **128** 3 **129** $(\sqrt{2} + 1)r$

134 Determine PA nos casos:

a)

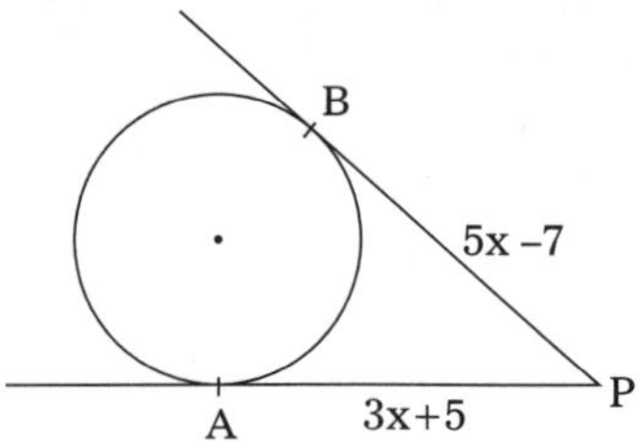

b)

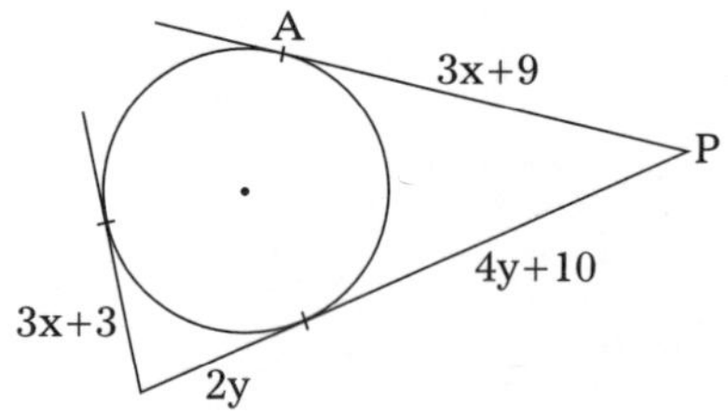

135 Determine os lados do triângulo ABC nos casos:

a)

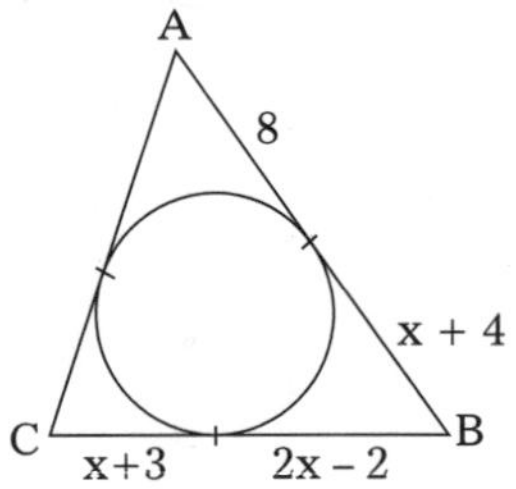

b)

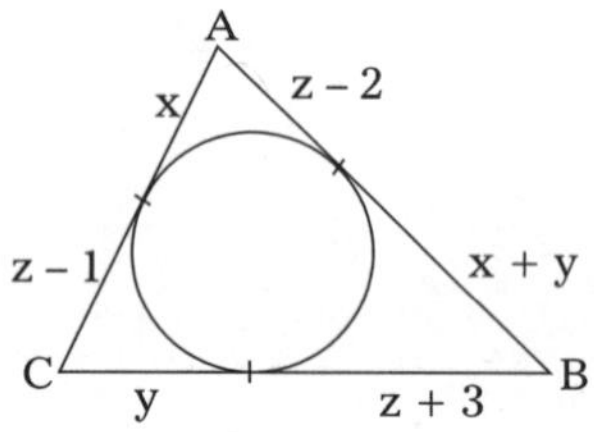

136 Determine **x** nos casos:

a)

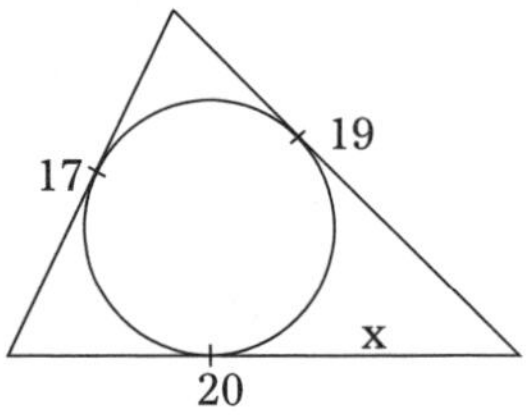

b)

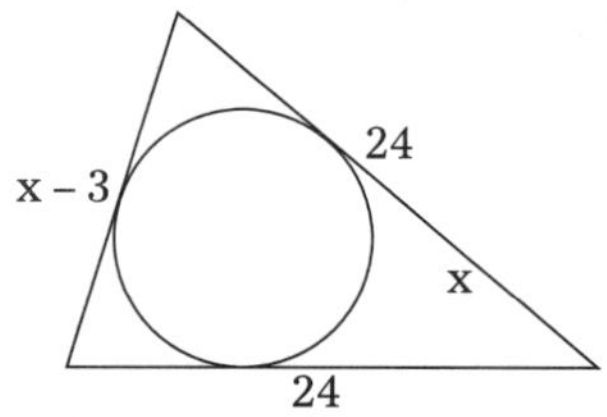

137 Determine **x** nos casos:

a)

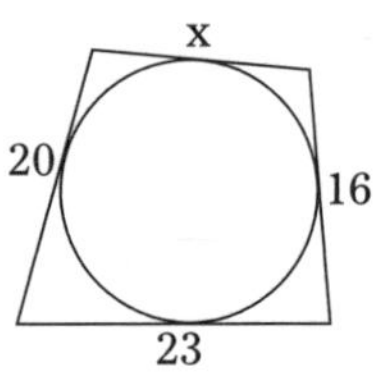

b)

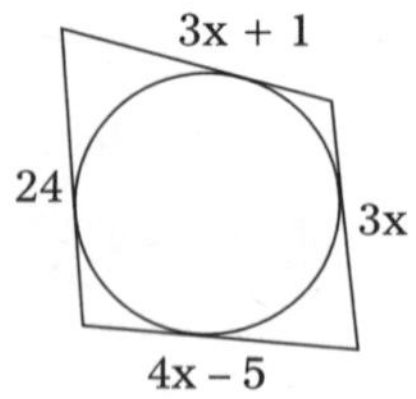

138 Determine o raio do círculo nos casos:

a)

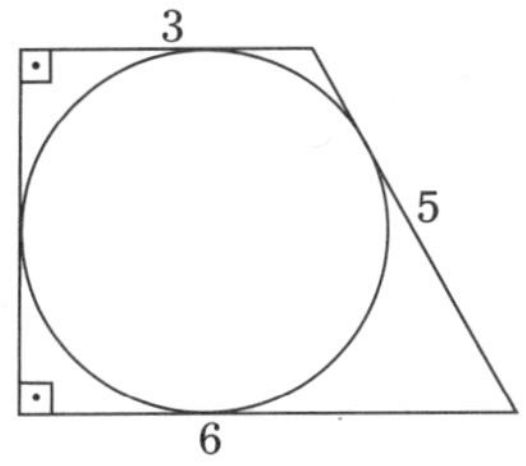

b)

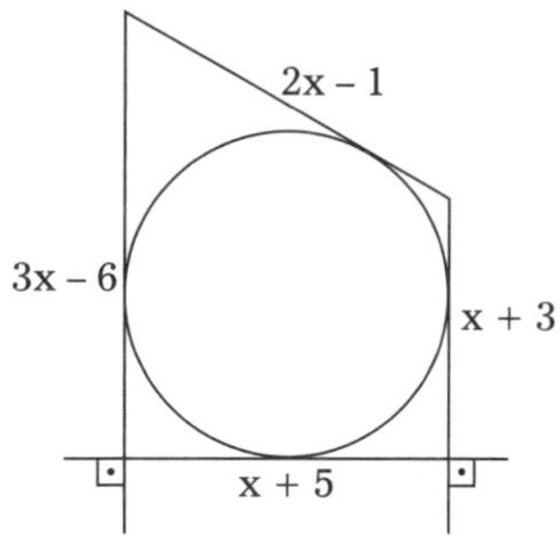

139 Determine o raio do círculo nos casos:

a)

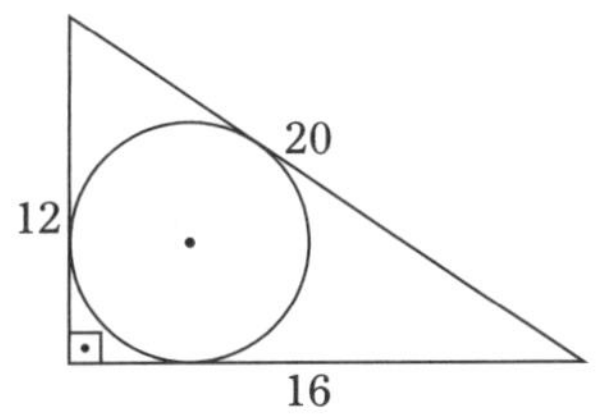

b)

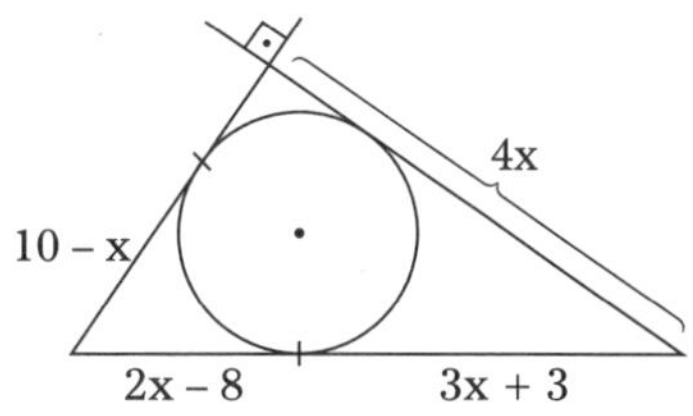

140 Levando em conta as medidas indicadas na figura e sabendo que o círculo está inscrito no triângulo, determinar x.

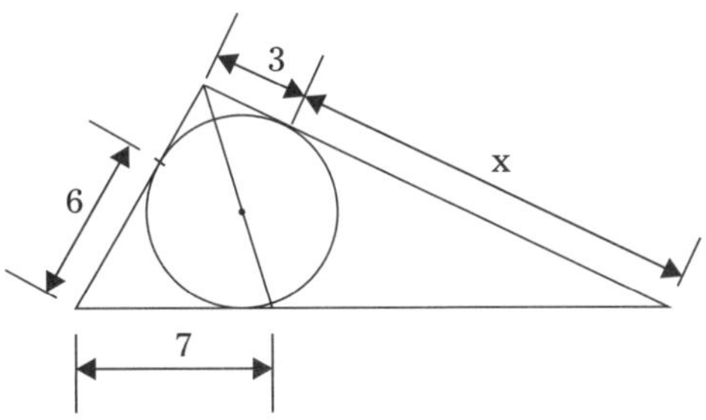

141 Se o raio do círculo mede 4m e AB = 12m, determinar PD.

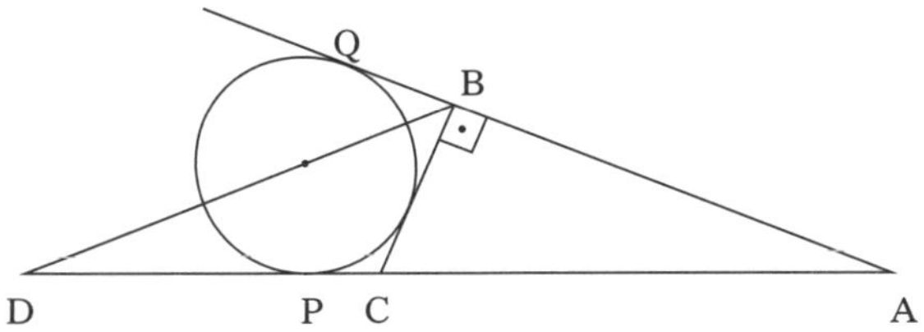

Resp: **130** a) $(\sqrt{2}-1)a$ b) $(3-2\sqrt{2})a$ **131** 8 **132** $\frac{a}{2}(\sqrt{2}-1)$ **133** $12-8\sqrt{2}$
134 a) 23 b) 30 **135** a) 18, 19, 17 b) 13, 14, 9 **136** a) 11 b) 17
137 a) 13 b) 7 **138** a) 2 b) 6 **139** a) 4 b) 3 **140** 15 **141** $\frac{92}{7}$

IV PRINCÍPIO FUNDAMENTAL DE CONTAGEM (P.F.C.)

Introdução

Análise Combinatória (Contagem) é a parte da Matemática que se dedica à resolução de problemas em que se propõe **formar e contar agrupamentos** com os elementos de um conjunto dado, agrupamentos esses obedecendo às condições especificadas em cada problema.

Quando, num mesmo agrupamento, não for permitido repetir elementos (elementos distintos dois a dois), chamaremos de Análise Combinatória Simples ou Sem Repetição.

Princípio Fundamental de Contagem - P.F.C. (ou Princípio Multiplicativo)

Antes de enunciarmos o P.F.C., vamos resolver um problema que ajudará a compreendê-lo:"Ao almoçar em um restaurante, uma pessoa deve escolher uma entre as cinco opções de tipos de comida que o restaurante oferece e, a seguir, escolher uma entre três sobremesas que são servidas gratuitamente para quem lá almoça. Pergunta-se: de quantos modos diferentes essa pessoa pode fazer sua escolha?"

Resolução: Chamaremos de P_1, P_2, P_3, P_4, P_5 cada um dos "pratos principais" e S_1, S_2 e S_3 os tipos de sobremesas. Para contar o número total de escolhas possíveis, faremos uma **árvore de possibilidades**.

1ª fase de escolha: escolher o prato principal (5 opções)

2ª fase de escolha: escolher a sobremesa (3 opções)

Árvore de Possibilidades

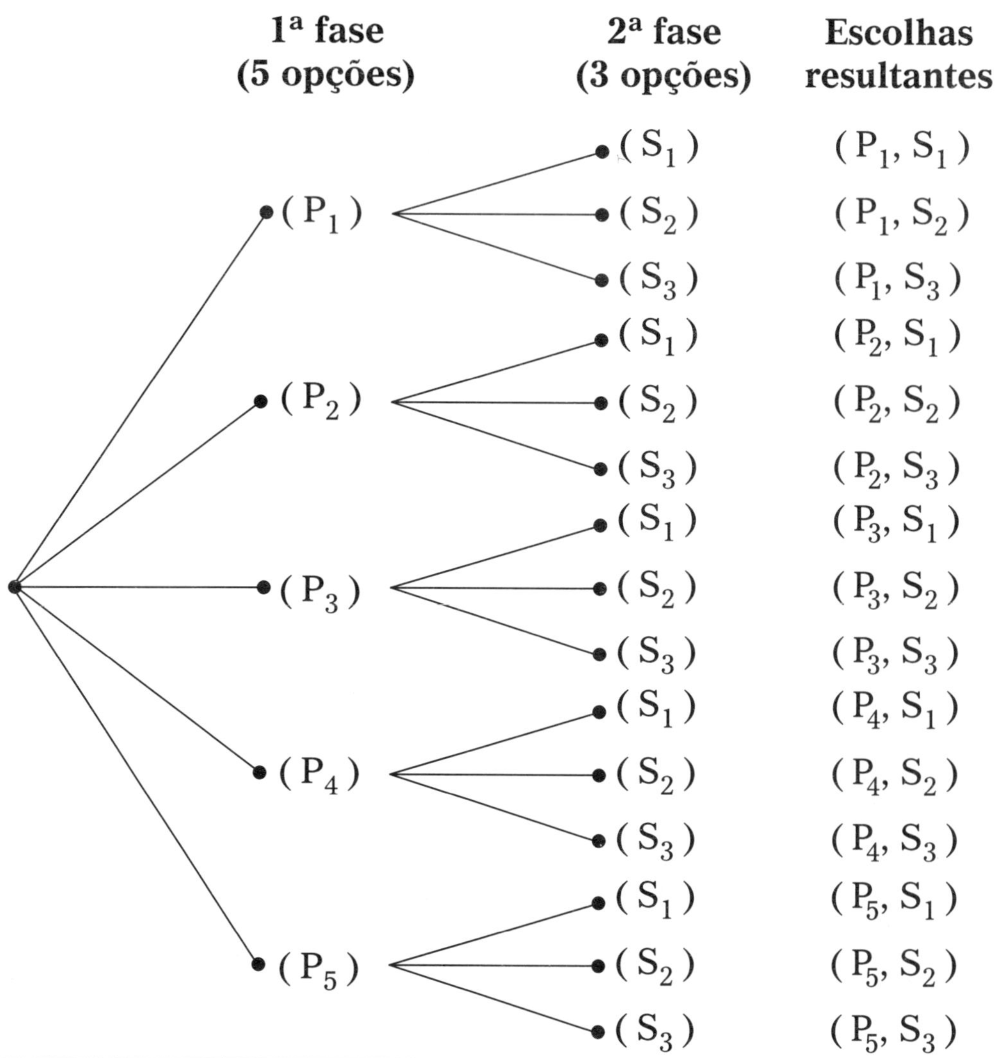

Após a **1ª fase** de escolha, temos 5 opções (saem 5 "galhos" da árvore).

Na **2ª fase** de escolha, saem 3 galhos de cada um dos cinco que havia.

É possível contar o número de possibilidades de escolha que pede o problema:

3 + 3 + 3 + 3 + 3 = 5 . 3 = 15 tipos diferentes de refeições

Com essa "árvore de possibilidades" foi possível determinar, **quais** são todas as escolhas possíveis; como o problema só pergunta **quantas** são essas possíveis escolhas, podemos calcular esse número (que chamaremos de α) do seguinte modo (mesmo sem fazer a árvore de possibilidades):

$$\alpha = \underbrace{\textbf{(nº de opções da 1ª fase)}}_{\alpha_1} \cdot \underbrace{\textbf{(nº de opções da 2ª fase)}}_{\alpha_2}$$

$\alpha = \alpha_1 \cdot \alpha_2 = \mathbf{5 \cdot 3 = 15}$ **opções de refeições**

Daí o nome: **Princípio Mutiplicativo**

Outro exemplo:

Vamos, agora, acrescentar mais uma **fase de escolha** ao problema anterior.

Por exemplo: "Após a refeição, cada cliente deve escolher um entre dois caixas para pagar: um só recebe pagamento em dinheiro ($\mathbf{C_1}$) e outro, só com cartão ($\mathbf{C_2}$). **Quantas** são, agora, as possibilidades de escolha?

Resolução:

1ª fase: escolha do prato principal $(P_1, P_2, P_3, P_4, P_5) \longrightarrow \alpha_1 = 5$

2ª fase: escolha da sobremesa $(S_1, S_2, S_3) \longrightarrow \alpha_2 = 3$

3ª fase: escolha do caixa $(C_1, C_2) \longrightarrow \alpha_3 = 2$

Já podemos calcular o número total de possibilidades (α):

$\alpha = \alpha_1 \cdot \alpha_2 \cdot \alpha_3 = \mathbf{5 \cdot 3 \cdot 2 = 30}$ **opções**

Apesar de não ser necessário, mostraremos a seguir a "**árvore de possibilidades**" deste problema (só para consolidar o entendimento do leitor).

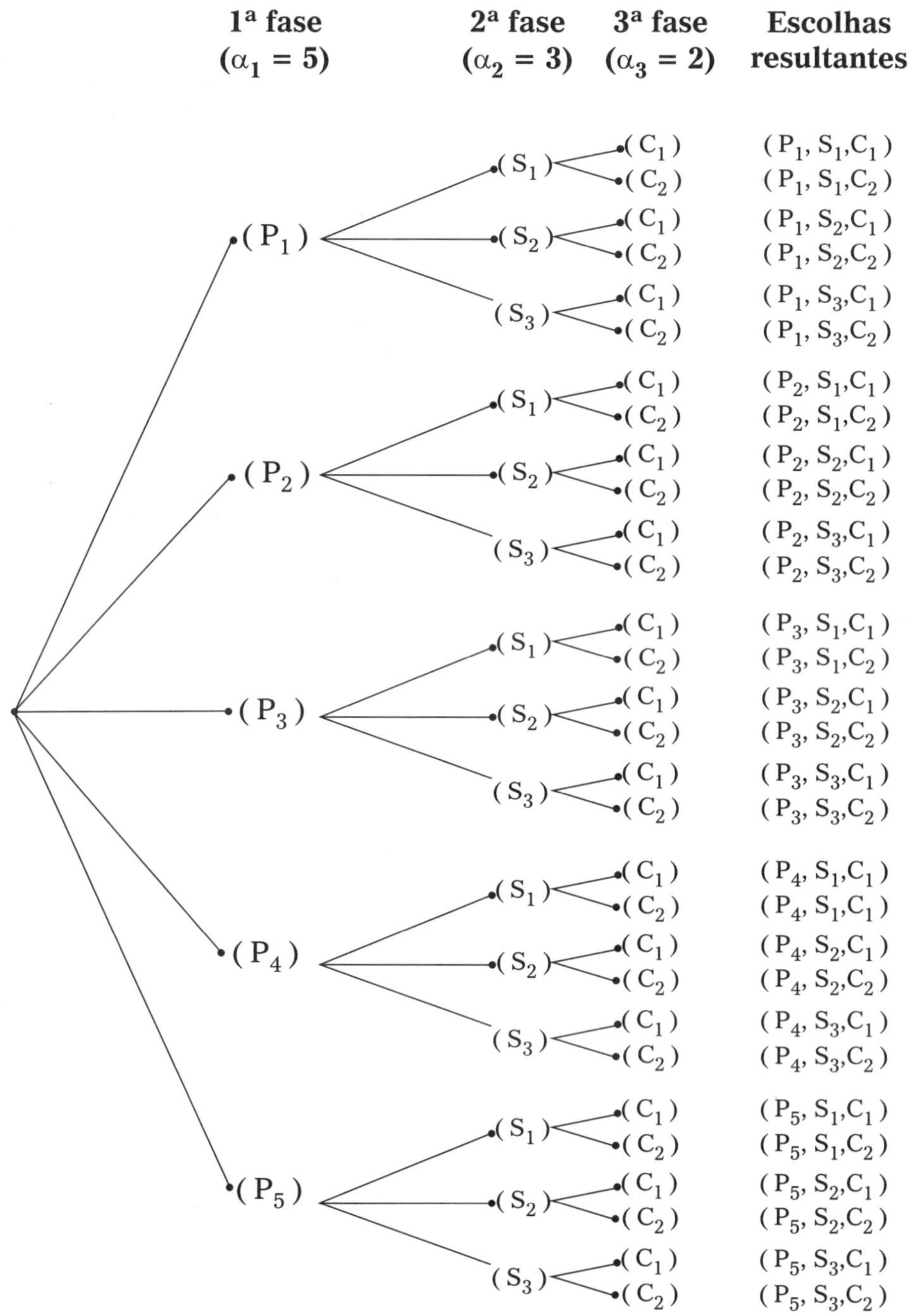

Enunciado do Princípio Fundamental de Contagem (P.F.C.)

Consideremos um problema em que há **i** fases de escolha $(\mathbf{F_1, F_2, F_3, \ldots, F_i})$ e sejam $\alpha_1, \alpha_2, \alpha_3, \ldots, \alpha_i$, respectivamente, os n^{os} de opções de cada uma dessas fases.

Assim, sendo, enunciamos:

"O número total (α) de escolhas diferentes que se pode fazer é

$$\alpha = \alpha_1 \cdot \alpha_2 \cdot \alpha_3 \cdot \ldots \cdot \alpha_i$$"

Exemplo 1: Quantos anagramas podemos formar com as letras da palavras EVA?

Resolução: São chamados anagramas as "palavras" que podemos formar com as letras E, V e A, tenham significado ou não.

1º modo: Como, neste caso, o número de anagramas é pequeno, podemos, seguindo um critério, escrever as "palavras", sem deixar "escapar" nenhuma. Isto é:

Que começam com E $\Rightarrow$ E V A e E A V

Que começam com V $\Rightarrow$ V A E e V E A

Que começam com A $\Rightarrow$ A V E e A E V

Note que há 6 anagramas com as letras da palavra E V A.

2º modo: Como o anagrama é feito sem repetir as letras dadas, temos:

A 1ª letra pode ser escolhida entre as 3 dadas.

A 2ª letra pode ser escolhida entre as 2 que sobraram.

A 3ª letra é a que sobrou.

Sendo **N** o número de anagramas, temos: $N = 3 \cdot 2 \cdot 1 \Rightarrow N = 6$

Este modo é o mais usado na resolução de problemas.

3º modo: Fazemos um diagrama, chamado diagrama de árvore (ou árvore de possibilidades)

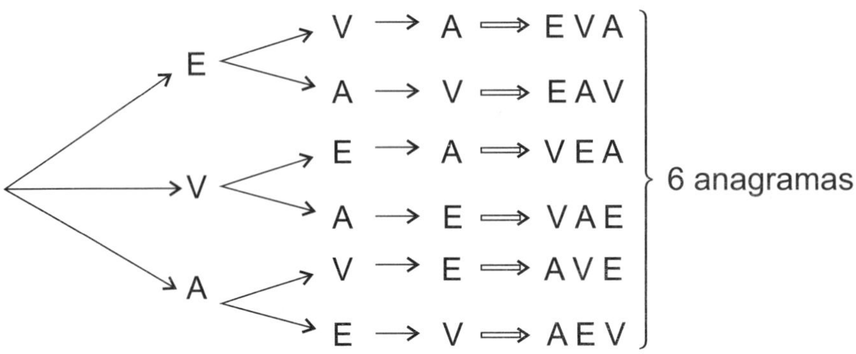

Obs.: Quando o número de possibilidades for grande, o 1º e 3º modos são usados apenas como parte do raciocínio, e resolvemos do 2º modo.

Exemplo 2: Quantas placas de automóvel podemos criar usando 3 vogais e 2 algarismos, nessa ordem?

Resolução: As placas terão o formato

$$\begin{array}{lccccc} & \mathbf{V} & \mathbf{V} & \mathbf{V} & \mathbf{A} & \mathbf{A} \\ & \uparrow & \uparrow & \uparrow & \uparrow & \uparrow \\ \text{Fases de escolha} & F_1 & F_2 & F_3 & F_4 & F_5 \end{array}$$

V = vogal

A = algarismo

1ª fase de escolha $= F_1 \longrightarrow \alpha_1 = 5$ (A, E, I, O, U)

2ª fase de escolha $= F_2 \longrightarrow \alpha_2 = 5$

3ª fase de escolha $= F_3 \longrightarrow \alpha_3 = 5$

4ª fase de escolha $= F_4 \longrightarrow \alpha_4 = 10$ (algarismos 0, 1, 2, ..., 9)

5ª fase de escolha $= F_5 \longrightarrow \alpha_5 = 10$

O número total de possibilidades é (usando o P.F.C.):

$\alpha = \alpha_1 \cdot \alpha_2 \cdot \alpha_3 \cdot \alpha_4 \cdot \alpha_5 = 5 \cdot 5 \cdot 5 \cdot 10 \cdot 10$

Resposta: α = 12 500 placas possíveis

Exemplo 3: Dispondo dos algarismos 1, 2, 4 e 7, quantos números naturais de 4 algarismos, **sem repetição** (sem repetir algarismos num mesmo número), podemos formar?

Resolução:

número formado

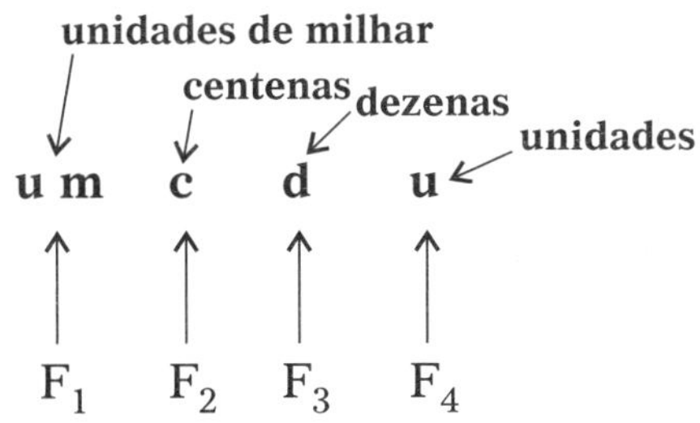

algarismos disponíveis {1 , 2 , 4 , 7 }

fase F_1: escolher um algarismo para ocupar a posição das unidades de milhar $\longrightarrow$ $\alpha_1 = 4$ $\{1, 2, 4, 7\}$

fase F_2: escolher o algarismo das centenas $\longrightarrow$ $\alpha_2 = 3$ (pois um algarismo já foi escolhido na fase anterior).

fase F_3: escolher o algarismo das dezenas $\longrightarrow$ $\alpha_3 = 2$ (dois algarismos já foram escolhidos).

fase F_4: escolher o algarismo das unidades $\longrightarrow$ $\alpha_4 = 1$ (é o algarismo que restou).

Apliquemos, agora, o P.F.C.:

$\alpha = \alpha_1 \cdot \alpha_2 \cdot \alpha_3 \cdot \alpha_4$

Resposta: $\alpha = 4 \cdot 3 \cdot 2 \cdot 1 = 24$ **números naturais**

Embora, na prática, não seja usual fazer-se isto, observe abaixo a "**árvore de possibilidades**" deste problema:

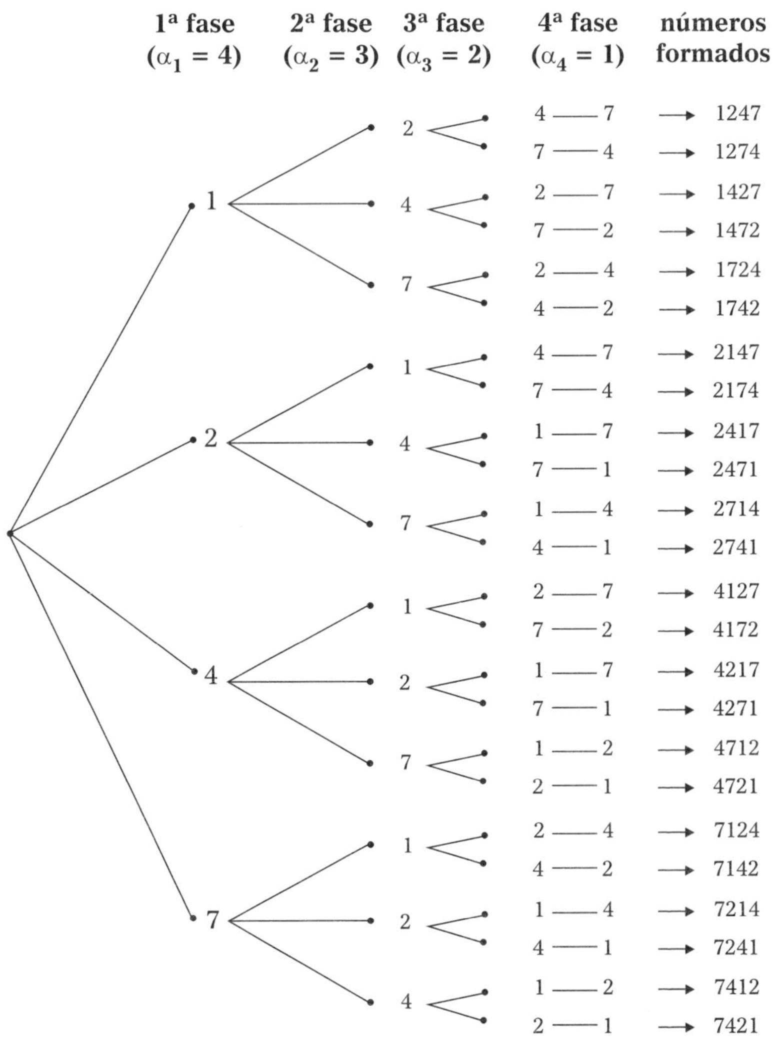

Exemplo 4: Dispondo dos algarismo 1, 2, 4 e 7, quantos números naturais de 4 algarismos podemos formar?

Resolução: note que, neste problema, é permitido repetir algarismos num mesmo número. Portanto, temos:

$\alpha = \alpha_1 \cdot \alpha_2 \cdot \alpha_3 \cdot \alpha_4$

$\alpha = 4 \cdot 4 \cdot 4 \cdot 4 = 256$

Resposta: podemos formar 256 números.

Exemplo 5: Dispondo dos algarismo 0, 1, 2, 3, 4 e 5, quantos números naturais de 4 algarismos, **sem repetição**, podemos formar?

Resolução: algarismos disponíveis {0, 1, 2, 3, 4, 5}

número formado

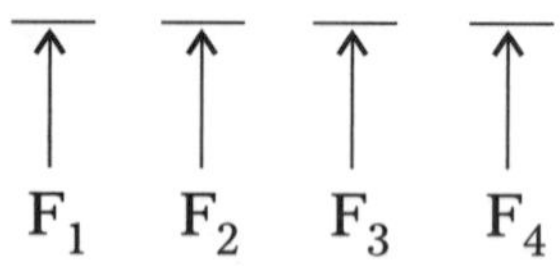

O **número 0 (zero) não pode ocupar a 1ª posição ($\mathbf{F_1}$)** pois nesse caso o número natural não teria 4 algarismos.

fase $\mathbf{F_1}$: {1, 2, 3, 4, 5} $\longrightarrow$ $\alpha_1 = 5$

fase $\mathbf{F_2}$: qualquer algarismo com exceção do que foi usado na fase F_1 (inclusive o zero) $\longrightarrow$ $\alpha_2 = 6 - 1 = 5$

fase $\mathbf{F_3}$: qualquer algarismo com exceção dos dois já usados $\longrightarrow$ $\alpha_3 = 6 - 2 = 4$

fase $\mathbf{F_4}$: analogamente $\longrightarrow$ $\alpha_4 = 6 - 3 = 3$

Cálculo do total de possibilidades:

$\alpha = \alpha_1 \cdot \alpha_2 \cdot \alpha_3 \cdot \alpha_4 \longrightarrow \alpha = 5 \cdot 5 \cdot 4 \cdot 3 = 300$

Resposta: é possível formar 300 números naturais nessas condições.

Exemplo 6: Quantos **números naturais** pares de quatro algarismos, sem repetição, podemos formar com todos os algarismos do sistema de numeração decimal {0, 1, 2, ... , 9} ?

Resolução: Para resolver este problema, vamos separá-lo em duas partes:

1º tipo de número par: terminando em zero

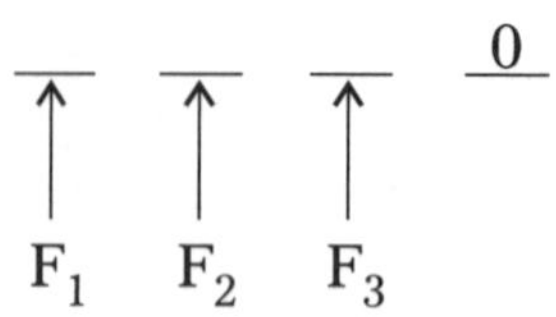

fase $\mathbf{F_1}$: todos, menos o zero, que já foi usado $\longrightarrow$ $\alpha_1 = 9$

fase $\mathbf{F_2}$: todos, menos o zero e F_1 $\longrightarrow$ $\alpha_2 = 8$

fase $\mathbf{F_3}$: todos, menos o zero, F_1 e F_2 $\longrightarrow$ $\alpha_3 = 7$

Chamemos de β_1 o total de números deste tipo:

$\beta_1 = \alpha_1 \cdot \alpha_2 \cdot \alpha_3 = 9 \cdot 8 \cdot 7 = 504$

2º tipo de número par: terminando em 2, 4, 6 ou 8.

$$\underset{F_2}{\overset{\_\_}{\uparrow}} \quad \underset{F_3}{\overset{\_\_}{\uparrow}} \quad \underset{F_4}{\overset{\_\_}{\uparrow}} \quad \underset{F_1}{\overset{\_\_}{\uparrow}}$$

atenção para as posições das fases!

fase F_1:{2, 4, 6 ou 8} $\longrightarrow$ $\alpha_1 = 4$

fase F_2: todos, menos o zero e F_1 $\longrightarrow$ $\alpha_2 = 8$

fase F_3: todos, menos F_1 e F_2 $\longrightarrow$ $\alpha_3 = 8$

fase F_4: todos, menos F_1 , F_2 e F_3 $\longrightarrow$ $\alpha_4 = 7$

β_2 será o total de números deste tipo:

$\beta_2 = 4 \cdot 8 \cdot 8 \cdot 7 = 32 \cdot 56 = 1792$

O total de números naturais pares será $\alpha = \beta_1 + \beta_2 = 504 + 1792 = 2296$

Resposta: podemos formar 2296 números pares nessas condições.

142 Uma fábrica de automóveis oferece 6 modelos diferentes e todos disponíveis em 5 cores. Sabendo que esses automóveis podem ter câmbio mecânico ou automático, quantas opções tem um comprador?

143 Ao elaborar uma avaliação, um professor colocou 3 questões de múltipla escolha (testes) com 4 alternativas cada (a, b, c ou d). De quantos modos pode um aluno responder a essas questões sem lê-las (aleatoriamente)?

144 Mario Aranha pensou em criar uma senha para usar no seu celular, formada por duas vogais seguidas de uma consoante, todas minúsculas, extraídas das letras de seu nome completo. Quantas possibilidades de escolha terá Mário para essa senha?

145 Uma prova é composta de 5 questões do tipo "verdadeiro ou falso". O número de maneiras diferentes que essa prova pode ser respondida é:

a) 25 b) 10 c) 7 d) 32 e) 5

146 Uma sala tem 6 lâmpadas com interruptores independentes, isto é, cada uma pode ser acesa ou apagada individualmente. De quantos modos podemos acendê-las sendo que a sala não fique no escuro?

147 Um estádio de esportes tem 10 portões. De quantos modos distintos pode uma pessoa entrar, depois sair e entrar de novo nesse estádio, sempre por portões diferentes?

148 Um estádio de futebol tem 10 portões. De quantas maneiras esse estádio pode ser aberto? (Dica: para isso, pelo menos um portão deve ficar aberto).

149 Com os algarismos 1, 2, 3, 4, 5 e 6 são formados números de quatro algarismos distintos. Quantos desses números são divisíveis por 5?

150 Resolva, agora, o exercício anterior usando os algarismos 0, 1, 2, 3, 4, 5 e 6.

151 Cinco estradas ligam a cidade **A** à cidade **B**. Três estradas ligam a cidade **B** à cidade **C**. De quantas maneiras podemos ir de **A** até **C**, passando por **B**?

---

152 Duas Sociedades Esportivas, com 100 esgrimistas cada, devem escolher um espadachim de cada uma delas para participar de uma competição. De quantos modos pode ser feita a seleção?

---

153 Temos cinco tipos de envelopes sem selos e quatro tipos de selos de um mesmo valor. De quantas maneiras podemos escolher um envelope com um selo para enviar uma carta?

---

154 De quantos modos podemos escolher uma vogal e uma consoante da palavra "cantor"?

---

155 Com os algarismos 1, 2, 3, 4, 5, 6 e 7, perguntamos:

a) Quantos números naturais de 3 algarismos podemos formar?

b) Desses, quantos são ímpares?

156 Com os mesmos algarismos do exercício anterior, perguntamos:

a) Quantos números naturais de 4 algarismos, sem repetição, podemos formar?

b) Quantos desses números são pares?

157 De quantos modos podemos escolher uma vogal e uma consoante da palavra “treino”?

158 Lança-se um dado com seis faces e roda-se um pião com oito faces. De quantas maneiras eles podem combinar-se ao parar?

159 Há cinco caminhos até o cume de uma montanha. De quantas maneiras pode-se subir e descer da montanha? E subir e descer por caminhos diferentes?

160 Dispondo das letras A, B e C e dos algarismos 1, 2, 3 e 5, quantas placas de automóveis formados por 3 letras seguidas de 4 algarismos podemos formar?

Resp: **142** 60 **143** 64 **144** 36 **145** D **146** 64 **147** 720 **148** 1023 **149** 60 **150** 220

161 No problema anterior, quantas são as placas de automóveis que podem ser formadas sem repetir letras nem algarismos numa mesma placa?

---

162 De quantas maneiras podem ser indicadas uma casa branca e uma preta em um tabuleiro de xadrez? E indicar duas casas independentes das cores?

---

163 De quantas maneiras podem ser escolhidas, em um tabuleiro de xadrez, uma casa branca e uma preta que não estejam numa mesma horizontal nem numa mesma vertical?

---

164 Com os algarismos 0, 1, 2, ..., 8:

a) Quantos números naturais de 4 algarismos, sem repetição, podemos formar?

b) Quantos desses são pares?

c) Quantos são ímpares?

165 Numa perua usada para transporte, os passageiros podem escolher um, dentre os sete assentos numerados de 1 a 7.

Assim sendo, de quantos modos diferentes podemos acomodar 3 pessoas nesse veículo?

---

166 a) Quantos números naturais de 4 algarismos podemos formar usando os algarismos 0, 1, 2, ... , 8?

b) Desses, quantos são ímpares?

---

167 Num hospital há 4 vagas de trabalho, com funções diferentes, que serão disponibilizadas para voluntários. Apresentaram-se 7 voluntários. De quantos modos poderão ser distribuídas essas vagas?

---

168 As placas dos automóveis, em um certo país, são formadas por duas letras seguidas de 4 algarismos. Qual é o número de placas que podem ser formadas com as letras A e B e os algarismos pares, sem repetir nenhum algarismo?

Resp: **151** 15 **152** 10.000 **153** 20 **154** 8 **155** a) 343 b) 196 **156** a) 840 b) 360
157 9 **158** 48 **159** 25; 20 **160** 6912

169 Qual é o total de números múltiplos de 4, com quatro algarismos distintos, que podem ser formados com o algarismos 1, 2, 3, 4, 5 e 6?

170 Uma bandeira é formada de 7 listas que devem ser pintadas com as cores preto, vermelho e azul, de modo que as três cores estejam presentes. De quantas maneiras distintas será possível pintá-la de modo que duas listas adjacentes nunca estejam pintadas da mesma cor?

171 (CESGRANRIO-77) Um mágico se apresenta em público vestindo calça e paletó de cores diferentes. Para que ele possa se apresentar em 24 sessões com conjuntos diferentes, o número mínimo de peças (número de palétos mais número de calças) de que ele precisa é:

a) 24 b) 11 c) 12 d) 10 e) 8

172 Um tabuleiro especial de xadrez possui 16 casas, dispostas em 4 linhas e 4 colunas. Um jogador deseja colocar 4 peças idênticas no tabuleiro de tal forma que, em cada linha e cada coluna, seja colocada apenas 1 peça. De quantas maneiras as 4 peças poderão ser colocadas?

173 (CESGRANRIO-80) A figura abaixo representa uma área de ruas de mão única. Em cada esquina em que há duas opções de direção (vide figura) o tráfego se divide igualmente entre elas. Se 512 carros entram na área por P, o número dos que vão sair por Y é:

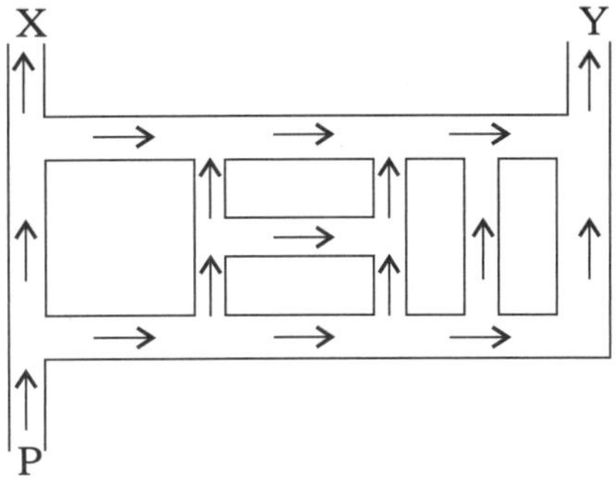

a) 128 b) 192 c) 256 d) 320 e) 384

Permutações Simples

Situação-problema: "De quantos modos poderemos distribuir 5 senhas, numeradas de 1 a 5, para 5 pessoas que formarão uma fila para comprar ingressos de um show?

Resolução: Chamemos essas pessoas de **a, e, i, o, u** e de **A**, o **espaço amostral** desse problema.

$A = \{a, e, i, o, u\} \Longrightarrow n(A) = 5$ elementos

Usando o **Princípio Fundamental de Contagem (P.F.C.)**, vamos calcular em quantas ordens essas pessoas podem ser colocadas.

fases de escolha F_1 F_2 F_3 F_4 F_5

$\alpha_1 = 5$ (há 5 pessoas para a 1ª posição)

$\alpha_2 = 4$ (agora só há 4 pois uma já ocupa a 1ª posição)

$\alpha_3 = 3$ (duas já foram escolhidas)

$\alpha_4 = 2$ (três já escolhidas)

$\alpha_5 = 1$ (só sobrou uma pessoa para a última posição).

Número total de possibilidades:

$\alpha = \alpha_1 \cdot \alpha_2 \cdot \alpha_3 \cdot \alpha_4 \cdot \alpha_5$

$\alpha = \underbrace{5 \cdot 4 \cdot 3 \cdot 2 \cdot 1}_{5!} \Rightarrow \alpha = 120$

Resposta: há 120 ordens possíveis para essa fila.

Como veremos adiante, esse **produto de números naturais consecutivos de 5 até 1**

indica-se **5!** e lê-se **fatorial de 5** ou **5 fatorial**.

Resp: **161** 144 **162** 1024, 4032 **163** 768 **164** a) 2688 b) 1512 c) 1176 **165** 210 **166** a) 5832 b) 2592 **167** 840 **168** 480

Observe alguns exemplos de ordens para essa fila: **(a, e, u, o, i)**

(e, u, a, o, i)

(u, a, i, e, o), etc.

Cada resultado é um **conjunto ordenado** de 5 elementos de **A** que chamaremos de **permutação simples** (sem repetição) com os elementos de A.

Percebemos, então, que há 120 ordens possíveis, 120 permutações simples, para se colocar **a, e, i, o, u** em fila.

Definição:

Dado o conjunto $A = \{a_1, a_2, a_3, ..., a_n\}$, chama-se **permutação simples** dos **n** elementos de $A (n \in N)$, a qualquer conjunto ordenado com esses **n** elementos.

Indica-se $\mathbf{P_n}$, o número de permutações simples com **n** elementos.

Exemplo: "Quantas e quais são as permutações de 3 elementos que podemos fazer com os elementos do conjunto A = {a, b, c} ?"

Resolução: calculemos, primeiro, quantas são.

trio ordenado $\longrightarrow \left(\overline{F_1} \quad \overline{F_2} \quad \overline{F_3}\right)$

$F_1 \longrightarrow$ a, b, ou c $(\alpha_1 = 3)$

$F_2 \longrightarrow \alpha_2 = 2$ (excluindo F_1)

$F_3 \longrightarrow \alpha_3 = 1$ (excluindo F_1 e F_2)

Portanto, $\mathbf{P_3} = \alpha_1 \cdot \alpha_2 \cdot \alpha_3 = \mathbf{3 \cdot 2 \cdot 1 = 3\,! = 6}$

As permutações simples com esses 3 elementos são:

(a, b, c)

(a, c, b)

(b, a, c)

(b, c, a)

(c, a, b)

(c, b, a)

Cálculo do número de permutações simples ($\mathbf{P_n}$)

Seja o conjunto $A = \{a_1, a_2, a_3, .., a_n\}$ com **n** elementos

Calculemos o número de conjuntos ordenados (ênuplas) com esses **n** elementos.

ênuplas ordenadas $\left(\overline{F_1}, \overline{F_2}, \overline{F_3}, \ldots, \overline{F_n}\right)$

Note que: $\alpha_1 = n$

$\alpha_2 = n - 1$

$\alpha_3 = n - 2$, etc.

O número de **permutações simples** com os **n elementos de A** é dado por

$P_n = n \,.\, (n - 1) \,.\, (n - 2) \,.\, ... \, 3 \,.\, 2 \,.\, 1 = n!$

portanto $\boxed{P_n = n!}$ $\mathbf{(n \in N)}$

Em particular, definimos

$P_1 = 1! = 1$ e

$P_0 = 0! = 1$ que justificaremos oportunamente.

Exemplo: **Anagramas**

Anagramas são todas as ordens em que podemos escrever as letras de uma palavra, quer tenham sentido ou não.

"**Quantos e quais** são os anagramas (permutações simples) que podemos formar com as letras da palavra **a v o**?"

Resolução: **Quantos anagramas**?

$$A = \{a, v, o\} \Longrightarrow n(A) = 3$$

fases de escolha F_1 F_2 F_3

$\alpha_1 = 3$ (3 letras)

$\alpha_2 = 2$ (já foi escolhida uma letra)

$\alpha_3 = 1$ (já foram escolhidas duas)

$\alpha = \alpha_1 \cdot \alpha_2 \cdot \alpha_3 = 3 \cdot 2 \cdot 1 = 3! = 6$

$\boxed{\alpha = P_3 = 3!}$ **(fatorial de 3)**

Quais são esses anagramas?

É mais fácil fazer uma "**árvore de possibilidades**" para determinar todos os anagramas.

fases de escolha	**1ª fase** (α_1 **= 3**)	**2ª fase** (α_2 **= 3**)	**3ª fase** (α_3 **= 1**)	**anagramas**

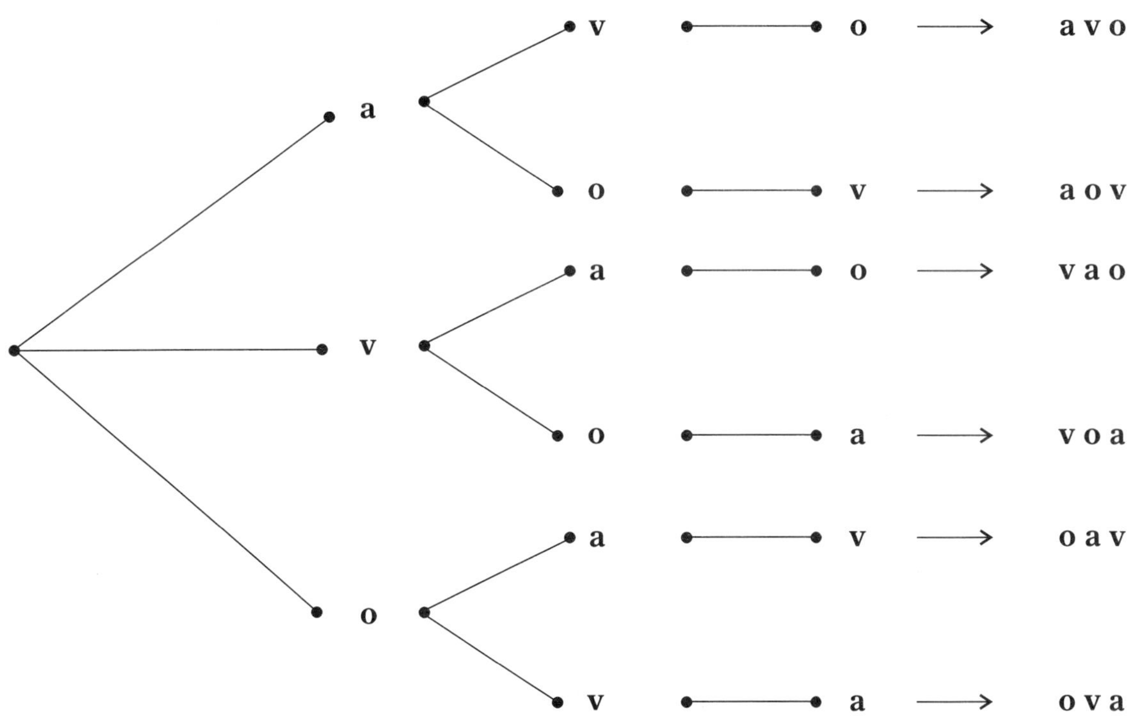

174 De quantos modos podemos dispor 7 pessoas acomodadas nos 7 assentos numerados de uma van de transporte de passageiros?

Resp: **169** 96 **170** 186 **171** D **172** B **173** E

175 Chamamos de **anagrama** a qualquer formação com um conjunto de letras, tendo sentido ou não. Nessas condições, perguntamos:

a) Quantos anagramas podemos formar com as letras da palavra FUVEST?

b) Desses anagramas formados, quantos começam pela letra V.

c) Quantos começam pela letra T e terminam em S?

d) Quantos começam por vogal?

e) Quantos terminam em consoante?

f) Quantos começam por vogal e terminam em consoante?

g) Quantos começam e terminam com consoantes?

176 a) Quantos anagramas podemos formar com as letras da palavra UNICAMP?

b) Em quantos desses anagramas aparecem juntas as letras AMP?

c) Quantos têm as letras AMP juntas e nessa ordem?

177 Um grupo de seis pessoas, entre as quais estão Américo e Lays, deve formar uma fila para que sejam atendidos num consultório médico.

a) Em quantas ordens diferentes pode ser formada essa fila?

b) Em quantas dessas filas, Américo e Lays aparecem juntos

c) Em quantas eles aprecem separados?

178 De quantas maneiras podemos colocar 10 pessoas (A_1, A_2, A_3, ... , A_{10}) em fila de modo que:

a) A_1 e A_2 fiquem sempre juntas?

b) A_8, A_9 e A_{10} fiquem sempre juntas?

c) A_5 fique numa das extremidades?

d) A_2 e A_9 fiquem nas extremidades da fila?

e) As extremidades estejam ocupadas por A_4 ou A_5 ou A_6 ou A_7?

Resp: **174** $R = P_7 = 7! = 5040$ modos

179 (ENEM-2015) Em uma central de atendimento, cem pessoas receberam senhas numeradas de 1 até 100. Uma das senhas é sorteada ao acaso.

Qual é a probabilidade de a senha sorteada ser um número de 1 a 20?

a) $\frac{1}{100}$ b) $\frac{19}{100}$ c) $\frac{20}{100}$ d) $\frac{21}{100}$ e) $\frac{80}{100}$

---

180 (ENEM-2018) Torneios de tênis, em geral, são disputados em sistema de eliminatória simples. Nesse sistema, são disputadas partidas entre dois competidores, com a eliminação do perdedor e promoção do vencedor para a fase seguinte. Dessa forma, se na 1ª fase o torneio conta com 2n competidores, então na 2ª fase restarão n competidores, e assim sucessivamente até a partida final.

Em um torneio de tênis, disputado nesse sistema, participam 128 tenistas.

Para se definir o campeão desse torneio, o número de partidas necessárias é dado por

a) 2×128

b) $64 + 32 + 16 + 8 + 4 + 2$

c) $128 + 64 + 32 + 16 + 8 + 4 + 2 + 1$

d) $128 + 64 + 32 + 16 + 8 + 4 + 2$

e) $64 + 32 + 16 + 8 + 4 + 2 + 1$

---

181 (ENEM-2016)Para cadastrar-se em um *site*, uma pessoa precisa escolher uma senha composta por quatro caracteres, sendo dois algarismos e duas letras (maiúsculas ou minúsculas). As letras e os algarismos podem estar em qualquer posição. Essa pessoa sabe que o alfabeto é composto por vinte e seis letras e que uma letra maiúscula difere da minúscula em uma senha.

Disponível em: www.infowester.com. Acesso em: 14 dez. 2012.

O número total de senhas possíveis para o cadastramento nesse site é dado por

a) $10^2 \cdot 26^2$ b) $10^2 \cdot 52^2$ c) $10^2 \cdot 52^2 \cdot \frac{4!}{2!}$

d) $10^2 \cdot 26^2 \cdot \frac{4!}{2! \cdot 2!}$ e) $10^2 \cdot 52^2 \cdot \frac{4!}{2! \cdot 2!}$

182 (ENEM-2015) Uma família composta por sete pessoas adultas, após decidir o itinerário de sua viagem, consultou o site de uma empresa aérea e constatou que o voo para a data escolhida estava quase lotado. Na figura, disponibilizada pelo site, as poltronas ocupadas estão marcadas com X e as únicas poltronas disponíveis são as mostradas em branco.

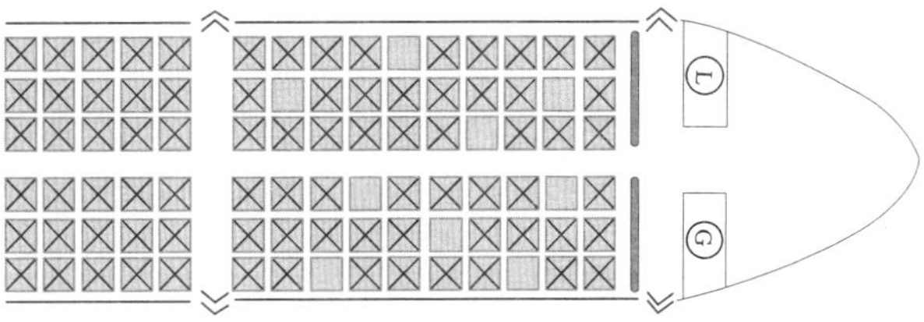

Disponível em: www.gebh.net. Acesso em: 30 out. 2013 (adaptado).

O número de formas distintas de se acomodar a família nesse voo é calculado por

a) $\frac{9!}{2!}$ b) $\frac{9!}{7! \times 2!}$ c) $7!$ d) $\frac{5!}{2!} \times 4!$ e) $\frac{5!}{2!} \times \frac{4!}{3!}$

183 (ENEM-2012) O diretor de uma escola convidou os 280 alunos de terceiro ano a participarem de uma brincadeira. Suponha que existem 5 objetos e 6 personagens numa casa de 9 cômodos; um dos personagens esconde um dos objetos em um dos cômodos da casa. O objetivo da brincadeira é adivinhar qual objeto foi escondido por qual personagem e em qual cômodo da casa o objeto foi escondido.

Todos os alunos decidiram participar. A cada vez um aluno é sorteado e dá a sua resposta. As respostas devem ser sempre distintas das anteriores, e um mesmo aluno não pode ser sorteado mais de uma vez. Se a resposta do aluno estiver correta, ele é declarado vencedor e a brincadeira é encerrada.

O diretor sabe que algum aluno acertará a resposta porque há

a) 10 alunos a mais do que possíveis respostas distintas.
b) 20 alunos a mais do que possíveis respostas distintas.
c) 119 alunos a mais do que possíveis respostas distintas.
d) 260 alunos a mais do que possíveis respostas distintas.
e) 270 alunos a mais do que possíveis respostas distintas.

Resp: **175** a) $P_6 = 6! = 720$ b) 120 c) 24 d) 240 e) 480 f) 192 g) 288 **176** a) 5040
b) 1ª fase: escolher uma ordem para AMP, 2ª fase: escolher uma ordem para (AMP), U, N, I, C.
Portanto: $\alpha = (3 \cdot 2 \cdot 1) \cdot (5 \cdot 4 \cdot 3 \cdot 2 \cdot 1) = 720$ c) 120 **177** a) $P_6 = 6! = 720$ b) 240 c) 480
178 a) $2 \cdot P_9 = 2 \cdot 9! = 725\,760$ b) 241 920 c) 725 760 d) 80 640 e) 483 840

V PROBABILIDADES

Experimentos Aleatórios

Um experimento se chama aleatório quando, realizado repetidamente nas mesmas condições, for impossível de se prever seu resultado.

O conjunto dos resultados possíveis para um experimento aleatório é, geralmente, conhecido e chamado de espaço amostral do experimento.

Exemplos:

- Lançar um dado e observar o número gravado na face voltada para cima.
- Jogar uma moeda três vezes em seguida e observar os trios ordenados obtidos.
- Observar o número de partos que ocorrem por dia num determinado hospital.
- Retirar cinco cartas de um baralho de 52 cartas e observar os conjuntos obtidos.
- Observar o índice pluviométrico diário de uma determinada estação de medição.

Espaço Amostral de um Experimento (E)

Espaço amostral (E) de um experimento é o conjunto dos resultados possíveis para esse experimento. Indicaremos n(E) ao número de elementos do espaço amostral.

Exemplos:

1º) Experimento: jogar um dado comum (com 6 faces numeradas de 1 até 6).

$E = \{1, 2, 3, 4, 5, 6\}$ e $n(E) = 6$

2º) Experimento: jogar duas moedas (que é o mesmo que jogar uma mesma moeda duas vezes).

E = {(cara, cara), (cara, coroa), (coroa, cara), (coroa, coroa)}

$n(E) = 2 \cdot 2 = 4$

3º) Retirar três bolas sucessivamente e sem reposição de uma urna contendo 3 bolas pretas e 4 brancas.

E = {(P, P, P), (P, P, B), (P, B, P), (B, P, P), (P, B, B), (B, P, B), (B, B, P,), (B, B, B)}

$n(E) = 2 \cdot 2 \cdot 2 = 8$

4º) Experimento: sortear um segmento dentre os segmentos determinados pelos vértices de um pentágono ABCDE.

E = {{A, B}, {A, C}, {A, D}, {A, E}, {B, C}, {B, D}, {B, E}, {C, D}, {C, E}, {D, E}}

$n(E) = 10$

Observações:

1ª) O espaço amostral de um experimento pode ser finito ou infinito.

2ª) Um mesmo experimento pode ser representado por diversos espaços amostrais, dependendo da conveniência, ao se resolver um problema. Exemplo:

O experimento: "jogar um dado comum" pode ter os seguintes espaços amostrais:

$E_1 = \{1, 2, 3, 4, 5, 6\}$ ou

E_2 = {número par, número ímpar} ou

E_3 = {número primo, 1, 4, 6}, etc.

Resp: **179** C **180** E **181** E **182** A **183** A

Evento

Dado um espaço amostral **E** associado a um experimento, chama-se **evento** (acontecimento) desse experimento a qualquer **subconjunto A de E**.

Se esse evento tiver um único elemento, será chamado de **evento simples** ou **evento elementar**.

Exemplo:

Experimento: "jogar um dado comum"

Escolheremos o espaço amostral

E = {1, 2, 3, 4, 5, 6} e, como exemplo, os seguintes eventos (subconjuntos de E):

A $\longrightarrow$ obter resultado par $\Rightarrow$ A = {2, 4, 6}

B $\longrightarrow$ obter resultado primo $\Rightarrow$ B = {2, 3, 5}

C $\longrightarrow$ obter resultado (par e primo) $\Rightarrow$ C = {2} (C é um evento simples)

D $\longrightarrow$ obter resultado menor que 7 $\Rightarrow$ $D = \{x \in E \mid x < 7\} = \{1, 2, 3, 4, 5, 6\} = E$ (D é chamado de **evento certo** ou certeza).

F $\longrightarrow$ obter resultado não inteiro $\Rightarrow$ F = {x $\in$ E| x não é inteiro} = $\varnothing$

(F é chamado de **evento impossível**).

Os eventos simples desse experimento são {1}, {2}, {3}, {4}, {5} e {6}.

Distribuição de Probabilidades

(Probabilidades dos eventos simples)

Consideremos um experimento com espaço amostral finito

$E = \{e_1, e_2, e_3, \dots, e_m\}$ e os **números reais não negativos** $p_1, p_2, p_3, \dots, p_m$ que são, respectivamente, as probabilidades dos eventos simples $\{e_1\}, \{e_2\}, \{e_3\}, \dots, \{e_m\}$.

Nessas condições, dizemos que $p_1, p_2, \dots, p_m$ definem uma **distribuição de probabilidades sobre E** se $\boxed{p_1 + p_2 + p_3 + \dots + p_m = 1}$

Probabilidade de um evento [P(A)]

Sendo dados: um experimento com espaço amostral finito

$E = \{e_1, e_2, e_3, \dots, e_j, \dots, e_m\}$, sua distribuição de probabilidades $p_1, p_2, p_3, \dots, p_j, \dots, p_m$

e o evento $A = \{e_1, e_2, e_3, \dots, e_j\}$, definimos **probabilidade de A** [indica-se P(A)] como sendo a soma das probabilidades dos eventos simples que constituem o evento A:

$$P(A) = p_1 + p_2 + p_3 + \dots + p_j$$

No caso particular em que A = $\varnothing$, definimos: P(A) = 0 (evento impossível)

Exemplo 1: Joga-se um dado comum, mas que tem a seguinte distribuição de probabilidades:

$p_1 = p_3 = p_4 = 0{,}1$

$p_2 = p_5 = 0{,}2$

$p_6 = 0{,}3$

Nessas condições, determine a probabilidade dos seguintes eventos.

A ⟶ obter resultado par

B ⟶ obter resultado par e primo (interseção).

C ⟶ obter resultado par **ou** primo (união).

D ⟶ obter um número menor que 7.

F ⟶ obter um número maior que 6.

G ⟶ obter um número primo.

H ⟶ obter um número não primo.

Resolução: o espaço amostral é $E = \{1, 2, 3, 4, 5, 6\}$

e notemos que $p_1 + p_2 + p_3 + p_4 + p_5 + p_6 = 1$. Assim sendo, temos

A = {2, 4, 6} $\Rightarrow P(A) = p_2 + p_4 + p_6 = 0,2 + 0,1 + 0,3$

$P(A) = 0,6 = \frac{60}{100} = 60\%$

B = {2} $\Rightarrow P(B) = p_2 = 0,2 = 20\%$

C = {2, 3, 4, 5, 6} $\Rightarrow P(C) = p_2 + p_3 + p_4 + p_5 + p_6 = 0,9 = 90\%$

ou, de outro modo:

$P(C) = 1 - p_1 = 1 - 0,1 = 0,9$ pois $\{e_1\}$ é o evento complementar de C.

D = {1, 2, 3, 4, 5, 6} = E (espaço amostral)

$P(D) = p_1 + p_2 + p_3 + p_4 + p_5 + p_6 = 1 = 100\%$

D é chamado de evento certo.

F = ∅ $\Rightarrow P(F) = 0$ (evento impossível)

Nos eventos

G = {2, 3, 5} e **H = {1, 4, 6}** é importante perceber que

$G \cap H = \varnothing$ e $G \cup H = E$, isto é, eles são complemenares: $\overline{G} = H$

$P(G) = p_2 + p_3 + p_5 = 0,2 + 0,1 + 0,2 = 0,5 = 50\%$

e $P(H) = P(\overline{G}) = 1 - P(G) = 1 - 0,5 = 0,5 = 50\%$

ou, de outra forma:

$P(H) = p_1 + p_4 + p_6 = 0,1 + 0,1 + 0,3 = 50\%$

Exemplo 2: "Joga-se um dado viciado com as faces numeradas de 1 a 6, tal que a probabilidade de cada face é proporcional ao número que está gravado nela. Assim sendo, determine a probabilidade de obter-se:

a) Resultado 5;

b) Resultado par."

Resolução: Chamemos a probabilidade de sair 1 de x: $\mathbf{P(1) = x}$.

Pelo enunciado: $P(2) = 2x$

$P(3) = 3x$

$P(4) = 4x$

$P(5) = 5x$

$P(6) = 6x$ Por definição, temos

$P(1) + P(2) + P(3) + P(4) + P(5) + P(6) = 1$

$x + 2x + 3x + 4x + 5x + 6x = 1$

$21x = 1 \Rightarrow \mathbf{x = \frac{1}{21}}$

Portanto, $P(2) = 2x = \frac{2}{21}$ e assim por diante.

a) **Evento A ⟶ obter resultado 5** $\Rightarrow$ $A = \{5\}$

$\mathbf{P(A)} = 5x = \mathbf{\frac{5}{21}}$

b) **B ⟶ obter resultado par**

$B = \{2, 4, 6\} \Rightarrow P(B) = P(2) + P(4) + P(6)$

$\mathbf{P(B)} = 2x + 4x + 6x = 12x = \mathbf{\frac{12}{21}}$

184 Sorteia-se uma etiqueta de uma urna que contém 7 etiquetas numeradas de 1 até 7. Determine, por enumeração, cada um dos eventos seguintes, subconjuntos do espaço amostral $E = \{1, 2, 3, 4, 5, 6, 7\}$;

a) A ⟶ obter número ímpar.

b) B ⟶ obter número primo.

c) C ⟶ obter número (ímpar e primo). Note que $C = A \cap B$

d) D ⟶ obter número (ímpar ou primo). Observe: $D = A \cup B$

e) F ⟶ obter resultado não primo. Observe: $F = \overline{B}$ (B complementar).

f) G ⟶ obter como resultado um número irracional.

g) H ⟶ obter resultado inteiro.

185 Sorteia-se uma etiqueta de uma urna que contém 7 etiquetas numeradas de 1 até 7, todas com a mesma probabilidade de serem sorteadas. Qual é a probabilidade de se obter:

a) um número ímpar? (A)

b) um número primo? (B)

c) um número ímpar e primo? ($C = A \cap B$)

d) um número ímpar ou primo? ($D = A \cup B$)

e) um número não primo? ($F = \overline{B}$)

f) um número irracional? (G)

g) um número inteiro? (H)

186 Lance um dado honesto e observe o número da face voltada para cima. Qual a probabilidade de que esse número seja:

a) par?	b) ímpar?	c) menor que 8?
d) maior que 6?	e) par ou ímpar?	f) primo ou ímpar?
g) primo ou par?	h) primo e ímpar?	i) primo e par?

187 Joga-se duas vezes um **dado honesto** (todos os eventos simples, têm a mesma probabilidade) com as 6 faces numeradas de 1 a 6. Observe, abaixo, um diagrama para se determinar seu espaço amostral.

1º resultado \ 2º resultado	1	2	3	4	5	6
1	(1,1)	(1,2)	(1,3)	(1,4)	(1,5)	(1,6)
2	(2,1)	(2,2)	(2,3)	(2,4)	(2,5)	(2,6)
3	(3,1)	(3,2)	(3,3)	(3,4)	(3,5)	(3,6)
4	(4,1)	(4,2)	(4,3)	(4,4)	(4,5)	(4,6)
5	(5,1)	(5,2)	(5,3)	(5,4)	(5,5)	(5,6)
6	(6,1)	(6,2)	(6,3)	(6,4)	(6,5)	(6,6)

Consultando este diagrama, responda:

a) Qual é o número de elementos do espaço amostral [n(E))]?

b) Qual é a probabilidade de cada evento simples desse experimento?

c) Qual é a probabilidade de obtermos soma dos pontos igual a 8?

d) Qual é a probabilidade de o 1º resultado ser igual ao 2º?

e) Qual é a probabilidade da soma dos pontos ser igual a 12?

f) Qual é a probabilidade de obtermos soma dos pontos igual a 13?

g) Qual é a probabilidade de o 1º resultado ser menor que o segundo?

h) Qual a probabilidade de a soma dos pontos ser maior que 1?

i) Qual a probabilidade de que o 2º resultado seja um número par?

188 Lance dois dados. Qual a probabilidade de que:

Obs: Consultar figura do **exercício 187**.

a) a soma seja 4?

b) a soma seja 7?

c) a soma seja maior que 8?

d) a soma seja 3 ou 9?

e) a soma seja múltiplo de 4?

f) o mdc deles seja diferente de um?

g) os números sejam iguais e com soma maior que 5?

189 Sendo p_1, p_2, $p_3 \in R_+$ uma distribuição de probabilidades sobre o espaço amostral $E = \{e_1, e_2, e_3\}$, determinar p_1 nos seguintes casos:

a) sabendo que $p_2 = \frac{1}{4}$ e $p_3 = \frac{1}{6}$

b) sabendo que $p_1 = 3p_3$ e $p_2 = \frac{1}{2}$

c) sabendo que $p_1 = 2p_2$ e $p_2 = 3p_3$

d) sabendo que $P(\{e_2, e_3\}) = 4p_1$

190 Ao lançar um dado muitas vezes, uma pessoa percebeu que a face 6 saia com o dobro de frequência da face 1 e que as outras faces saíam com a frequência esperada em um dado não viciado. Qual a frequência da face 1?

a) $\frac{1}{3}$ b) $\frac{2}{3}$ c) $\frac{1}{9}$ d) $\frac{2}{9}$ e) $\frac{1}{12}$

Resp: **184** a) $A = \{1, 3, 5, 7\}$ b) $B = \{2, 3, 5, 7\}$ c) $C = \{3, 5, 7\}$ d) $D = \{1, 2, 3, 5, 7\}$ e) $F = \overline{B} = E - B = \{1, 4, 6\}$ f) $G = \{x \in E \mid x$ é irracional$\} = \varnothing$ (evento impossível) g) $H = \{x \in E \mid x$ é inteiro$\} = \{1, 2, 3, 4, 5, 6, 7\} = E$ (evento certo)

185 a) $P(A) = \frac{4}{7}$ b) $P(B) = \frac{4}{7}$ c) $P(C) = \frac{3}{7}$ d) $P(D) = \frac{5}{7}$ e) $P(F) = \frac{3}{7}$ f) $P(G) = P(\varnothing) = 0$ g) $P(H) = 1$

186 a) $\frac{1}{2}$ b) $\frac{1}{2}$ c) 1 d) 0 e) 1 f) $\frac{2}{3}$ g) $\frac{5}{6}$ h) $\frac{1}{3}$ i) $\frac{1}{6}$

191 Sortea-se uma etiqueta de uma urna que contém etiquetas numeradas de 1 até 7. Sabe-se que os **eventos simples** têm a seguinte distribuição de probabilidade sobre E = {1, 2, 3, 4, 5, 6, 7}:

$p_1 = p_3 = p_5 = \frac{1}{14}$; $p_2 = p_4 = p_6 = \frac{1}{7}$; $p_7 = \frac{5}{14}$

Determine as probabilidades dos seguintes eventos:

a) A ⟶ obter um número ímpar

b) B ⟶ obter número primo

c) C ⟶ obter número ímpar e primo

d) D ⟶ obter número ímpar ou primo

e) F ⟶ obter número não primo

f) G ⟶ obter um número irracional

g) H ⟶ obter um número inteiro

192 Joga-se um **dado viciado** com as faces numeradas de 1 a 6, tal que a probabilidade de cada face é proporcional ao número que está gravado nela. Nessas condições, determine a probabilidade de obter-se um número não primo.

193 Um dado de 6 faces é constituído de tal forma que, se P(j) indica a probabilidade de cair o número j (j = 1, 2, 3, 4, 5, 6), tem-se P(1) = P(2); P(6) = 4 . P(1); P(3) = P(4) = P(5) = 2. P(1). Jogando-se este lado uma vez, que probabilidade é maior, a de sair número ímpar ou número par? Justifique sua resposta.

194 Quatro cavalos, A, B, C e D participam de uma corrida. A probabilidade de A ganhar é o triplo da de B, a de C é o triplo de D e a de D é a metade de A. Determine a probabilidade:

a) que cada um tem de ganhar.

b) de que B ou D ganhe.

Espaço Amostral Equiprovável

O **espaço amostral E** de um experimento aleatório se diz **equiprovável** quando todos os eventos simples desse experimento têm a mesma probabilidade.

Probabilidade num espaço equiprovável [P(A)]

Sejam: um espaço amostral finito

$E = \{e_1, e_2, e_3, \dots, e_j, \dots, e_m\}$ com **m** elementos ($m \neq 0$) e um evento A, $A \subset E$, com **j** elementos, $A = \{e_1, e_2, e_3, \dots, e_j\}$ ($j \leqslant m$)

Como **E** é equiprovável, temos:

$p_1 = p_2 = p_3 = \dots = p_j = \dots = p_m = x$, $x \in \mathbb{R}_+$ e $x + x + x + \dots + x + \dots + x = 1 \Rightarrow m \cdot x = 1$ $\Rightarrow x = \frac{1}{m}$ portanto, $P(A) = p_1 + p_2 + p_3 + \dots + p_j = j \cdot \frac{1}{m}$, ou seja, $P(A) = \frac{j}{m}$

Como $n(E) = m$ e $n(A) = j$, podemos concluir: $P(A) = \frac{n(A)}{n(E)}$

ou, como é mais conhecida a definição da probabilidade de um evento **A** num espaço amostral equiprovável **E**:

$$P(A) = \frac{\text{n}^{\text{o}} \text{ de resultados que satisfazem ao evento A}}{\text{n}^{\text{o}} \text{ total de resultados do experimento}}$$

Em particular, se $A = \varnothing$ então $P(A) = 0$

Exemplo: Retirando-se uma bola de uma urna contendo 3 bolas brancas, 2 pretas e 5 vermelhas, qual é a probabilidade de que saia uma bola branca?

$$P(A) = \frac{n(A)}{n(E)} = \frac{\text{n}^{\text{o}} \text{ de bolas brancas}}{\text{n}^{\text{o}} \text{ total de bolas}} \quad \Rightarrow \quad P(A) = \frac{3}{10} = 30\%$$

Observações:

1ª) Para facilitar o entendimento dos problemas de probabilidade é conveniente salientar-se que:

a) Retirar bolas simultaneamente de uma urna é o mesmo que retirá-las sucessivamente e sem reposição.

b) Jogar **n** dados ao mesmo tempo é equivalente a jogar **n** vezes em seguida o mesmo dado.

2ª) De agora em diante, salvo aviso em contrário, consideraremos, sempre, os espaços amostrais finitos e equiprováveis.

Resp: **187** a) $n(E) = 6 \cdot 6 = 36$ pares ordenados b) Seja $x \in \mathbf{R}$, a probabilidade de cada evento simples já que todas essas probabilidades são iguais. Assim sendo, temos $x + x + x + \dots + x = 1 \Rightarrow 36x = 1 \Rightarrow x = \frac{1}{36}$ é a probabilidade de cada evento simples. c) $\{(2, 6), (3, 5), (4, 4), (5, 3), (6, 2)\}$ (5 casos) $\cdot \frac{1}{36} = \frac{5}{36}$ d) $\frac{6}{36} = \frac{1}{6}$ e) $\frac{1}{36}$
f) 0 (evento impossível) g) $\frac{15}{36} = \frac{5}{12}$ h) $\frac{36}{36} = 1 = 100\%$ (evento certo) i) $\frac{18}{36} = \frac{1}{2}$

188 a) $\frac{1}{12}$ b) $\frac{1}{6}$ c) $\frac{5}{18}$ d) $\frac{1}{6}$ e) $\frac{1}{4}$ f) $\frac{13}{36}$ g) $\frac{1}{9}$

189 a) $p_1 = \frac{7}{12}$ b) $p_1 = \frac{3}{8}$ c) $p_1 = \frac{3}{5}$ d) $p_1 = \frac{1}{5}$

190 $C\left(x + \frac{1}{6} + \frac{1}{6} + \frac{1}{6} + \frac{1}{6} + 2x = 1\right)$

Propriedades do Cálculo das Probabilidades

1ª) Probabilidade do evento impossível

Evento impossível $\Rightarrow A = \varnothing \Rightarrow n(A) = 0$, portanto $P(A) = \frac{n(A)}{n(E)} = \frac{0}{n(E)} = 0$, pois $n(E) \neq 0$.

Assim, sendo, concluímos

$P(\varnothing) = 0$ (evento impossível)

2ª) Probabilidade do evento certo

Evento certo $\Rightarrow A = E$, ou seja, $P(A) = \frac{n(A)}{n(E)} = \frac{n(E)}{n(E)} = 1 = 100\%$

Então, concluímos: $P(E) = 1$ (evento certo)

3ª) Probabilidade do evento A [P(A)]

São dados: o espaço amostral E e um subconjunto seu que é o evento A. Nessas condições, temos:

$\varnothing \subset A \subset E \Rightarrow n(\varnothing) \leqslant n(A) \leqslant n(E)$

dividindo os membros dessa desigualdade por $n(E) \neq 0$, temos:

$\frac{0}{n(E)} \leqslant \frac{n(A)}{n(E)} \leqslant \frac{n(E)}{n(E)}$ e, então, concluímos:

$0 \leqslant P(A) \leqslant 1$, ou seja, a probabilidade de um evento A qualquer é sempre um número real entre zero e um, inclusive os extremos.

4ª) Eventos mutuamente exclusivos

Definição: dois eventos A e B, subconjuntos de um espaço amostral E, se dizem **mutuamente exclusivos** quando $A \cap B = \varnothing$, ou seja, quando A e B forem conjuntos disjuntos.

Exemplo: Joga-se um dado comum; o espaço amostral é

$E = \{1, 2, 3, 4, 5, 6\}$. Consideremos, agora, os eventos:

A $\longrightarrow$ o resultado é par

B $\longrightarrow$ o resultado é divisor de 15

Assim sendo, temos:

$A = \{x \in E \mid x \text{ é par}\} = \{2, 4, 6\}$

$B = \{x \in E \mid x \text{ é divisor de } 15\} = \{1, 3, 5\}$

$A \cap B = \varnothing$ então dizemos que A e B são dois eventos **mutuamente exclusivos**.

5ª) Probabilidade da união de dois eventos

Sejam os eventos **A** e **B** subconjuntos de um espaço amostral E.

Da teoria dos conjuntos sabemos que $n(A \cup B) = n(A) + n(B) - n(A \cap B)$

dividindo tudo por $n(E) \neq 0$, temos $\frac{n(A \cup B)}{n(E)} = \frac{n(A)}{n(E)} + \frac{n(B)}{n(E)} - \frac{n(A \cap B)}{n(E)}$, ou seja,

$$P(A \cup B) = P(A) + P(B) - P(A \cap B)$$

Em particular se **A** e **B** forem eventos mutuamente exclusivos, teremos:

$A \cap B = \varnothing \Rightarrow P(A \cap B) = P(\varnothing) = 0$ e, então, neste caso:

$$P(A \cup B) = P(A) + P(B) \quad \text{quando } A \cap B = \varnothing$$

Exemplo: "Jogando-se um **dado comum e honesto**, qual é a probabilidade de obter-se um número **par** ou **primo**?"

Resolução :

Dado

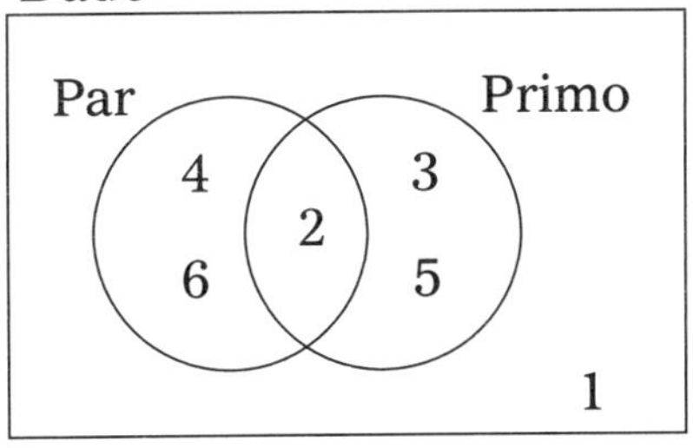

$E = \{1, 2, 3, 4, 5, 6\}$

$A \longrightarrow$ par $\Rightarrow A = \{2, 4, 6\} \Rightarrow P(A) = \Rightarrow P(A) = \frac{3}{6} = \frac{1}{2}$

$B \longrightarrow$ primo $\Rightarrow B = \{2, 3, 5\} = \Rightarrow P(B) = \frac{3}{6} = \frac{1}{2}$

$A \cap B \longrightarrow$ par e primo $\Rightarrow A \cap B = \{2\} \Rightarrow P(A \cap B) = \frac{1}{6}$

$\mathbf{A \cup B \longrightarrow}$ **par ou primo**

$$P(A \cup B) = P(A) + (P(B) - P(A \cap B) \quad \Rightarrow \quad P(A \cup B) = \frac{1}{2} + \frac{1}{2} - \frac{1}{6} = \frac{3+3-1}{6} = \frac{5}{6}$$

Resposta: $\mathbf{P(A \cup B) = \frac{5}{6}}$

Observações:

1ª) É importante lembrar-se que **A ou B** significa a **união** de dois eventos e **A e B** é a **interseção** de dois eventos.

2ª) É fácil demonstrar a seguinte propriedade, válida para a união de 3 eventos:

$$P(A \cup B \cup C) = P(A) + P(B) + P(C) - P(A \cup B) - P(A \cap C) - P(B \cap C) + P(A \cap B \cap C)$$

6) Probabilidade do evento complementar

Sejam os eventos complementares A e $\overline{A}$, subconjuntos do espaço amostral E de um experimento.

Da Teoria dos Conjuntos sabemos que $A \cap \overline{A} = \varnothing$ e $A \cup \overline{A} = E$

E

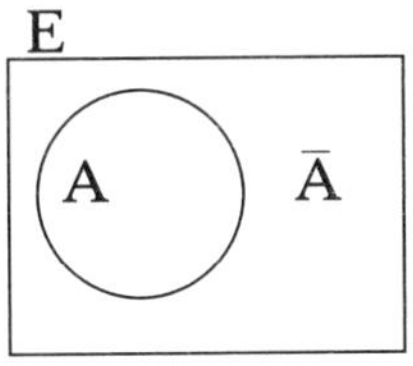

e também que $n(A) + n(\overline{A}) = n(E)$

dividindo tudo por n(E), temos: $\frac{n(A)}{n(E)} + \frac{n(\overline{A})}{n(E)} = \frac{n(E)}{n(E)}$ e, então, concluímos:

$$P(A) + P(\overline{A}) = 1$$

Observação: desta igualdade é imediato obtermos: $P(A) = 1 - P(\overline{A})$ ou ainda $P(\overline{A}) = 1 - P(A)$

Exemplo: "Um casal pretende ter três filhos. Qual é a probabilidade de ter pelo menos uma menina?"

Resolução: Sejam $A \longrightarrow$ menina $\qquad O \longrightarrow$ menino

Espaço amostral $\longrightarrow E = \{(A, A, A), (A, A, O), (A, O, A), (O, A, A), (A, O, O), (O, A, O), (O, O, A), (O, O, O)\}$

$n(E) = 2 \cdot 2 \cdot 2 = 8$ possibilidades $\qquad$ Evento $N \longrightarrow$ pelo menos uma menina

$\overline{N} \longrightarrow$ nenhuma menina $\Rightarrow \overline{N} = \{(0, 0, 0)\}$

$\mathbf{P(\overline{N}) = \frac{1}{8}}$

Note que $\mathbf{N \cap \overline{N} = \varnothing}$ **e** $\mathbf{N \cup \overline{N} = E} \Rightarrow P(N) + P(\overline{N}) = 1 \Rightarrow P(N) + \frac{1}{8} = 1 \Rightarrow P(N) = 1 - \frac{1}{8} = \frac{7}{8}$

Resposta: A probabilidade desse casal ter pelo menos uma menina é $\mathbf{\frac{7}{8}}$.

Resp: **191** a) $P(A) = \frac{4}{7}$ b) $P(B) = \frac{9}{14}$ c) $P(C) = \frac{1}{2}$ d) $P(D) = \frac{5}{7}$ e) $P(F) = \frac{5}{14} = 1 - P(B) = P(\overline{B})$
f) $P(G) = 0$ (evento impossível) g) $P(H) = 1$ (evento certo)

192 $p_1 = x \in R_+ \Rightarrow p_2 = 2x$, $p_3 = 3x$, $p_4 = 4x$, $p_5 = 5x$ e $p_6 = 6x$. Por definição, temos: $x + 2x + 3x + 4x + 5x + 6x = 1$ $\Rightarrow 21x = 1 \Rightarrow x = \frac{1}{21}$. Temos, então $E = \{1,2, 3, 4, 5, 6\}$ $A = \{x \in E \mid x$ é número não primo$\} = \{1, 4, 6\} \Rightarrow$
$P(A) = \frac{1}{21} + \frac{4}{21} + \frac{6}{21} = \frac{11}{21}$

193 $P(PAR) = \frac{7}{12}$ e $P(ÍMPAR) = \frac{5}{12}$, portanto, $P(PAR) > P(ÍMPAR)$

194 a) $P(A) = \frac{3}{10}$, $P(B) = \frac{1}{10}$, $P(C) = \frac{9}{20}$, $P(D) = \frac{3}{20}$ b) $\frac{1}{4}$

195 Observe o diagrama:

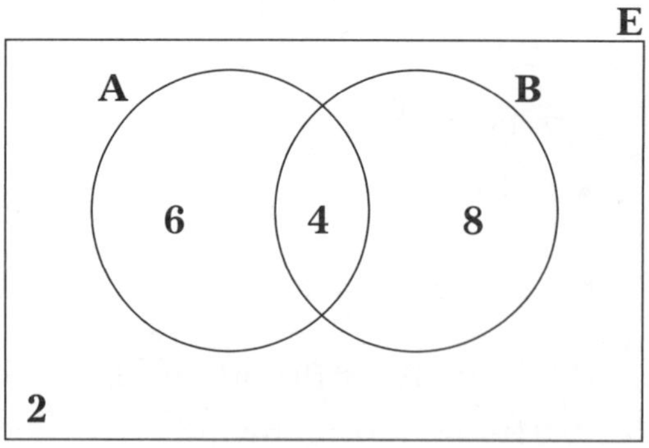

onde **A** e **B** são eventos do espaço amostral **E** e os números que lá aparecem são os números de elementos de cada região indicada. Nessas condições, determine:

a) $n(A)$	b) $n(B)$	c) $n(A \cap B)$	d) $n(A \cup B)$
e) $n(\overline{A})$	f) $n(\overline{B})$	g) $n(E)$	h) $P(A) = \dfrac{n(A)}{n(E)}$
i) $P(B)$	j) $P(A \cap B)$	k) $P(A \cup B)$	l) $P(A) + P(B) - P(A \cap B)$
m) $P(\overline{A})$	n) $P(\overline{B})$	o) $1 - P(\overline{B})$	

196 Sorteia-se uma bola de uma urna contendo 100 bolas numeradas de 1 a 100. Nessas condições, pergunta-se:

a) Qual é a probabilidade de o número sorteado ser múltiplo de 4?

b) E de ser múltiplo de 6?

c) E de ser múltiplo de (4 e 6) (interseção)?

d) E de ser múltiplo de (4 ou 6) (união)?

197 Jogando-se três vezes um dado comum e honesto, qual é a probabilidade de obtermos soma dos pontos igual a 5?

198 Considere as 120 permutações dos números 3, 5, 6, 7 e 8. Uma delas é escolhida ao acaso e consideremos o número de cinco algarismos assim escolhido. Determine:

a) a probabilidade deste número ser par.

b) a probabilidade deste número ser maior que 70 000.

c) a probabilidade deste número ser divisível por 3.

199 Jogando-se duas vezes um dado em forma de icosaedro cujas faces são numeradas com números inteiros consecutivos de – 10 até 9, qual é a probabilidade de obtermos soma dos pontos igual a zero?

200 Lançando-se simultaneamente dois dados, cujas faces são numeradas de 1 a 6, qual a probabilidade de:

a) serem obtidos números cujo produto seja ímpar?

b) serem obtidos números cujo produto seja par?

201 Joga-se um dado 3 vezes (ou três dados uma vez), qual a probabilidade de obtermos:

a) soma 5?

b) soma menor ou igual a 4?

c) soma máxima?

202 Um dado especial em forma de iscoseadro, tem suas 20 faces numeradas da seguinte forma: duas das faces têm o número zero; as 18 restantes têm os números, $-9, -8, -7, \dots, -1, 1, 2, \dots, 9$. A probabilidade de que lançando os dois destes dados, tenhamos uma soma do número de pontos igual 2, vale:

a) $\frac{9}{400}$ b) $\frac{18}{400}$ c) $\frac{10}{400}$ d) $\frac{19}{400}$ e) $\frac{2}{20}$

203 A respeito dos eventos A e B, subconjuntos de um espaço amostral E, saba-se que: $P(A) = \frac{1}{3}, P(B) = \frac{2}{5}$ e $P(A \cup B) = \frac{3}{5}$. Nessas condiçções, pergunta-se:

a) A e B são eventos mutuamente exclusivos? Justifique.

b) Qual é a probablidade do evento complementar de A, $P(\overline{A})$?

c) Quanto vale $P[E - (A \cup B)]$?

204

Num universo de 1000 pessoas, foi feita uma pesquisa a respeito do consumo de três produtos, A, B e C, obtendo-se os seguintes resultados:

Produtos	Consumidores
A	430
B	560
C	470
A e B	265
A e C	275
B e C	300
A e B e C	230

Escolhendo-se, ao acaso, uma pessoa desse conjunto-universo, qual é probabilidade de que essa pessoa não consuma nenhum dos três produtos?

Universo

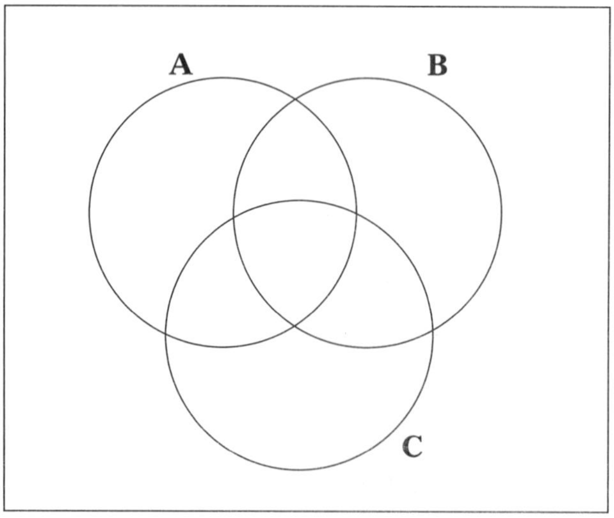

205 Num grupo de 4 alunos, determine a probabilidade de:

a) todos serem do sexo masculino.

b) o número de alunos do sexo masculino ser maior do que o do sexo feminino.

c) nenhum aluno ser do sexo masculino.

206 Joga-se um dado duas vezes; determine a probabilidade de:

a) os resultados obtidos serem iguais.

b) o produto dos resultados obtidos ser primo.

c) o produto dos resultados obtidos ser par.

d) em nenhum resultado aparecer o número 5.

e) o resultado obtido na primeira ser maior que 3 e na segunda jogada ser menor que 4.
Sugestão: olhe o diagrama do exercício 187.

207 Uma urna contém bolas numeradas de 1 a 9. Sorteiam-se, com reposição, duas bolas. A probabilidade de que o número da segunda bola seja estritamente maior do que o da primeira é:

a) $\frac{72}{81}$ b) $\frac{1}{9}$ c) $\frac{36}{81}$ d) $\frac{30}{81}$ e) $\frac{45}{81}$

Resp: **195** a) $n(A) = 10$ b) $n(B) = 12$ c) $n(A \cap B) = 4$ d) $n(A \cup B) = 18$ e) $n(\overline{A}) = 10$ f) $n(\overline{B}) = 8$
g) $n(E) = 20$ h) $P(A) = \frac{10}{20} = \frac{1}{2} = 50\%$ i) $P(B) = \frac{12}{20} = \frac{3}{5}$ j) $P(A \cap B) = \frac{4}{20} = \frac{1}{5}$
k) $P(A \cup B) = \frac{18}{20} = \frac{9}{10}$ l) $P(A) + P(B) - P(A \cap B) = \frac{1}{2} + \frac{3}{5} - \frac{1}{5} = \frac{9}{10} = P(A \cup B)$
m) $P(\overline{A}) = \frac{1}{2}$ n) $P(\overline{B}) = \frac{8}{20} = \frac{2}{5}$ o) $1 - P(\overline{B}) = 1 - \frac{2}{5} = \frac{3}{5} = P(B)$ **196** a) $P(4) = \frac{25}{100} = \frac{1}{4}$
b) $P(6) = \frac{16}{100} = \frac{4}{25}$ c) $P(4 \text{ e } 6) = P(12) = \frac{8}{100} = \frac{2}{25}$, pois $\text{mmc}(4,6) = 12$ d) $P(4 \text{ ou } 6) = P(4) + P(6) - P(12) = \frac{33}{100}$
197 $\frac{1}{36}$ **198** a) $\frac{2}{5}$ b) $\frac{2}{5}$ c) 0 **199** $\frac{19}{400}$ **200** a) $\frac{1}{4}$ b) $\frac{3}{4}$ **201** a) $\frac{1}{36}$ b) $\frac{1}{54}$ c) $\frac{1}{216}$

208 Três moedas, não viciadas, são lançadas simultaneamente. Determine a probabilidade de se obter duas caras e uma coroa.

---

209 Lançando-se 4 vezes uma moeda honesta, a probabilidade de que ocorra cara exatamente 3 vezes é:

a) $\frac{3}{4}$ b) $\frac{3}{16}$ c) $\frac{7}{16}$ d) $\frac{1}{4}$ e) Não sei

---

210 Escolhem-se ao acaso dois números naturais distintos, de 1 a 20. Qual a probabilidade de que o produto dos números escolhidos seja ímpar?

a) $\frac{9}{38}$ b) $\frac{1}{2}$ c) $\frac{9}{20}$ d) $\frac{1}{4}$ e) $\frac{8}{25}$

---

211 Jogando-se 3 dados (ou um dado 3 vezes) qual a probabilidade de obtermos soma menor ou igual a 4?

a) $\frac{1}{36}$ b) $\frac{1}{2}$ c) $\frac{5}{27}$ d) $\frac{1}{18}$ e) $\frac{1}{54}$

---

212 Jogando três dados honestos com faces numeradas de 1 a 6, qual é a probabilidade de obtermos uma permutação qualquer de três números consecutivos? Observe: (2, 3, 4) e (3, 2, 4), por exemplo, satisfazem.

213 Um fichário tem 25 fichas, etiquetadas de 11 a 35.

a) Retirando-se uma ficha ao acaso, qual probabilidade é maior: de ter etiqueta par ou ímpar? Por que?

b) Retirando-se ao acaso duas fichas diferentes, calcule a probabilidade de que suas etiquetas tenham números consecutivos.

214 Sorteiam-se dois números naturais ao acaso entre 101 e 1.000, inclusive, com reposição. Calcule a probabilidade de que o algarismo das unidades do produto dos números sorteados não seja zero.

215 A probabilidade de que a população atual de um país seja de 110 milhões ou mais é de 95%. A probabilidade de ser 110 milhões ou menos é de 8%. Calcule a probabilidade de ser 110 milhões.

Resp: **202** D **203** a) Se A e B forem mutuamente exclusivos então teremos: $A \cap B = \varnothing$ e $P(A \cap B) = 0$. Do enunciado e das propriedades, temos: $P(A \cup B) = P(A) + P(B) - P(A \cap B)$, $\frac{3}{5} = \frac{1}{3} + \frac{2}{5} - P(A \cap B) \Rightarrow P(A \cap B) = \frac{2}{15} \neq 0$ e, portanto, A e B não são mutuamente exclusivos. b) $P(\overline{A}) = 1 - P(A) = \frac{2}{3}$ c) $P[E - (A \cup B)] = P(\overline{A \cup B}) = 1 - \frac{3}{5} = \frac{2}{5}$

204 $P(\overline{A \cup B \cup C}) = 15\%$ **205** a) $\frac{1}{16}$ b) $\frac{5}{16}$ c) $\frac{1}{16}$ **206** a) $\frac{1}{6}$ b) $\frac{1}{6}$ c) $\frac{3}{4}$ d) $\frac{25}{36}$ e) $\frac{1}{4}$ **207** C

216 (ENEM-2011) Rafael mora no Centro de uma cidade e decidiu se mudar, por recomendações médicas, para uma das regiões: Rural, Comercial, Residencial Urbano ou Residencial Suburbano. A principal recomendação médica foi com as temperaturas das "ilhas de calor" da região, que deveriam ser inferiores a 31°C. Tais temperaturas são apresentadas no gráfico:

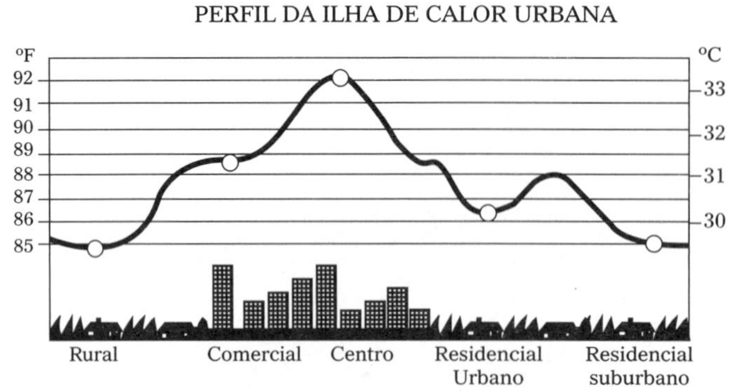

Fonte: EPA

Escolhendo, aleatoriamente, uma das outras regiões para morar, a probabilidade de ele escolher uma região que seja adequada às recomendações médicas é

a) $\frac{1}{5}$ b) $\frac{1}{4}$ c) $\frac{2}{5}$ d) $\frac{3}{5}$ e) $\frac{3}{4}$

---

217 (ENEM-2012) Em um **blog** de variedades, músicas, mantras e infor- mações diversas, foram postados "Contos de Halloween". Após a leitura, os visitantes poderiam opinar, assinalando suas reações em "Divertido", "Assustador" ou "Chato". Ao final de uma semana, o blog registrou que 500 visitantes distintos acessaram esta postagem. O gráfico a seguir apresenta o resultado da enquete.

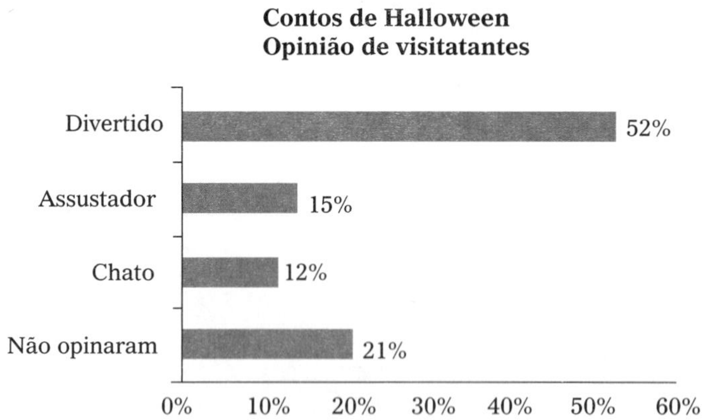

O administrador do **blog** irá sortear um livro entre os visitantes que opinaram na postagem "Contos de Halloween".

Sabendo que nenhum visitante votou mais de uma vez, a probabilidade de uma pessoa escolhida ao acaso entre as que opinaram ter assinalado que o conto "Contos de Halloween" é "Chato" é mais aproximada por

a) 0,09. b) 0,12. c) 0,14. d) 0,15. e) 0,18.

218 (ENEM-2012) José, Paulo e Antônio estão jogando dados não viciados, nos quais, em cada uma das seis faces, há um número de 1 a 6. Cada um deles jogará dois dados simultaneamente. José acredita que, após jogar seus dados, os números das faces voltadas para cima lhe darão uma soma igual a 7. Já Paulo acredita que sua soma será igual a 4 e Antônio acredita que sua soma será igual a 8. Com essa escolha, quem tem a maior probabilidade de acertar sua respectiva soma é

a) Antônio, já que sua soma é a maior de todas as escolhidas.

b) José e Antônio, já que há 6 possibilidades tanto para a escolha de José quanto para a escolha de Antônio, e há apenas 4 possibilidades para a escolha de Paulo.

c) José e Antônio, já que há 3 possibilidades tanto para a escolha de José quanto para a escolha de Antônio, e há apenas 2 possibilidades para a escolha de Paulo.

d) José, já que há 6 possibilidades para formar sua soma, 5 possibilidades para formar a soma de Antônio e apenas 3 possibilidades para formar a soma de Paulo.

e) Paulo, já que sua soma é a menor de todas.

219 (ENEM-2011) Todo o país passa pela primeira fase de campanha de vacinação contra a gripe suína (H1N1). Segundo um médico infectologista do Instituto Emílio Ribas, de São Paulo, a imunização "deve mudar", no país, a história da epidemia. Com a vacina, de acordo com ele, o Brasil tem a chance de barrar uma tendência do crescimento da doença, que já matou 17 mil no mundo. A tabela apresenta dados específicos de um único posto de vacinação.

Campanha de vacinação contra gripe suína

Datas da vacinação	Público - alvo	Quantidade de pessoas vacinadas
8 a 19 de março	Trabalhadores da saúde e indígenas	42
22 de março a 2 abril	Portadores de doenças crônicas	22
5 a 23 de abril	Adultos saudáveis entre 20 e 29 anos	56
24 de abril a 7 de maio	População com mais de 60 anos	30
10 a 21 de maio	Adultos saudáveis entre 30 e 39 anos	50

Disponível em: http://img.terra.com./br.
Acesso em: 26 abr. 2010 (adaptado).

Escolhendo-se aleatoriamente uma pessoa atendida nesse posto de vacinação, a probabilidade de ela ser portadora de doença crônica é

a) 8%. b) 9%. c) 11%. d) 12%. e) 22%.

Resp: **208** $\frac{3}{8}$ **209** D **210** A **211** E **212** $\frac{1}{9}$ **213** a) ímpar b) $\frac{2}{25}$ **214** 73% **215** 3% = 0,03

220 (ENEM-2018) O gerente do setor de recursos humanos de uma empresa está organizando uma avaliação em que uma das etapas é um jogo de perguntas e respostas. Paraessa etapa, ele classificou as perguntas, pelo nível de dificuldade, em fácil, médio e difícil, e escreveu cada pergunta em cartões para colocação em uma urna.

Contudo, após depositar vinte perguntas de diferentes níveis na urna, ele observou que 25% delas eram de nível fácil. Querendo que as perguntas de nível fácil sejam a maioria, o gerente decidiu acrescentar mais perguntas de nível fácil à urna, de modo que a probabilidade de o primeiro participante retirar, aleatoriamente, uma pergunta de nível fácil seja de 75%.

Com essas informações, a quantidade de perguntas de nível fácil que o gerente deve acrescentar à urna é igual a

a) 10. b) 15. c) 35. d) 40. e) 45.

---

221 (ENEM-2018) Um *designer* de jogos planeja um jogo que faz uso de um tabuleiro de dimensão $n \times n$, com $n \geq 2$, no qual cada jogador, na sua vez, coloca uma peça sobre uma das casas vazias do tabuleiro. Quando uma peça é posicionada, a região formada pelas casas que estão na mesma linha ou coluna dessa peça é chamada de zona de combate dessa peça. Na figura está ilustrada a zona de combate de uma peça colocada em uma das casas de um tabuleiro de dimensão 8×8.

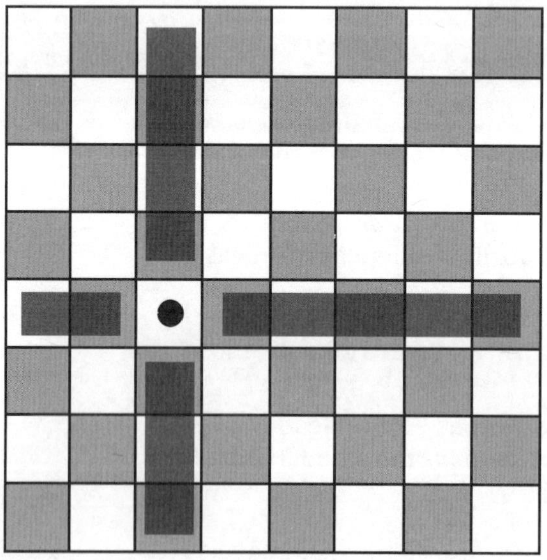

O tabuleiro deve ser dimensionado de forma que a probabilidade de se posicionar a segunda peça aleatoriamente, seguindo a regra do jogo, e esta ficar sobre a zona de combate da primeira, seja inferior a $\frac{1}{5}$.

A dimensão mínima que o *designer* deve adotar para esse tabuleiro é

a) 4×4. b) 6×6. c) 9×9. d) 10×10. e) 11×11.

VI EQUAÇÕES EXPONENCIAIS

Equação exponencial é a equação cuja variável está no expoente e se reduz a uma equação do tipo

$a^{f(x)} = a^{g(x)}$, com **a** número real positivo e diferente de 1 ou do tipo

$a^{f(x)} = b^{g(x)}$, com $a \neq b$ e ambos reais positivos e diferentes de 1

Na resolução desta do 2º tipo usamos logaritmos que será visto no próximo capítulo.

Exemplos de equações exponenciais:

1) $2^{2x-1} = 2^{x+7}$; $5^{3x-1} = 125^{2x+7}$; $(\sqrt[3]{9})^{2x-1} = (3\sqrt[5]{81})^{x+3}$

2) $2^{2x} = 7^{x}$; $5^{x-4} = 2^{3x+1}$; $(\sqrt[3]{2})^{x-3} = (\sqrt[3]{9})^{x+4}$

Como na resolução dessas equações usamos as propriedades de potências e raízes, vamos começar revendo esses assuntos.

1 – Potenciação

1) Potência (Definição)

Para $n \in N$ e $a \in R^*$, define-se:

$$\begin{cases} a^0 = 1 \\ a^{n+1} = a^n \cdot a \end{cases}$$

Para $a = 0$ e $n \in N^*$, $0^n = 0$

Consequências da definição

$a^1 = a$

$a^n = \underbrace{a \cdot a \cdot a \cdot \ldots a}_{\text{n fatores}}$ $(n > 1)$

a^n = potência de base **a** e expoente **n**

Para $a \in R^*$ e $n \in N$, define-se: $a^{-n} = \dfrac{1}{a^n}$

Exemplos:

1) $5^0 = 1$, $5^1 = 5$, $5^2 = 5 \cdot 5 = 25$, $5^3 = 5 \cdot 5 \cdot 5 = 125$, $5^4 = 5 \cdot 5 \cdot 5 \cdot 5 = 625$

2) $(-147)^0 = 1$, $\left(\dfrac{2}{3}\right)^1 = \dfrac{2}{3}$, $(-3)^1 = -3$, $(-3)^2 = (-3)(-3) = 9$

3) $(-2)^3 = (-2)(-2)(-2) = -8$, $(-2)^4 = (-2)(-2)(-2)(-2) = 16$

4) $-5^2 = -(5^2) = -(5 \cdot 5) = -25$, $-7^2 = -(7 \cdot 7) = -49$, $-1^{20} = -1$, $(-1)^{20} = 1$

5) $\left(-\dfrac{2}{3}\right)^3 = \left(-\dfrac{2}{3}\right)\left(-\dfrac{2}{3}\right)\left(-\dfrac{2}{3}\right) = -\dfrac{8}{27}$, $3^{-2} = \dfrac{1}{3^2} = \dfrac{1}{9}$, $\dfrac{1}{7^{-2}} = 7^2 = 49$

6) $-3^{-2} = -(3^{-2}) = -\dfrac{1}{3^2} = -\dfrac{1}{9}$, $(-3)^{-2} = \dfrac{1}{(-3)^2} = \dfrac{1}{9}$, $(-3)^{-3} = \dfrac{1}{(-3)^3} = \dfrac{1}{-27} = -\dfrac{1}{27}$

Resp: **216** E **217** D **218** D **219** C

222 Determinar as seguintes potências

a) $7^1 =$	$(-2)^1 =$	$0^1 =$	$-3^1 =$
b) $5^0 =$	$\left(\frac{2}{3}\right)^0 =$	$-5^0 =$	$\left(-\frac{2}{3}\right)^0 =$
c) $5^2 =$	$-5^2 =$	$(-5)^2 =$	$-7^2 =$
d) $-2^3 =$	$(-2)^3 =$	$-5^3 =$	$(-5)^3 =$
e) $-1^7 =$	$(-1)^7 =$	$-1^{10} =$	$(-1)^{10} =$
f) $\left(\frac{2}{3}\right)^2 =$	$\left(-\frac{2}{3}\right)^2 =$	$-\left(\frac{3}{5}\right)^2 =$	$\left(-\frac{7}{8}\right)^2 =$
g) $3^{-2} =$	$5^{-2} =$	$-3^{-2} =$	$(-4)^{-2} =$
h) $\left(\frac{2}{3}\right)^{-2} =$		i) $\left(-\frac{3}{5}\right)^{-2} =$	

2) Propriedades

Se os números em questão satisfazem as condições da definição, tem-se:

$$a^m \cdot a^n = a^{m+n}$$

$$a^m \cdot a^n \cdot a^p = a^{m+n+p}$$

$$a^m : a^n = a^{m-n}$$

$$\frac{a^m}{a^n} = a^{m-n}$$

$$(a^n)^m = a^{n \cdot m}$$

$$(a \cdot b)^n = a^n \cdot b^n$$

$$(a \cdot b \cdot c)^n = a^n \cdot b^n \cdot c^n$$

$$\left(\frac{a}{b}\right)^n = \frac{a^n}{b^n}$$

$$\left(\frac{a}{b}\right)^{-n} = \left(\frac{b}{a}\right)^n$$

Exemplos:

1) $5^7 \cdot 5^3 = 5^{7+3} = 5^{10}$, $\quad 5^{-8} \cdot 5^{15} = 5^{-8+15} = 5^7$, $\quad a^6 \cdot a^{-2} = a^{6+(-2)} = a^{6-2} = a^4$

2) $7^{-3} \cdot 7^{-4} = 7^{-3+(-4)} = 7^{-3-4} = 7^{-7} = \frac{1}{7^7}$, $\quad a^5 \cdot a^{-7} = a^{5+(-7)} = a^{-2} = \frac{1}{a^2}$

3) $5^7 : 5^2 = 5^{7-2} = 5^5$, $\quad a^6 : a^{-2} = a^{6-(-2)} = a^8$, $\quad x^{-5} : x^{-8} = x^{-5-(-8)} = x^3$

4) $(5^3)^7 = 5^{3 \cdot 7} = 5^{21}$, $\quad (a^3b^4)^2 = (a^3)^2 \cdot (b^4)^2 = a^6 \cdot b^8$

5) $\left(\frac{a^2}{b^3}\right)^5 = \frac{(a^2)^5}{(b^3)^5} = \frac{a^{10}}{b^{15}}$, $\quad \left(\frac{3}{2}\right)^{-4} = \left(\frac{2}{3}\right)^4 = \frac{16}{81}$, $\quad \left(-\frac{19}{11}\right)^{-2} = \left(-\frac{11}{19}\right)^2 = \frac{121}{361}$

6) $(a^4)^2 = a^{4 \cdot 2} = a^8$, $(a^2)^5 = a^{2 \cdot 5} = a^{10}$, $\quad [(a^3)^2]^5 = a^{3 \cdot 2 \cdot 5} = a^{30}$

7) $a^{4^2} = a^{(4^2)} = a^{16}$, $\quad a^{2^5} = a^{(2^5)} = a^{32}$. Compare $(a^3)^2 = a^{3.2} = a^6$ e $a^{3^2} = a^{(3^2)} = a^9$

8) $a^{2^3} : (a^2)^3 = a^8 : a^6 = a^2$; $(a^{-2})^{-3} : a^{(-2)^3} = a^6 : a^{-8} = a^{6-(-8)} = a^{14}$
9) $\left(-\frac{3}{5}\right)^{-3} = \left(-\frac{5}{3}\right)^3 = \left(-\frac{5}{3}\right)\left(-\frac{5}{3}\right)\left(-\frac{5}{3}\right) = -\frac{125}{27}$, $\left(\frac{b^{-2}}{a^{-1}}\right)^{2^3} = \left(\frac{a}{b^2}\right)^{(2^3)} = \left(\frac{a}{b^2}\right)^8 = \frac{a^8}{b^{16}}$
10º) $(-3a^2b^3)(-2a^3b) = 6a^5b^4$, $(-2a^2b)(-3ab^3)(4a^2b^5) = 24a^5b^9$
11º) $(-12a^5b^3c) : (-3a^2bc) = 4a^3b^2$, $(-51a^7b^5c) : (3a^2b^{-1}) = -17a^5b^6c$
12º) $3a^2b\,(2a^3 - 3a^2b + ab^2) = 6a^5b - 9a^4b^2 + 3a^3b^3$

223 Aplicando as propriedades, simplificar as expressões seguintes.

Obs.: Neste e nos exercícios seguintes, admitir que os números em questão satisfazem as condições da definição

a) $3^4 \cdot 4^5 =$	$2^{-2} \cdot 2^7 =$	$5^{-3} \cdot 5^{-9} =$
b) $a^5 \cdot a^2 \cdot a =$	$a \cdot a^2 \cdot a^7 =$	$a^{-1} \cdot a^{-2} \cdot a^{-3} =$
c) $2^5 : 2^2 =$	$3^8 : 3^2 =$	$5^{-3} : 5^4 =$
d) $a^2 : a^5 =$	$a : a^4 =$	$a^3 : a^8 =$
e) $a^3 : a^{-2} =$	$a^6 : a^{-2} =$	$a^{-9} : a^{-3} =$
f) $(a^7 : a^2) : a^3 =$	$(a^{-3} \cdot a^4) : a^{-3} =$	$a^{-4} : (a^3 : a^8) =$

224 De acordo com as propriedades, simplificar as expressões:

a) $(a^3)^5 =$	$(a^5)^3 =$	$(a^{-2})^{-3} =$
b) $[(a^2)^3]^5 =$	$[(a^{-1})^3]^{-4} =$	$(a^1)^7 =$
c) $\left(\frac{a^2}{b^3}\right)^5 =$	$\left(\frac{a^4}{b^5}\right)^2 =$	$\left(\frac{a^{-5}}{b^{-3}}\right)^{-2} =$
d) $(a^3)^2 =$	$a^{3^2} =$	$(b^4)^2 =$
e) $b^{4^2} =$	$\left(\frac{a}{b}\right)^{-3} =$	$\left(\frac{a^2}{b^3}\right)^{-5} =$
f) $(a^2 . b^3c)^5 =$	$(ab^5c^2)^3 =$	$\left(\frac{a^2b^3}{c^5}\right)^2 =$
g) $a^{5^2} : (a^5)^2 =$	$a^{2^5} : (a^{-2})^5 =$	$a^{(-3^2)} : (a^{-3})^2 =$

Resp: **220** D **221** D

225 Obter o resultado da potência, nos casos:

a) $\left(\frac{2}{3}\right)^{-1} =$ | $\left(\frac{5}{7}\right)^{-1} =$ | $\left(-\frac{2}{5}\right)^{-1} =$ | $\left(-\frac{3}{4}\right)^{-1} =$

b) $5^{-1} =$ | $3^{-1} =$ | $(-4)^{-1} =$ | $-5^{-1} =$

c) $\left(\frac{2}{3}\right)^{-2} =$ | $\left(\frac{5}{2}\right)^{-2} =$ | $\left(-\frac{1}{3}\right)^{-2} =$

d) $\left(-\frac{2}{5}\right)^{-3} =$ | $\left(-\frac{2}{3}\right)^{-4} =$ | $-\left(-\frac{3}{5}\right)^{-3} =$

e) $(-2)^{-3} =$ | $(-2)^{-4} =$ | $-(-3)^{-4} =$

f) $\left(-\frac{1}{3}\right)^{-3} =$ | $-\left(-\frac{1}{2}\right)^{-5} =$ | $-\left(-\frac{1}{5}\right)^{-4} =$

226 Simplificar as seguintes expressões:

a) $3x^3(2xy^3)(-5x^2y^4) =$

b) $-5abc(-3a^2bc^3)(ab) =$

c) $2a^3b^2(3a^2b)(5ab^2) =$

d) $2a^3b^2(3a^2b + 5ab^2) =$

e) $(30a^4b^5c) : (-5ab^3c) =$

f) $(-60x^6y^3z) : (-4x^2y^{-2}z^{-1}) =$

g) $(-36a^4b^5 + 48a^3b) : (-12ab^{-2}) =$

h) $(45x^3y^2) : [(108x^3y) : (36x^7y^3)] =$

227 Escrever a expressão como produto de potências cujas bases são números primos, nos casos:

a) $(2^3 \cdot 3^4)^2 \cdot (2^5 \cdot 3^3)^4 =$

b) $(5^2 \cdot 7^{-4})^3 : (5^{-2} \cdot 7^{-3})^5 =$

c) $4^3 \cdot 8^2 \cdot 16^5 =$

d) $9^2 \cdot 27^{-4} \cdot 81^3 =$

e) $9^4 \cdot 25^3 \cdot 243^2 \cdot 125^{-2} =$

f) $49^2 \cdot 343^{-3} \cdot 32^2 \cdot 64^3 =$

228 Simplificar, dando a resposta na forma de potência cuja base é número primo, nos casos:

a) $\dfrac{-0{,}25^{4}\cdot(-0{,}125^{2})^{-3}\cdot[-(-0{,}0625)^{-2}]^{3}}{-(-0{,}5^{-3})\cdot 0{,}03125^{-5}}$

---

b) $\dfrac{(-27^{3})^{5}\cdot[(-243)^{-2}]^{4}\cdot[-(0{,}\overline{037})^{4}}{[-(-0{,}\overline{1})^{-2}]^{-3}\cdot(-729^{2})^{-3}[-(0{,}\overline{3})^{4})^{-2}]^{5}}$

Exemplo: Simplificar a expressão $\dfrac{3\cdot 2^{x+2}+2^{x+1}-2^{x-1}}{2^{x}+2^{x-1}}$

1º modo: Pondo 2^{x-1} em evidência, obtemos:

$$\frac{2^{x-1}(3\cdot 2^{3}+2^{2}-1)}{2^{x-1}(2+1)}=\frac{3\cdot 8+4-1}{3}=\frac{27}{3}=9$$

2º modo: Reescrevendo as potências de 2, obtemos:

$$\frac{3\cdot 2^{x}\cdot 2^{2}+2^{x}\cdot 2-2^{x}\cdot 2^{-1}}{2^{x}+2^{x}\cdot 2^{-1}}=\frac{2^{x}\left(3\cdot 4+2-\frac{1}{2}\right)}{2^{x}\left(1+\frac{1}{2}\right)}=\frac{14-\frac{1}{2}}{1+\frac{1}{2}}=\frac{\frac{28-1}{2}}{\frac{2+1}{2}}=\frac{27}{3}=9$$

Resp: **222** a) $7, -2, 0, -3$ b) $1, 1, -1, 1$ c) $25, -25, 25, -49$ d) $-8, -8, -125, -125$ e) $-1, -1, -1, 1$ f) $\frac{4}{9}, \frac{4}{9}, -\frac{9}{25}, \frac{49}{64}$ g) $\frac{1}{9}, \frac{1}{25}, -\frac{1}{9}, \frac{1}{16}$ h) $\frac{9}{4}$ i) $\frac{25}{9}$ **223** a) $3^{9}, 2^{5}, 5^{-12}$ b) a^{8}, a^{10}, a^{-6} c) $2^{3}, 3^{6}, 5^{-7}$ d) a^{-3}, a^{-3}, a^{-5} e) a^{5}, a^{8}, a^{-6} f) a^{2}, a^{4}, a **224** a) a^{15}, a^{15}, a^{6} b) a^{30}, a^{12}, a^{7} c) $\frac{a^{10}}{b^{15}}, \frac{a^{8}}{b^{10}}, \frac{a^{10}}{b^{6}}$ d) a^{6}, a^{9}, b^{8} e) $b^{16}, \frac{b^{3}}{a^{3}}, \frac{b^{15}}{a^{20}}$ f) $a^{10}b^{15}c^{5}, a^{3}b^{15}c^{6}, \frac{a^{4}b^{6}}{c^{10}}$ g) a^{15}, a^{42}, a^{-3}

229 Obter o resultado da potência, nos casos:

a) $\dfrac{2^{n+4}+2^{n+2}+2^{n-2}}{2^{n-1}+2^{n-2}} =$

b) $\dfrac{5\cdot 2^{x+2}+2^{x+1}-2^{x}}{2^{x+3}+16\cdot 2^{x}} =$

c) $\dfrac{3^{2x-1}-5\cdot 9^{x}+2\cdot 9^{x-1}}{9^{x}+27\cdot 3^{2x-3}-2\,(3^{x-1})^{2}} =$

d) $\dfrac{5\cdot 8^{x-1}-16^{\frac{3x}{4}+\frac{1}{2}}}{3\cdot 64^{\frac{x}{2}-\frac{5}{6}}-\frac{3}{4}\cdot 512^{\frac{x+1}{3}}}$

e) $\dfrac{3^{x+4}-\left(\frac{1}{9}\right)^{\frac{-x}{2}+1}-3^{x+5}}{9^{\frac{x}{2}-1}+2\cdot 3^{x+4}}$

f) $\dfrac{\left(\frac{1}{8}\right)^{\frac{x}{3}-1}-(4^{-1})^{\frac{x}{2}-3}}{0{,}0625^{\frac{x}{4}-1{,}5}+30\cdot 0{,}03125^{\frac{x}{5}}+2^{2-x}}$

g) $\dfrac{3\cdot 2^{-2x+6}-2^{-2x+5}-9\cdot 2^{-2x+4}}{5\cdot 2^{-2x+2}-2^{-2x+4}-3\cdot 2^{-2x}}$

2 – RADICIAÇÃO

1) Definição

1º caso

n é natural ímpar e **a** e **b** são reais quaisquer.

$$b^n = a \Leftrightarrow \sqrt[n]{a} = b$$

2º caso

n é natural par positivo e **a** e **b** são reais não negativos.

$$b^n = a \Leftrightarrow \sqrt[n]{a} = b$$

Consequências da definição

1) $\sqrt[1]{a} = a$

2) Para **n** ímpar: $\sqrt[n]{a^n} = a$

3) Para **n** par positivo: $\sqrt[n]{a^n} = \begin{cases} a \text{ se } a \geqslant 0 \\ -a \text{ se } a < 0 \end{cases}$

Exemplos:

1) $\sqrt[3]{8} = 2$, $\sqrt[3]{-8} = -2$, $\sqrt{16} = 4$, $\sqrt{-16} \notin R$

2) $\sqrt[7]{2^7} = 2$, $\sqrt[7]{-2^7} = -2$, $\sqrt[8]{-2^8} \notin R$, $\sqrt[8]{(-2)^8} = \sqrt[8]{2^8} = 2$

230 Determinar, se for número real, as seguintes raízes:

a) $\sqrt{49} =$	$\sqrt{-49} =$	$\sqrt[3]{8} =$	$\sqrt[3]{-8} =$
b) $\sqrt[3]{-27} =$	$\sqrt[3]{27} =$	$\sqrt[4]{16} =$	$\sqrt[4]{-16} =$
c) $\sqrt[5]{32} =$	$\sqrt[5]{-32} =$	$\sqrt[4]{81} =$	$\sqrt[4]{-81} =$
d) $\sqrt{64} =$	$\sqrt{-64} =$	$\sqrt[3]{64} =$	$\sqrt[3]{-64} =$
e) $\sqrt[7]{(-2)^7} =$	$\sqrt[7]{-2^7} =$	$\sqrt[6]{-2^6} =$	$\sqrt[6]{(-2)^6} =$
f) $\sqrt[8]{(-5)^8} =$	$\sqrt[4]{(-5)^4} =$	$\sqrt[6]{(-3)^6} =$	$\sqrt{(-5)^2} =$
g) $\sqrt[7]{-1} =$	$\sqrt[6]{-1} =$	$\sqrt[7]{0} =$	$\sqrt[6]{-0} =$
h) $\sqrt[4]{(7-2)^4} =$	$\sqrt[4]{(2-7)^4} =$	$\sqrt{(\pi-3)^2} =$	$\sqrt{(3-\pi)^2} =$

Resp: **225** a) $\frac{3}{2}, \frac{7}{5}, -\frac{5}{2}, -\frac{4}{3}$ b) $\frac{1}{5}, \frac{1}{3}, -\frac{1}{4}, -\frac{1}{5}$ c) $\frac{9}{4}, \frac{4}{25}, 9$ d) $-\frac{125}{8}, \frac{81}{16}, \frac{125}{27}$ e) $-\frac{1}{8}, \frac{1}{16}, -\frac{1}{81}$ f) $-27, 32, -625$

226 a) $-30x^6y^7$ b) $15a^4b^3c^4$ c) $30a^6b^5$ d) $6a^5b^3 + 10a^4b^4$ e) $-6a^3b^2$ f) $15x^4y^5z^2$ g) $3a^4b^5 - 4a^2b^3$ h) $15x^7y^3$

227 a) $2^{26} \cdot 3^{20}$ b) $5^{16} \cdot 7^3$ c) 2^{32} d) 3^4 e) 3^{18} f) $7^{-5} \cdot 2^{28}$ **228** a) -2^6 b) 3^{-5}

2) Propriedades

Se os números reais em questão satisfazem as condições da definição, são válidas as propriedades:

$\sqrt[n]{a}\cdot\sqrt[n]{b}=\sqrt[n]{ab}$	$(\sqrt[n]{a}\cdot\sqrt[n]{b}\cdot\sqrt[n]{c}=\sqrt[n]{a\cdot b\cdot c})$
$\dfrac{\sqrt[n]{a}}{\sqrt[n]{b}}=\sqrt[n]{\dfrac{a}{b}}$	$\sqrt[n]{a^m}=\sqrt[np]{a^{mp}}$
$(\sqrt[n]{a})^m=\sqrt[n]{a^m}$	$\sqrt[n]{\sqrt[m]{a}}=\sqrt[n\cdot m]{a}$

Exemplos:

1) $\sqrt[7]{2^5}\cdot\sqrt[7]{2^2}=\sqrt[7]{2^5\cdot 2^2}=\sqrt[7]{2^7}=2$, $\quad\sqrt[5]{2}\cdot\sqrt[5]{3}=\sqrt[5]{2\cdot 3}=\sqrt[5]{6}$

2) $\dfrac{\sqrt[6]{2^5}}{\sqrt[6]{2^2}}=\sqrt[6]{\dfrac{2^5}{2^2}}=\sqrt[6]{2^3}=\sqrt[6:3]{2^{3:3}}=\sqrt[2]{2^1}=\sqrt{2}$, $\quad\sqrt[5]{12}:\sqrt[5]{2}=\sqrt[5]{12:2}=\sqrt[5]{6}$

3) $(\sqrt[8]{3})^6=\sqrt[8]{3^6}=\sqrt[8:2]{3^{6:2}}=\sqrt[4]{3^3}$

4) $\sqrt[3]{\sqrt{8}}=\sqrt[3\cdot 2]{8}=\sqrt[3\cdot 2]{2^3}=\sqrt[2]{2^1}=\sqrt{2}$

5) $\sqrt[3]{2^3\cdot 3^3\cdot 5}=\sqrt[3]{2^3}\cdot\sqrt[3]{3^3}\cdot\sqrt[3]{5}=2\cdot 3\cdot\sqrt[3]{5}=6\sqrt[3]{5}$. Tiramos fatores do radicando.

6) $\sqrt[5]{2^5\cdot 3^5\cdot 7}=2\cdot 3\cdot\sqrt[5]{7}=6\sqrt[5]{7}$. Tiramos fatores do radicando.

7) $\sqrt[3]{2^6\cdot 3^3\cdot 5^{15}\cdot 7}=2^2\cdot 3\cdot 5^5\cdot\sqrt[3]{7}$, $\quad\sqrt[3]{2^6\cdot 3^3\cdot 5}=2^2\cdot 3\sqrt[3]{5}=12\sqrt[3]{5}$

8) $2^2\sqrt[5]{3}=\sqrt[5]{2^{10}}\cdot\sqrt[5]{3}=\sqrt[5]{2^{10}\cdot 3}$. Introduzimos fator no radicando.

9) $2^3\cdot 3\sqrt[5]{7}=\sqrt[5]{2^{15}\cdot 3^5\cdot 7}$. Introduzimos fatores no radicando.

10) $\sqrt[7]{2^3\sqrt{2}}=\sqrt[7]{\sqrt{2^6}\cdot\sqrt{2}}=\sqrt[7]{\sqrt{2^6\cdot 2}}=\sqrt[14]{2^7}=\sqrt{2}$

231 Simplicar:

a) $\sqrt[4]{2^2}=$	$\sqrt[6]{3^4}=$	$\sqrt[21]{2^7}=$
b) $\sqrt[3]{2^6}=$	$\sqrt{5^4}=$	$\sqrt[4]{8^8}=$
c) $(\sqrt[6]{2})^3=$	$(\sqrt[8]{5})^6=$	$(\sqrt[6]{6})^3=$
d) $\sqrt[6]{2^4\cdot 3^2}=$	$\sqrt[8]{2^2\cdot 5^4}=$	$\sqrt[9]{2^6\cdot 3^3}=$
e) $\sqrt[3]{2^3\cdot 3}=$	$\sqrt[4]{5^4\cdot 3}=$	$\sqrt[5]{2^5\cdot 3^2}=$
f) $\sqrt[3]{2^6\cdot 5}=$	$\sqrt[5]{3^{10}\cdot 4}=$	$\sqrt[4]{2^4\cdot 3^2}=$

232 Simplificar.

a) $\sqrt{5} \cdot \sqrt{5} =$	b) $\sqrt{2} \cdot \sqrt{8} =$
c) $\sqrt{3} \cdot \sqrt{12} =$	d) $\sqrt[3]{4} \cdot \sqrt[3]{2} =$
e) $\dfrac{\sqrt{8}}{\sqrt{2}} =$	f) $\dfrac{\sqrt[3]{54}}{\sqrt[3]{2}} =$
g) $\sqrt[3]{\sqrt{5}} =$	h) $\sqrt[3]{\sqrt[5]{\sqrt{2}}} =$
i) $\left(\sqrt[7]{5^2}\right)^3 =$	j) $\sqrt[7]{\sqrt[3]{5^2}} =$
k) $(\sqrt[6]{2})^4 =$	l) $\sqrt[6]{\sqrt[4]{2}} =$

233 Admitindo que as bases literais são números reais positivos, simplificar as expressões:

a) $\sqrt[4]{a^4b} =$	b) $\sqrt[3]{a^6b} =$	c) $\sqrt[3]{a^3b^6c} =$
d) $\sqrt[3]{a^4} =$	e) $\sqrt[5]{a^7} =$	f) $\sqrt[8]{a^{13}} =$
g) $\sqrt{a^9} =$	h) $\sqrt[3]{a^{11}} =$	i) $\sqrt[4]{a^{19}} =$

j) $\sqrt[3]{a^4b^{10}c^8} =$

k) $\sqrt[5]{2a^4b^7c^{13}} =$

234 Sendo as bases literais números positivos, introduzir o fator que está fora do radical, multiplicando pelo radicando, nos casos:

a) $a^2\sqrt[3]{a} =$	b) $a^2b^3\sqrt[3]{a^2b} =$
c) $2ab\sqrt{ab} =$	d) $3\sqrt{2} =$
e) $2\sqrt{2} =$	f) $2^2 \cdot 3^3\sqrt[4]{2^3} =$

Resp: **229** a) 27 b) $\frac{7}{8}$ c) $-\frac{5}{2}$ d) $\frac{4}{7}$ e) -1 f) $-\frac{4}{7}$ g) 16 **230** a) $7, \notin \mathbb{R}, 2, -2$ b) $-3, 3, 2, \notin \mathbb{R}$ c) $2, -2, 3, \notin \mathbb{R}$ d) $8, \notin \mathbb{R}, 4, -4$ e) $-2, -2, \notin \mathbb{R}, 2$ f) 5, 5, 3, 5 g) $-1, \notin \mathbb{R}, 0, 0$ h) $5, 5, \pi - 3, \pi - 3$

235 Simplificar as expressões:

a) $\sqrt[3]{2\sqrt{2}} =$

b) $\sqrt[26]{2^3 \cdot \sqrt[4]{2}} =$

c) $\sqrt[3]{7\sqrt{7}} =$

d) $\sqrt[9]{5^4\sqrt{5}} =$

236 Sabemos que $\sqrt[n]{a} \cdot \sqrt[n]{b} = \sqrt[n]{ab}$ e que $\sqrt[n]{a} : \sqrt[n]{b} = \sqrt[n]{a:b}$. Simplicar as seguintes expressões:

a) $\sqrt[3]{ab^2} \cdot \sqrt[3]{a^2b}\ \sqrt[3]{ab} =$

b) $\sqrt[5]{a} \cdot \sqrt[5]{a^2} \cdot \sqrt[5]{a^3} \cdot \sqrt[5]{a^4} =$

c) $\sqrt[8]{a^2b^3} \cdot \sqrt[8]{a^5b^2} \cdot \sqrt[8]{a^3b} =$

d) $\sqrt[4]{a^5b^7} : \sqrt[4]{a^3b} =$

e) $\sqrt[3]{a^5b^8c^2} : \sqrt[3]{ab^2c} =$

237 Simplicar a expressão, nos casos:

a) $\sqrt[4]{9} =$	b) $\sqrt[4]{25} =$	c) $\sqrt[6]{49} =$
d) $\sqrt[10]{32} =$	e) $\sqrt[10]{64} =$	f) $\sqrt[12]{81} =$
g) $\sqrt[6]{625} =$	h) $\sqrt[9]{125} =$	i) $\sqrt[6]{343} =$

238 Simplicar as seguintes expressões:

a) $\sqrt{4 \cdot 5} =$	$\sqrt{9 \cdot 3} =$	$\sqrt{25 \cdot 2} =$	$\sqrt{49 \cdot 3} =$
b) $\sqrt[3]{8 \cdot 2} =$	$\sqrt[3]{27 \cdot 5} =$	$\sqrt[5]{32 \cdot 3} =$	$\sqrt[4]{16 \cdot 5} =$
c) $\sqrt[3]{-8 \cdot 3} =$	$\sqrt[5]{-32 \cdot 2} =$	$\sqrt[3]{-125 \cdot 7} =$	$\sqrt[4]{-16 \cdot (-2)} =$
d) $\sqrt{-25(-7)} =$	$\sqrt[3]{-343 \cdot (-3)} =$	$\sqrt[3]{-27 \cdot (-4)} =$	$\sqrt[6]{-64(-2)} =$

239 Pensando no maior quadrado ou cubo perfeito que seja fator do radicando, fatorando mentalmente, simplificar a expressão, nos casos:

a) $\sqrt{8} =$	$\sqrt{12} =$	$\sqrt{18} =$	$\sqrt{27} =$
b) $\sqrt[3]{24} =$	$\sqrt[3]{54} =$	$\sqrt[3]{250} =$	$\sqrt[3]{16} =$
c) $\sqrt{20} =$	$\sqrt{24} =$	$\sqrt{45} =$	$\sqrt{54} =$
d) $\sqrt[3]{32} =$	$\sqrt[3]{81} =$	$\sqrt[3]{108} =$	$\sqrt[3]{375} =$
e) $\sqrt{32} =$	$\sqrt{50} =$	$\sqrt{28} =$	$\sqrt{125} =$
f) $\sqrt{40} =$	$\sqrt{72} =$	$\sqrt{160} =$	$\sqrt{108} =$
g) $\sqrt{128} =$	$\sqrt{90} =$	$\sqrt{192} =$	$\sqrt{250} =$

240 Simplicar as seguintes expressões:

a) $3\sqrt{12} =$	$2\sqrt{18} =$	$3\sqrt{50} =$	$7\sqrt{20} =$
b) $5\sqrt{8} =$	$3\sqrt{32} =$	$4\sqrt{27} =$	$2\sqrt{162} =$
c) $2\sqrt{98} =$	$5\sqrt{147} =$	$2\sqrt{128} =$	$5\sqrt{192} =$

3) Operações com números irracionais na forma de radicais

1 - Adição e Subtração

Na adição e subtração podemos simplificar as expressões apenas quando os índices forem iguais e os radicandos forem iguais (juntamos os termos semelhantes).

Exemplos:

1) $8\sqrt[3]{7} + 5\sqrt[3]{7} = 13\sqrt[3]{7}$, $-7\sqrt{3} + 5\sqrt{3} = -2\sqrt{3}$, $5\sqrt{2} - 4\sqrt{2} = 1\sqrt{2} = \sqrt{2}$

2) $3\sqrt{2} + 5\sqrt{3} - 7\sqrt{2} + 4\sqrt{3} - 2\sqrt{2} - \sqrt{3} = -6\sqrt{2} + 8\sqrt{3}$

3) $7\sqrt[4]{9} + 5\sqrt{12} - 3\sqrt{75} =$

$= 7\sqrt[4]{3^2} + 5\sqrt{2^2 \cdot 3} - 3\sqrt{3 \cdot 5^2} =$

$= 7\sqrt{3} + 5 \cdot 2\sqrt{3} - 3 \cdot 5\sqrt{3} =$

$= 7\sqrt{3} + 10\sqrt{3} - 15\sqrt{3} = 2\sqrt{3} =$

4) $\sqrt{4\sqrt{3}} + 7\sqrt{\sqrt[4]{9}} - \sqrt[4]{243} =$

$= 2\sqrt{\sqrt{3}} + 7\sqrt[8]{3^2} - \sqrt[4]{3^5} =$

$= 2\sqrt[4]{3} + 7\sqrt[4]{3} - \sqrt[4]{3^4 \cdot 3} =$

$= 2\sqrt[4]{3} + 7\sqrt[4]{3} - 3\sqrt[4]{3} = 6\sqrt[4]{3}$

Resp: **231** a) $\sqrt{2}$, $\sqrt[3]{9}$, $\sqrt[3]{2}$ b) 4, 25, 64 c) $\sqrt{2}$, $\sqrt[4]{125}$, $\sqrt{6}$ d) $\sqrt[3]{12}$, $\sqrt[4]{50}$, $\sqrt[3]{12}$ e) $2\sqrt[3]{3}$, $5\sqrt[4]{3}$, $2\sqrt[5]{9}$ f) $4\sqrt[3]{5}$, $9\sqrt[5]{4}$, $2\sqrt{3}$

232 a) 5 b) 4 c) 6 d) 2 e) 2 f) 3 g) $\sqrt[6]{5}$ h) $\sqrt[30]{2}$ i) $\sqrt[7]{5^6}$ j) $\sqrt[21]{25}$ k) $\sqrt[3]{4}$ l) $\sqrt[24]{2}$

233 a) $a\sqrt[4]{5}$ b) $a^2\sqrt[3]{b}$ c) $ab^2\sqrt[3]{c}$ d) $a\sqrt[3]{a}$ e) $a\sqrt[5]{a^2}$ f) $a\sqrt[8]{a^5}$ g) $a^4\sqrt{a}$ h) $a^3\sqrt[3]{a^2}$ i) $a^4\sqrt[4]{a}$

j) $ab^3c^2\sqrt[3]{abc^2}$ k) $bc^2\sqrt[5]{2a^4b^2c^3}$ **234** a) $\sqrt[3]{a^7}$ b) $\sqrt[3]{a^8b^{10}}$ c) $\sqrt{4a^3b^3}$ d) $\sqrt{18}$ e) $\sqrt{8}$ f) $\sqrt[4]{2^{11} \cdot 3^{12}}$

2 - Multiplicação e divisão

Quando os radicais tiverem o mesmo índice multiplicamos (ou dividimos) os radicandos, conservando o índice comum.

Se os radicais não tiverem o mesmo índice, é necessário reduzir ao mesmo índice (mínimo múltiplo comum dos índices dados), primeiramente.

1º caso: Os radicais têm os mesmos índices

Exemplos:

1) $\sqrt[7]{2} \cdot \sqrt[7]{3} = \sqrt[7]{2 \cdot 3} = \sqrt[7]{6}$, $\sqrt{2} \cdot \sqrt{8} = \sqrt{16} = 4$

2) $\sqrt{2} \cdot \sqrt{6} = \sqrt{2 \cdot 6} = \sqrt{2 \cdot 2 \cdot 3} = 2\sqrt{3}$, ou:

$$\sqrt{2} \cdot \sqrt{6} = \sqrt{2} \cdot \sqrt{2 \cdot 3} = \sqrt{2} \cdot \sqrt{2} \cdot \sqrt{3} = (\sqrt{2})^2 \sqrt{3} = 2\sqrt{3}$$

3) $\sqrt[3]{10} : \sqrt[3]{2} = \sqrt[3]{10 : 2} = \sqrt[3]{5}$, $\sqrt{6} : \sqrt{3} = \sqrt{2}$, $\sqrt[3]{54} : \sqrt[3]{2} = \sqrt[3]{27} = 3$

2º caso: Os radicais não tem o mesmo índice

Reduzimos primeiramente ao mesmo índice e caimos no caso anterior.

Exemplos:

1) $\sqrt[4]{2^3} \cdot \sqrt[6]{2^1}$

mmc (4,6) = 12

$\sqrt[12]{2^9} \cdot \sqrt[12]{2^2} =$

$\sqrt[12]{2^9 \cdot 2^2} = \sqrt[12]{2^{11}}$

2) $\sqrt[10]{2^7} : \sqrt[15]{2^4}$

mmc (10, 15) = 30

$\sqrt[30]{2^{21}} : \sqrt[30]{2^8}$

$\sqrt[30]{2^{21} : 2^8} = \sqrt[30]{2^{13}}$

3) $\sqrt[9]{9} \cdot \sqrt[6]{243} \cdot \sqrt[8]{81}$

$\sqrt[9]{3^2} \cdot \sqrt[6]{3^5} \cdot \sqrt[8]{3^4}$

$\sqrt[9]{3^2} \cdot \sqrt[6]{3^5} \cdot \sqrt{3}$

$\sqrt[18]{3^4 \cdot 3^{15} \cdot 3^9} = \sqrt[18]{3^{28}} =$

$= \sqrt[9]{3^{14}} = \sqrt[9]{3^9 \cdot 3^5} = 3\sqrt[9]{3^5}$

Exemplos usando produtos notáveis.

1) $(\sqrt{7} + \sqrt{2})(\sqrt{7} - \sqrt{2}) = (\sqrt{7})^2 - (\sqrt{2})^2 = 7 - 2 = 5$

2) $(3\sqrt{7} - 2\sqrt{5})(3\sqrt{7} + 2\sqrt{5}) = (3\sqrt{7})^2 - (2\sqrt{5})^2 = 9 \cdot 7 - 4 \cdot 5 = 63 - 20 = 43$

3) $(5\sqrt{3} + 4\sqrt{2})^2 = (5\sqrt{3})^2 + 2 \cdot 5\sqrt{3} \cdot 4\sqrt{2} + (4\sqrt{2})^2 = 25 \cdot 3 + 40\sqrt{6} + 16 \cdot 2 = 107 + 40\sqrt{6}$

4) $(3\sqrt{2} - 2\sqrt{3})^2 = 18 - 12\sqrt{6} + 12 = 30 - 12\sqrt{6}$

5) $(2\sqrt{3} + 3\sqrt{2} + 5)^2 = 12 + 18 + 25 + 12\sqrt{6} + 10\sqrt{3} + 30\sqrt{2} = 55 + 12\sqrt{6} + 10\sqrt{3} + 30\sqrt{2}$

6) $(3\sqrt{5} - 2\sqrt{3} - 1)^2 = 45 + 12 + 1 - 12\sqrt{15} - 6\sqrt{5} + 4\sqrt{3} = 58 - 12\sqrt{15} - 6\sqrt{5} + 4\sqrt{3}$

7) $(2\sqrt{3} + 1)^3 = 8 \cdot 3\sqrt{3} + 3(12 \cdot 1) + 3(2\sqrt{3} \cdot 1) + 1 =$

$= 24\sqrt{3} + 36 + 6\sqrt{3} + 1 = 30\sqrt{3} + 37$

8) $(3\sqrt{2} - 2\sqrt{3})^3 = 27 \cdot 2\sqrt{2} - 3(18)(2\sqrt{3}) + 3(3\sqrt{2}) \cdot 12 - 8 \cdot 3\sqrt{3} =$

$= 54\sqrt{2} - 108\sqrt{3} + 108\sqrt{2} - 24\sqrt{3} = 162\sqrt{2} - 132\sqrt{3}$

241 Simplificar as seguintes expressões:

a) $3\sqrt{2} + 2\sqrt{2} - 7\sqrt{2} + 15\sqrt{2} =$

b) $5\sqrt[3]{2} - 3\sqrt[3]{2} + 9\sqrt[3]{2} - 10\sqrt[3]{2} =$

c) $2\sqrt{3} + 3\sqrt{2} - 5\sqrt{3} - 8\sqrt{2} - 7\sqrt{3} + 20\sqrt{2} =$

d) $8\sqrt{2} - 7\sqrt[3]{2} - 6\sqrt{2} - 9\sqrt[3]{2} + 17\sqrt[3]{2} - \sqrt{2} =$

e) $\sqrt[4]{4} - \sqrt[6]{8} + 2\sqrt{2} - 3\sqrt[8]{16} + 5\sqrt{2} =$

f) $2\sqrt[9]{27} - 5\sqrt[3]{3} + 3\sqrt[3]{24} - 3\sqrt[3]{81} =$

g) $2\sqrt[4]{9} - 5\sqrt[4]{4} - 2\sqrt[6]{27} + 4\sqrt[8]{16} - 2\sqrt{18} - 7\sqrt{12} - 3\sqrt{27} + 2\sqrt{8} + 2\sqrt{32}$

h) $5\sqrt{2} - 7\sqrt{3} - 2\sqrt{50} - 3\sqrt{75} + 2\sqrt{9} - 7\sqrt{4} - 2\sqrt[4]{81} - 3\sqrt[4]{16} + 3\sqrt{98} - 2\sqrt{147} =$

242 Simplificar:

a) $\frac{2}{3}\sqrt{18} - \frac{5}{2}\sqrt{12} - \frac{3}{5}\sqrt{50} + \frac{5}{7}\sqrt{147}$

b) $\frac{3}{5}\sqrt{125} - \frac{3}{2}\sqrt{28} - \frac{1}{3}\sqrt{45} + \frac{7}{3}\sqrt{63}$

c) $\frac{2}{3}\sqrt{3} - \frac{1}{4}\sqrt{2} + \frac{5}{6}\sqrt{3} - \frac{1}{2}\sqrt{3} - \frac{5}{3}\sqrt{2}$

Resp:

235 a) $\sqrt{2}$ b) $\sqrt[8]{2}$ c) $\sqrt{7}$ d) $\sqrt{5}$

236 a) $ab\sqrt[3]{ab}$ b) a^2 c) $4\sqrt[4]{ab^3}$ d) $b\sqrt{ab}$ e) $ab^2\sqrt[3]{ac}$

237 a) $\sqrt{3}$ b) $\sqrt{5}$ c) $\sqrt[3]{7}$ d) $\sqrt{2}$ e) $\sqrt[5]{8}$ f) $\sqrt[3]{3}$ g) $\sqrt[3]{25}$ h) $\sqrt[3]{5}$ i) $\sqrt{7}$

238 a) $2\sqrt{5}, 3\sqrt{3}, 5\sqrt{2}, 7\sqrt{3}$ b) $2\sqrt[3]{2}, 3\sqrt[3]{5}, 2\sqrt[5]{3}, 2\sqrt[4]{5}$ c) $-2\sqrt[3]{3}, -2\sqrt[5]{2}, -5\sqrt[3]{7}, 4\sqrt[4]{2}$ d) $5\sqrt{7}, 7\sqrt[3]{3}, 3\sqrt[3]{4}, 2\sqrt[6]{2}$

239 a) $2\sqrt{2}, 2\sqrt{3}, 3\sqrt{2}, 3\sqrt{3}$ b) $2\sqrt[3]{3}, 3\sqrt[3]{2}, 5\sqrt[3]{2}, 2\sqrt[3]{2}$ c) $2\sqrt{5}, 2\sqrt{6}, 3\sqrt{5}, 3\sqrt{6}$ d) $2\sqrt[3]{4}, 3\sqrt[3]{3}, 3\sqrt[3]{4}, 5\sqrt[3]{3}$
e) $4\sqrt{2}, 5\sqrt{2}, 2\sqrt{7}, 5\sqrt{5}$ f) $2\sqrt{10}, 6\sqrt{2}, 4\sqrt{10}, 6\sqrt{3}$ g) $8\sqrt{2}, 3\sqrt{10}, 8\sqrt{3}, 5\sqrt{10}$

240 a) $6\sqrt{3}, 6\sqrt{2}, 15\sqrt{2}, 14\sqrt{5}$ b) $10\sqrt{2}, 12\sqrt{2}, 12\sqrt{3}, 16\sqrt{3}$ c) $14\sqrt{2}, 35\sqrt{3}, 16\sqrt{2}, 40\sqrt{3}$

243 Na multiplicação ou divisão de números irracionais, na forma de radicais, podemos multiplicar ou dividir os radicandos apenas quando os índices dos radicais forem iguais.:

a) $3\sqrt{5} \cdot 2\sqrt{2} =$

b) $-5\sqrt[3]{2} \cdot (-3\sqrt[3]{2}) =$

c) $2\sqrt[3]{2} \cdot 3\sqrt[3]{4} =$

d) $5\sqrt[4]{3} \cdot (-2\sqrt[4]{27}) =$

e) $(16\sqrt[3]{6}) : (2\sqrt[3]{3}) =$

f) $(-27\sqrt{75}) : (-3\sqrt{3}) =$

g) $2\sqrt[4]{2} \cdot 3\sqrt[4]{12} \cdot 5\sqrt[4]{6} =$

h) $\sqrt[3]{270} \cdot \sqrt[3]{12} \cdot \sqrt[3]{18} =$

i) $(12\sqrt[4]{12} : (2\sqrt[4]{3}) =$

j) $(51\sqrt[6]{135}) : 17\sqrt[6]{5} =$

k) $\dfrac{-36\sqrt[8]{32}}{9\sqrt[8]{2}} =$

l) $\dfrac{15\sqrt[6]{147}}{5\sqrt[6]{3}} =$

244 Determinar:

a) $(3\sqrt{2})^2 =$

b) $(-7\sqrt{3})^2 =$

c) $(-3\sqrt[3]{2})^3 =$

d) $(5\sqrt[3]{12})^2 =$

245 Baseando-se no produto notável $(a + b)(a - b) = a^2 - b^2$, determinar:

a) $(\sqrt{5} + \sqrt{2})(\sqrt{5} - \sqrt{2}) =$

b) $(\sqrt{10} + \sqrt{5})(\sqrt{10} - \sqrt{5}) =$

c) $(\sqrt{7} - 1)(\sqrt{7} + 1) =$

d) $(5\sqrt{2} - 7)(5\sqrt{2} + 7) =$

e) $(5\sqrt{3} + 3\sqrt{5})(5\sqrt{3} - 3\sqrt{5}) =$

f) $(2\sqrt{3} - 3\sqrt{2})(2\sqrt{3} + 3\sqrt{2}) =$

g) $(7\sqrt{3} + 10\sqrt{2})(7\sqrt{3} - 10\sqrt{2}) =$

h) $(4\sqrt{3} - 2\sqrt{5})(4\sqrt{3} + 2\sqrt{5}) =$

246 De acordo com $(a + b)^2 = a^2 + 2ab + b^2$, determinar:

a) $(\sqrt{5} + \sqrt{3})^2 =$

b) $(2\sqrt{3} + 5\sqrt{2})^2 =$

c) $(3\sqrt{6} + 2\sqrt{3})^2 =$

---

247 De acordo $(a - b)^2 = a^2 - 2ab + b^2$, determinar:

a) $(\sqrt{7} - \sqrt{2})^2 =$

b) $(3\sqrt{2} - 2\sqrt{5})^2 =$

c) $(3\sqrt{10} - \sqrt{5})^2 =$

---

248 Simplicar as seguintes expressões:

a) $(\sqrt{5} + \sqrt{7})(\sqrt{5} - \sqrt{7}) - 2(\sqrt{3} - \sqrt{2})^2 + 2(\sqrt{5} + \sqrt{3})^2 - (3\sqrt{5} + 5\sqrt{3})(3\sqrt{5} - 5\sqrt{3})$

b) $(2\sqrt{3} - 3\sqrt{2})^2 - 2(3\sqrt{2} - 2\sqrt{3})^2 - 3(5\sqrt{2} - 7\sqrt{3})(5\sqrt{2} + 7\sqrt{3}) - (\sqrt{3} - \sqrt{2})^2 =$

---

249 Simplificar as expressões:

a) $(2\sqrt{5} - 3\sqrt{2})(5\sqrt{5} + 7\sqrt{2}) =$

b) $(4\sqrt{3} - 3)(7\sqrt{3} + 8) =$

Resp:

241 a) $13\sqrt{2}$ b) $\sqrt[3]{2}$ c) $15\sqrt{2} - 9\sqrt{3}$ d) $\sqrt[3]{2} + \sqrt{2}$ e) $4\sqrt{2}$ f) $-6\sqrt[3]{3}$ g) $5\sqrt{2} - 23\sqrt{3}$ h) $16\sqrt{2} - 36\sqrt{3} - 20$

242 a) $-\sqrt{2}$ b) $4\sqrt{7} - 2\sqrt{5}$ c) $\sqrt{3} - \frac{23}{12}\sqrt{2}$

250 Simplifique as seguintes expressões:

a) $(2\sqrt{3}-3)(5\sqrt{3}-2)-2(3-5\sqrt{3})(4-3\sqrt{3})-3(\sqrt{3}-4)(2\sqrt{3}+3)=$

b) $(2\sqrt{3}+3\sqrt{2})(2\sqrt{3}-3\sqrt{2}-1)-(3\sqrt{3}-2\sqrt{2}+3)(5\sqrt{3}-\sqrt{2})-6\sqrt{3}(2\sqrt{2}-3)=$

251 Reduzir ao mesmo índice, sendo este o menor múltiplo comum dos índices dados, nos casos:

a) $\sqrt{a}, \sqrt[6]{a^2b^3}, \sqrt[4]{ab^2}$

b) $\sqrt[4]{a^3b^2}, \sqrt[6]{ab^5}, \sqrt[8]{a^6b^3}$

252 Efetuar as multiplicações e divisões seguintes:

a) $\sqrt[6]{2^5} \cdot \sqrt[4]{2^3}$

b) $\sqrt[4]{3^3} \cdot \sqrt{3}$

c) $\sqrt[8]{2^5} \cdot \sqrt[12]{2^5}$

d) $\sqrt[4]{8}\ \sqrt[3]{6}\ \sqrt{2}\ \sqrt{3}\ \sqrt[6]{12} \cdot \sqrt[3]{18}$

e) $\sqrt[6]{2^5} : \sqrt[8]{2^5}$

f) $\sqrt{2 \cdot 3} : \sqrt[7]{2^2 \cdot 3}$

g) $\sqrt{6} : \sqrt[3]{3} =$

253 Efetuar as multiplicações seguintes:

a) $\sqrt[5]{2^3} \cdot \sqrt[5]{2^2} =$

b) $\sqrt[7]{3^4} \cdot \sqrt[7]{3^3} =$

c) $\sqrt[3]{5} \cdot \sqrt[3]{5^2} =$

d) $2\sqrt{5} \cdot \sqrt{5} =$

e) $3\sqrt{7} \cdot 2\sqrt{7} =$

f) $5\sqrt{2} \cdot 2\sqrt{2} =$

g) $(\sqrt{7} + \sqrt{3})(\sqrt{7} - \sqrt{3}) =$

h) $(5\sqrt{3} - 2\sqrt{2})(5\sqrt{3} + 2\sqrt{2}) =$

i) $\dfrac{5\sqrt{2}}{\sqrt{5}} \cdot \dfrac{3\sqrt{3}}{\sqrt{5}} =$

j) $\dfrac{3\sqrt{5}}{2\sqrt{3}} \cdot \dfrac{7\sqrt{10}}{\sqrt{3}} =$

k) $\dfrac{2\sqrt[5]{3}}{\sqrt[5]{2^2}} \cdot \dfrac{\sqrt[5]{2^3}}{\sqrt[5]{2^3}} =$

l) $\dfrac{2\sqrt{3}}{3\sqrt{2} + 2\sqrt{3}} \cdot \dfrac{3\sqrt{2} - 2\sqrt{3}}{3\sqrt{2} - 2\sqrt{3}} =$

m) $\dfrac{3\sqrt{5} - \sqrt{13}}{\sqrt{5\sqrt{3} + \sqrt{11}}} \cdot \dfrac{3\sqrt{5} + \sqrt{13}}{\sqrt{5\sqrt{3} - \sqrt{11}}} =$

254 Racionalizar o denominador da fração, nos casos:

a) $\dfrac{5}{\sqrt{3}} =$

b) $\dfrac{3\sqrt{2}}{\sqrt{15}} =$

c) $\dfrac{5\sqrt{3}}{2\sqrt{2}} =$

d) $\dfrac{3\sqrt{2}}{2\sqrt{3}} =$

e) $\dfrac{\sqrt{5}}{3\sqrt{12}} =$

f) $\dfrac{4}{\sqrt[5]{2^2}} =$

g) $\dfrac{12}{\sqrt[3]{18}} =$

Resp: **243** a) $6\sqrt{10}$ b) $15\sqrt[3]{4}$ c) 12 d) -30 e) $8\sqrt[3]{2}$ f) 45 g) $60\sqrt{3}$ h) $18\sqrt[3]{10}$ i) $6\sqrt{2}$ j) $3\sqrt{3}$ k) $-4\sqrt{2}$ l) $3\sqrt[3]{2}$
244 a) 18 b) 147 c) -54 d) $50\sqrt[3]{18}$ **245** a) 3 b) 5 c) 5 d) 1 e) 30 f) -6 g) -53 h) 28
246 a) $8 + 2\sqrt{15}$ b) $62 + 20\sqrt{6}$ c) $66 + 36\sqrt{2}$ **247** a) $9 - 2\sqrt{14}$ b) $38 - 12\sqrt{10}$ c) $95 - 30\sqrt{2}$
248 a) $4\sqrt{15} + 4\sqrt{6} + 34$ b) $256 + 14\sqrt{6}$ **249** a) $8 - \sqrt{10}$ b) $11\sqrt{3} + 60$

255 Racionalizar o denominador da fração, nos casos:

a) $\dfrac{5}{\sqrt{7}-\sqrt{3}}$

b) $\dfrac{2\sqrt{3}}{2\sqrt{6}+3\sqrt{2}}$

c) $\dfrac{\sqrt{3}+\sqrt{2}}{\sqrt{3}-\sqrt{2}}$

d) $\dfrac{3\sqrt{2}+4\sqrt{5}}{2\sqrt{5}-3\sqrt{2}}$

4) Potência de expoente racional fracionário

Sabemos que se **a** e **b** são números reais positivos e n é um número natural não nulo, então:

$$a^n = b^n \Rightarrow a = b$$

Sabemos também que $(\sqrt[n]{a})^n = \sqrt[n]{a^n} = a$.

Seja $\dfrac{m}{n}$ um número racional fracionário (fração não aparente) positivo. Vamos dar significado para $a^{\frac{m}{n}}$, com a positivo, e satisfazendo a propriedade $(a^{\frac{m}{n}})^p = a^{p\cdot\frac{m}{n}}$.

Note que para p = n, obtemos $(a^{\frac{m}{n}})^n = a^{n\cdot\frac{m}{n}} = a^m$

Note também que $(\sqrt[n]{a^m})^n = \sqrt[n]{a^{n\cdot m}} = \sqrt[n]{(a^m)^n} = a^m$. Então:

$$(a^{\frac{m}{n}})^n = (\sqrt[n]{a^m})^n \Rightarrow \boxed{a^{\frac{m}{n}} = \sqrt[n]{a^m}}$$

Exemplos:

1) $5^{\frac{2}{7}} = \sqrt[7]{5^2}$; $6^{\frac{2}{3}} = \sqrt[3]{6^2}$; $(\sqrt{5})^{\frac{2}{5}} = \sqrt[5]{(\sqrt{5})^2} = \sqrt[5]{5}$

2) $3^{\frac{1}{2}} = \sqrt[2]{3^1} = \sqrt{3}$; $5^{\frac{1}{3}} = \sqrt[3]{5}$; $\sqrt[3]{2} = \sqrt[3]{2^1} = 2^{\frac{1}{3}}$; $\sqrt{5} = \sqrt[2]{5^1} = 5^{\frac{1}{2}}$; $\sqrt{2} = \sqrt[2]{2^1} = 2^{\frac{1}{2}}$

3) $\sqrt[3]{7^2} \cdot \sqrt[4]{7^3} \cdot \sqrt[6]{7} = 7^{\frac{2}{3}} \cdot 7^{\frac{3}{4}} \cdot 7^{\frac{1}{6}} = 7^{\frac{2}{3}+\frac{3}{4}+\frac{1}{6}} = 7^{\frac{8+9+2}{12}} = 7^{\frac{19}{12}} = 7^{1+\frac{7}{12}} = 7^1 \cdot 7^{\frac{7}{12}} = 7 \cdot \sqrt[12]{7^7}$;

$5^{0,6} = 5^{\frac{6}{10}} = 5^{\frac{3}{5}} = \sqrt[5]{5^3} = \sqrt[5]{125}$

256 Escrever as seguintes potências, na forma de radicais:

a) $3^{\frac{2}{3}} =$ | b) $5^{\frac{1}{3}} =$ | c) $7^{\frac{3}{5}} =$

c) $2^{\frac{9}{12}} =$ | d) $3^{0,6} =$

e) $7^{0,5} =$ | f) $5^{0,4} =$

g) $2^{\frac{7}{2}} =$

257 Escrever na forma de potência (base primo) com expoente fracionário o número irracional dado, nos casos:

a) $\sqrt[5]{2^3} =$ | b) $\sqrt[3]{3^2} =$ | c) $\sqrt[6]{6} =$

d) $\sqrt[8]{16} =$ | e) $\sqrt[15]{243} =$

f) $2\sqrt[5]{8} =$

g) $5\sqrt{15}\cdot\sqrt[3]{9} =$

h) $\sqrt[3]{2\sqrt{3}\cdot 3\sqrt{2}} =$

i) $\sqrt[4]{12\sqrt[3]{2}}\cdot\sqrt{18} =$

j) $\sqrt[12]{32} : \sqrt[16]{32} =$

k) $\sqrt[15]{2\sqrt{3}} : \sqrt[10]{6\sqrt{6}} =$

Resp: **250** a) $55\sqrt{3}-60$ b) $\sqrt{6}+\sqrt{3}-55$ **251** a) $\sqrt[12]{a^6}$, $\sqrt[12]{a^4b^6}$, $\sqrt[12]{a^3b^6}$ b) $\sqrt[24]{a^{18}b^{12}}$, $\sqrt[24]{a^4b^{20}}$, $\sqrt[24]{a^6b^9}$

252 a) $2\sqrt[12]{128}$ b) $4\sqrt[4]{3}$ c) $2\sqrt[24]{2}$ d) $12\sqrt[12]{2^3\cdot 3^8}$ e) $\sqrt[24]{2^5}$ f) $\sqrt[14]{2^3\cdot 3^4}$ g) $\sqrt[6]{24}$

253 a) 2 b) 3 c) 5 d) 10 e) 42 f) 20 g) 4 h) 67 i) $3\sqrt{6}$ j) $\frac{35\sqrt{2}}{2}$ k) $\sqrt[5]{24}$ l) $\sqrt{6}-2$ m) 4

254 a) $\frac{5\sqrt{3}}{3}$ b) $\frac{\sqrt{30}}{5}$ c) $\frac{5\sqrt{6}}{4}$ d) $\frac{\sqrt{6}}{2}$ e) $\frac{\sqrt{15}}{18}$ f) $2\sqrt[5]{8}$ g) $2\sqrt[3]{12}$

3 – Funções Exponenciais

Definição: Dado um número real **a** positivo diferente de 1, a função f com domínio $\mathbb{R}$ e com Imagem $\mathbb{R}_+^*$ definida por $\boxed{f(x) = a^x}$ é chamada função exponencial de base **a**.

Para $x \in \mathbb{R}$, $a \in \mathbb{R}$, $0 < a \neq 1$, temos: $f = \{(x, y) \mid y = a^x\}$

Obs: 1) O domínio de f é $\mathbb{R}$. $(D = \mathbb{R})$

2) O conjunto imagem de f e $\mathbb{R}_+^*$. $(I = R_+^*)$

3) Como para $a \neq 0$, temos que $a^0 = 1$, obtemos:

$f(x) = a^x \Rightarrow f(0) = a^0 \Rightarrow f(0) = 1 \Rightarrow (0, 1) \in f \Rightarrow$

(0, 1) é ponto do gráfico de f

Observe alguns pares pertencentes ao gráfico de $f(x) = a^x$ e o esboço do gráfico correspondente, para $a = 2$ e para $a = \frac{1}{2}$.

I) $y = 2^x$

x	$y = 2^x$	
0	$2^0 = 1$	(0, 1)
1	$2^1 = 2$	(1, 2)
2	$2^2 = 4$	(2, 4)
3	$2^3 = 8$	(3, 8)
– 1	$2^{-1} = \frac{1}{2}$	$(-1, \frac{1}{2})$
– 2	$2^{-2} = \frac{1}{4}$	$(-2, \frac{1}{4})$

II) $y = \left(\frac{1}{2}\right)^x$ ou $y = 2^{-x}$

x	$y = \left(\frac{1}{2}\right)^x$	
0	$\left(\frac{1}{2}\right)^0 = 1$	(0, 1)
– 1	$\left(\frac{1}{2}\right)^{-1} = 2$	(– 1, 2)
– 2	$\left(\frac{1}{2}\right)^{-2} = 4$	(– 2, 4)
– 3	$\left(\frac{1}{2}\right)^{-3} = 8$	(– 3, 8)
1	$\left(\frac{1}{2}\right)^1 = \frac{1}{2}$	$(1, \frac{1}{2})$
2	$\left(\frac{1}{2}\right)^2 = \frac{1}{4}$	$(2, \frac{1}{4})$

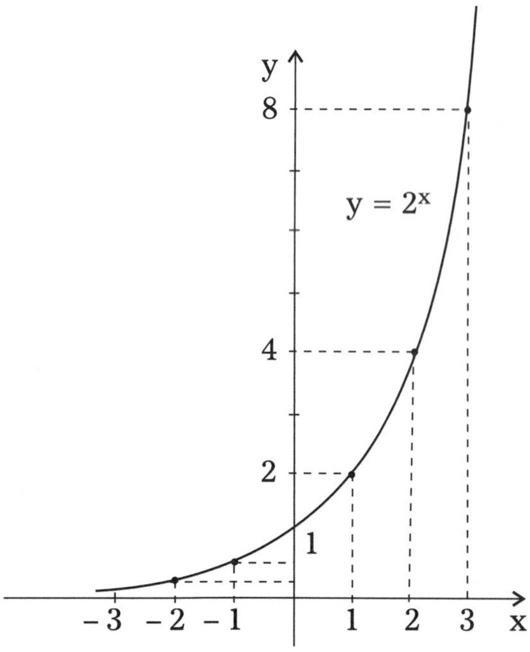

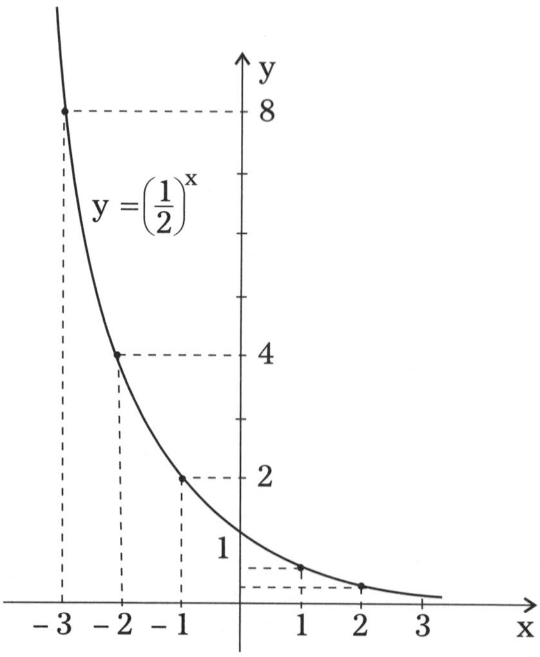

Crescente ou decrescente

Observe que quando $a > 1$ a função exponencial $f(x) = a^x$ é crescente e que quando $0 < a < 1$ a função exponencial $f(x) = a^x$ é decrescente.

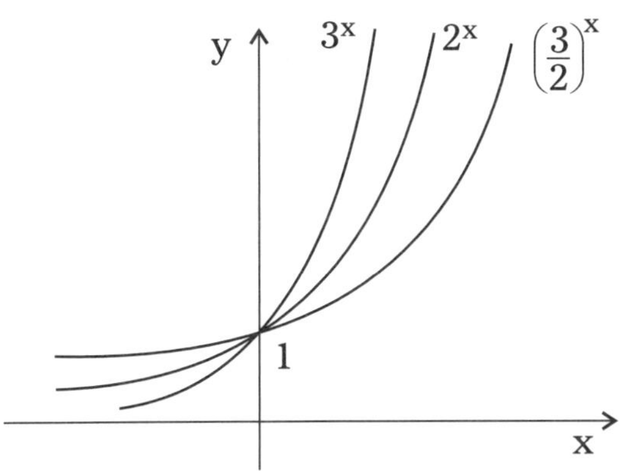

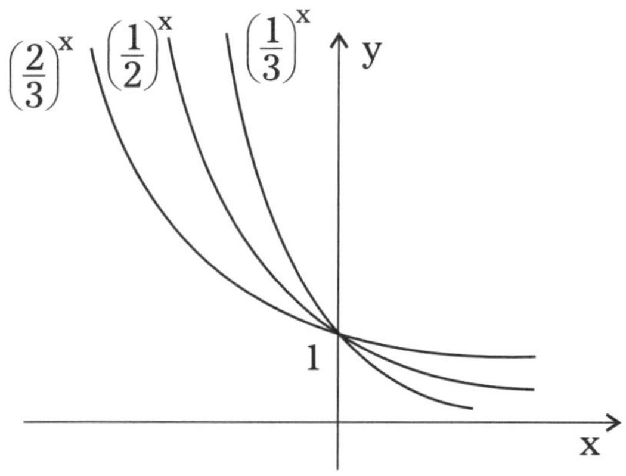

$a > 1 \iff f(x) = a^x$ é crescente $\qquad$ $0 < a < 1 \iff f(x) = a^x$ é decrescente

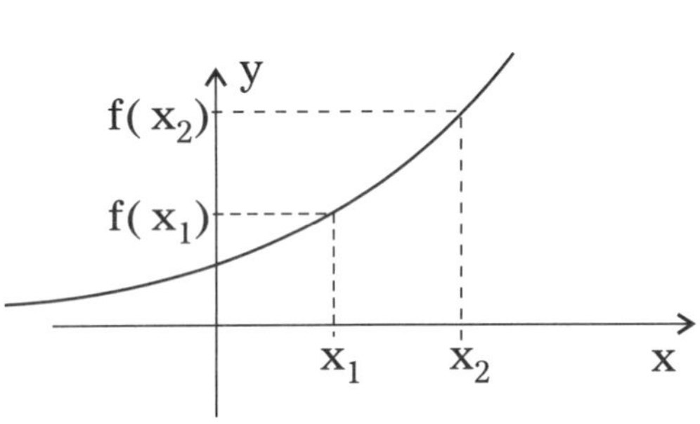

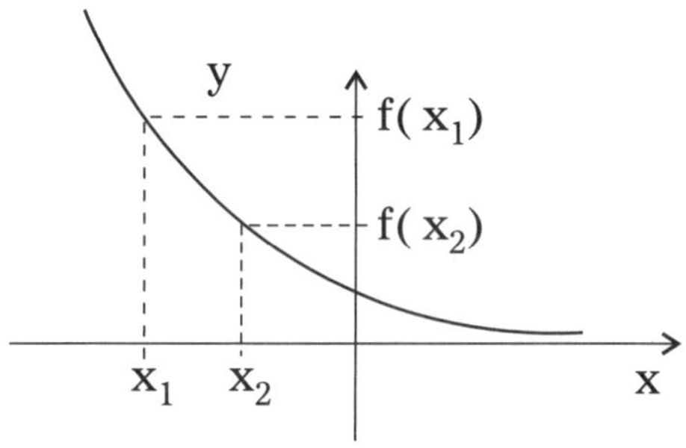

f é crescente: $x_1 < x_2 \iff f(x_1) < f(x_2)$ $\qquad$ **f é decrescente:** $x_1 < x_2 \iff f(x_1) > f(x_2)$

4 - Equações exponenciais

Para resolvermos equações do tipo $a^{g(x)} = a^{h(x)}$, para a positivo e diferente de 1, vamos usar o fato de que sendo $f(x) = a^x$ uma função injetora (imagens exclusivas) obtemos que

$f(x_1) = f(x_2) \iff x_1 = x_2$.

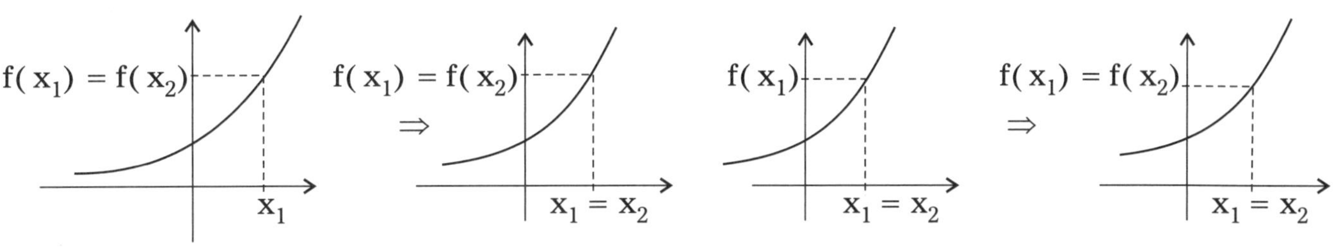

Então: $a^\alpha = a^\beta \iff \alpha = \beta$. $\quad$ Logo:

$0 < a \neq 1$, $a^{g(x)} = a^{h(x)} \iff g(x) = h(x)$

Usando esta propriedade, resolvemos este tipo de equação exponencial.

Resp: **255** a) $\frac{5(\sqrt{7}+\sqrt{3})}{4}$ b) $2\sqrt{2}-\sqrt{6}$ c) $2\sqrt{6}+5$ d) $9\sqrt{10}-29$ f) $\sqrt{7}$ g) $\sqrt[5]{25}$ h) $8\sqrt{2}$

256 a) $\sqrt[3]{9}$ b) $\sqrt[3]{5}$ c) $\sqrt[5]{343}$ d) $\sqrt[4]{8}$ e) $\sqrt[5]{27}$

257 a) $2^{\frac{3}{5}}$ b) $3^{\frac{2}{3}}$ c) $2^{\frac{1}{6}} \cdot 3^{\frac{1}{6}}$ d) $2^{\frac{1}{2}}$ e) $3^{\frac{1}{3}}$ f) $2^{\frac{8}{5}}$ g) $3^{\frac{7}{6}} \cdot 5^{\frac{3}{2}}$ h) $2^{\frac{1}{2}} \cdot 3^{\frac{1}{2}}$ i) $2^{\frac{17}{24}} \cdot 3^{\frac{1}{2}}$ j) $2^{\frac{5}{48}}$ k) $2^{-\frac{43}{30}} \cdot 3^{-\frac{22}{15}}$

Para **a** real positivo e diferente de 1 e **b** real negativo ou nulo, não existe x tal que $a^{f(x)} = b$ pois a f(x) é maior que zero para todo x real. Então o conjunto solução de equações como

$2^{2x-1} = 0, \quad 2^{3x+2} = -1$ e $7^{3-x} = -5$ é o conjunto vazio.

As equações do tipo $2^{2x-1} = 3$ (membros não redutíveis à potências de mesma base) serão resolvidas com auxílio de logaritmos que será visto em outro capítulo).

Quando para **a** positivo e diferente de 1 chegarmos a $a^{f(x)} = a^{g(x)}$, determinamos o conjunto solução resolvendo a equação f(x) = g(x).

Exemplo: Resolver as seguintes equações:

a) $5^{2x-1} = 0 \Rightarrow S = \varnothing$

b) $7^{2x+3} = -5 \Rightarrow S = \varnothing$

b) $2^{2x-6} = 1 \Rightarrow 2^{2x-6} = 2^0 \Rightarrow 2x - 6 = 0 \Rightarrow x = 3 \Rightarrow S = \{3\}$

c) $2^{3x-7} = 32 \Rightarrow 2^{3x-7} = 2^5 \Rightarrow 3x - 7 = 5 \Rightarrow 3x = 12 \Rightarrow x = 4 \Rightarrow S = \{4\}$

d) $16^{2x^2-1} = \sqrt{2}$

$(2^4)^{2x^2-1} = 2^{\frac{1}{2}}$

$2^{8x^2-4} = 2^{\frac{1}{2}}$

$8x^2 - 4 = \frac{1}{2} \Rightarrow$

$16x^2 - 8 = 1 \Rightarrow x^2 = \frac{9}{16} \Rightarrow$ $\boxed{x = \pm\frac{3}{4}}$

e) $\left(\frac{1}{81}\right)^{2x+3} = 3\sqrt[3]{9}$

$\left(\frac{1}{3^4}\right)^{2x+3} = 3\cdot\sqrt[3]{3^2} \Rightarrow (3^{-4})^{2x+3} = 3^1\cdot 3^{\frac{2}{3}}$

$3^{-8x-12} = 3^{\frac{5}{3}} \Rightarrow 8x - 12 = \frac{5}{3} \Rightarrow$

$-24x - 36 = 5 \Rightarrow$ $\boxed{x = \frac{-41}{24}}$

258 Resolver as seguintes equações

a) $2^{2x+1} = 0$

b) $3^{5x-1} = -2$

c) $(\sqrt{2})^{x+2} = 0$

d) $5^{2x-8} = 1$

e) $(-5)^x = 1$

f) $\left(-\frac{2}{3}\right)^x = 1$

f) $3^x = 3$

g) $3^x = 9$

h) $3^x = 81$

259 Dada a equação exponencial, determinar o valor de x, nos casos:

a) $2^{2x-1} = 8$

b) $3^{3x-5} = 81$

c) $5^{4x-9} = 125$

d) $4^{2x-7} = 8^{3x+7}$

e) $27^{2-x} = 243^{x+2}$

f) $625^{x+3} = 125^{x+4}$

260 Determinar o valor de x nos casos:

a) $2^{x+1} = \frac{1}{2}$

b) $3^{2x-1} = \frac{1}{3}$

c) $7^{2x-6} = \frac{1}{49}$

d) $3^{2x-1} = \sqrt[3]{3}$

e) $5^{x+2} = \sqrt[3]{5^2}$

f) $7^{2x-1} = \sqrt[4]{7^3}$

g) $2^{2x-3} = \sqrt[4]{8}$

h) $3^{3x-1} = \sqrt[3]{9}$

i) $7^{1-2x} = \sqrt[3]{49}$

261 Resolver a equação exponencial, nos casos:

a) $2^{x^2 - 2x} : 256 = 128$

b) $(3^x)^{2x - 3} : 3^{15} = \frac{1}{729}$

c) $4^{3x - 1} \cdot 16^{4 - x} \cdot \frac{1}{2} = 8^{x + 2}$

d) $25^{3 - x} : 125^{2x - 1} = \left(\frac{1}{625}\right)^{2 - 3x} : \left(\frac{1}{3125}\right)^{x}$

262 Resolver as seguintes equações:

a) $(\sqrt[3]{4})^{2x - 3} \cdot \left(\frac{1}{\sqrt[5]{8}}\right)^{x} = (\sqrt[3]{2\sqrt[5]{8}})^{x}$

b) $(3\sqrt[3]{9})^{2x - 1} : (\sqrt[4]{27\sqrt[3]{81}})^{x - 1} = \left(\frac{1}{\sqrt[4]{243}}\right)^{x}$

263 Resolver:

a) $(1000)^{2x-5} = (0{,}0001)^5$

b) $4^{2x-7} = (0{,}125)^x$

c) $(0{,}04)^{x-13} = (\sqrt[5]{125})^x$

d) $(0{,}04)^{x-13} = (\sqrt[5]{125})^x$

e) $(0{,}666...)^{2x-5} = (3{,}\ 375)^{x-15}$

f) $(0{,}00625)^{-x+15} = (4\sqrt[4]{8})^{x+60}$

Resp: **258** a) $S = \varnothing$ b) $S = \varnothing$ c) $S = \varnothing$ d) {4} e) {0} f) {0} g) {1} h) {2} i) {4}

259 a) $x = 2$ b) $x = 3$ c) $x = 3$ d) $x = -7$ e) $x = -\frac{1}{2}$ f) $x = 9$

260 a) $x = -2$ b) $x = 0$ c) $x = 2$ d) $x = \frac{2}{3}$ e) $x = -\frac{4}{3}$ f) $x = \frac{7}{8}$ g) $x = \frac{15}{8}$ h) $x = \frac{5}{9}$ i) $x = \frac{1}{6}$

Exemplo: Resolver a equação $2^{x+2} - 3 \cdot 2^{x+1} + 7 \cdot 2^{x-1} = 192$

1º modo:

$2^{x+2} - 3 \cdot 2^{x+1} + 7 \cdot 2^{x-1} = 192$

$2^{x-1}(2^3 - 3 \cdot 2^2 + 7) = 192$

$2^{x-1}(8 - 12 + 7) = 192$

$3 \cdot 2^{x-1} = 192 \Rightarrow 2^{x-1} = 64$

$2^{x-1} = 2^6 \Rightarrow x - 1 = 6 \Rightarrow \boxed{x = 7}$

2º modo:

$2^{x+2} - 3 \cdot 2^{x+1} + 7 \cdot 2^{x-1} = 192$

$2^x \cdot 2^2 - 3 \cdot 2^x \cdot 2 + 7 \cdot 2^x \cdot 2^{-1} = 192$

$2^x\left(4 - 6 + \frac{7}{2}\right) = 192$

$2^x\left(\frac{7}{2} - 2\right) = 192 \Rightarrow 2^x \cdot \frac{3}{2} = 192$

$2^x = 64 \cdot 2 \Rightarrow 2^x = 2^7 \Rightarrow \boxed{x = 7}$

264 Resolver:

a) $3 \cdot 2^{x+2} - 5 \cdot 2^{x-1} - 6 \cdot 2^{x-3} = 560$

b) $3^{2x-1} - 3^{2x} + 3^{2x+1} = 189$

c) $2 \cdot 5^{2x-1} + 6 \cdot 25^{x+1} - 125^{\frac{2}{3}x+1} = 635$

d) $2 \cdot 343^{\frac{4}{3}x+\frac{1}{3}} - 6 \cdot 49^{2x} - 2 \cdot 7^{4x-2} = 19110$

Exemplo: Resolver as equações

a) $2^{2x+1} - 15 \cdot 2^x - 8 = 0$

$2 \cdot 2^{2x} - 15 \cdot 2^x - 8 = 0$

$2 \cdot (2^x)^2 - 15 \cdot 2^x - 8 = 0$. Fazendo $2^x = y \Rightarrow$

$2y^2 - 15y - 8 = 0$

$\Delta = 225 + 64 = 289 = 17^2$

$y = \dfrac{15 \pm 17}{4} \Rightarrow y = 8$ ou $y = -\dfrac{1}{2}$

$2^x = -\dfrac{1}{2} \Rightarrow$ Não existe x

$2^x = 8 \Rightarrow 2^x = 2^3 \Rightarrow \boxed{x = 3}$

b) $9^{x+1} + 26 \cdot 3^x - 3 = 0$

$(3^2)^x \cdot 3^2 + 26 \cdot 3^x - 3 = 192$

$9(3^x)^2 + 26 \cdot 3^x - 3 = 0$. $3^x = y \Rightarrow$

$9y^2 + 26y - 3 = 0$

$\Delta = 676 + 108 = 784 = 28^2$

$y = \dfrac{-26 \pm 28}{18} \Rightarrow x = \dfrac{1}{9}$ ou $x = -3$

$3^x = -3 \Rightarrow$ Não existe x

$3^x = \dfrac{1}{9} \Rightarrow 3^x = 3^{-2} \Rightarrow \boxed{x = -2}$

265 Resolver as seguintes equações:

a) $2 \cdot 2^{2x} - 9 \cdot 2^x + 4 = 0$

b) $3^{2x+1} + 26 \cdot 3^x - 9 = 0$

c) $2 \cdot 25^x - 2 \cdot 5^{x+2} + 5^x - 25 = 0$

Resp: **261** a) $\{-3; 5\}$ b) $\left\{3; -\dfrac{3}{2}\right\}$ c) $\{7\}$ d) $\left\{\dfrac{17}{25}\right\}$ **262** a) $\{10\}$ b) $\left\{\dfrac{1}{6}\right\}$

263 a) $\left\{\dfrac{3}{2}\right\}$ b) $\{2\}$ c) $\{10\}$ d) $\{2\}$ e) $\{12\}$ f) $\{60\}$

Exemplo: Resolver a equação $x^{\sqrt[4]{x^3}} = \sqrt{x^x}$ no conjunto $\mathbb{R}_+$.

Resolução: Devemos verificar se os valores críticos para x (x = 0 e x = 1) são soluções. E considerando depois $x \neq 0$ e $x \neq 1$ ela é resolvida como as equações já vistas.

1º) Para x = 0 obtemos a expressão 0^0, que não é definida.

Então o 0 não é raiz desta equação

2º) Para x = 1 obtemos: $1^1 = \sqrt{1}$ (verdade) $\Rightarrow$ **1** é solução.

3º) Para x positivo e diferente de 1 obtemos:

$$x^{\sqrt[4]{x^3}} = \sqrt{x^x} \Rightarrow x^{\sqrt[4]{x^3}} = x^{\frac{x}{2}} \Rightarrow \sqrt[4]{x^3} = \frac{x}{2} \Rightarrow x^3 = \left(\frac{x}{2}\right)^4 \Rightarrow$$

$$x^3 = \frac{x^4}{16} \Rightarrow 16x^3 = x^4 \Rightarrow x^4 - 16x^3 = 0 \Rightarrow x - 16 = 0 \Rightarrow x = 16 \Rightarrow S = \{1; 16\}$$

266 Resolver em R_+ as seguintes equações:

a) $x^{3x^2 - 7x + 2} = 1$

b) $x^{3x^2 - 11x - 3} = x$

c) $x^{2x^2 - 9x + 3} = \frac{1}{x}$

d) $x^{\sqrt[3]{x^2}} = \sqrt{x^x}$

Exemplo: Resolver os seguintes sistemas:

a) $\begin{cases} 3^x \cdot 3^y = 27 \\ 3^x + 3^y = 12 \end{cases}$

Resolução: $3x = a$, $3y = b \Rightarrow$

$\begin{cases} a \cdot b = 27 \\ a + b = 12 \end{cases} \Rightarrow a = 3, b = 9$ ou $a = 9, b = 3$

$\Rightarrow 3^x = 3$ e $3^y = 9 \Rightarrow x = 1, y = 2$

ou $3^x = 9$ e $3^y = 3 \Rightarrow x = 2, y = 1$

$S = \{(1, 2), (2, 1)\}$

b) $\begin{cases} 3^x \cdot 5^y = 75 \\ 3^y \cdot 5^x = 45 \end{cases}$

Resolução: $\dfrac{3^x \cdot 5^y}{3^y \cdot 5^x} = \dfrac{5}{3} \Rightarrow \left(\dfrac{3}{5}\right)^x \cdot \left(\dfrac{5}{3}\right)^y = \dfrac{5}{3}$

$\left(\dfrac{3}{5}\right)^x \cdot \left(\dfrac{3}{5}\right)^{-y} = \left(\dfrac{3}{5}\right)^{-1} \Rightarrow x - y = -1 \Rightarrow$

$\boxed{x = y - 1} \Rightarrow 3^{y-1} \cdot 5^y = 3 \cdot 5^2 \Rightarrow$

$\dfrac{3^{y-1} \cdot 5^y}{3 \cdot 5^2} = 1 \Rightarrow 3^{y-2} \cdot 5^{y-2} = 1 \Rightarrow$

$15^{y-2} = 1 \Rightarrow y - 2 = 0 \Rightarrow \boxed{y = 2} \Rightarrow$

$\Rightarrow x = 2 - 1 \Rightarrow \boxed{x = 1} \Rightarrow S = \{(1,2)\}$

267 Resolver os seguintes sistemas:

a) $\begin{cases} 2^x \cdot 2^y = 64 \\ 2^x + 2^y = 20 \end{cases}$

b) $\begin{cases} 2^x \cdot 3^y = 12 \\ 2^y \cdot 3^x = 18 \end{cases}$

c) $\begin{cases} 2^x + 3^y = 17 \\ 2^{x+2} - 3^{y+1} = 5 \end{cases}$

Resp: **264** a) $\{6\}$ b) $\{2\}$ c) $\{1\}$ d) $\{1\}$ **265** a) $\{-1; 2\}$ b) $\{-1\}$ c) $S = \{2\}$

Inequações exponenciais simples

Observe novamente quando a função exponencial é crescente e quando é decrescente.

$a > 1 \iff f(x) = a^x$ é crescente

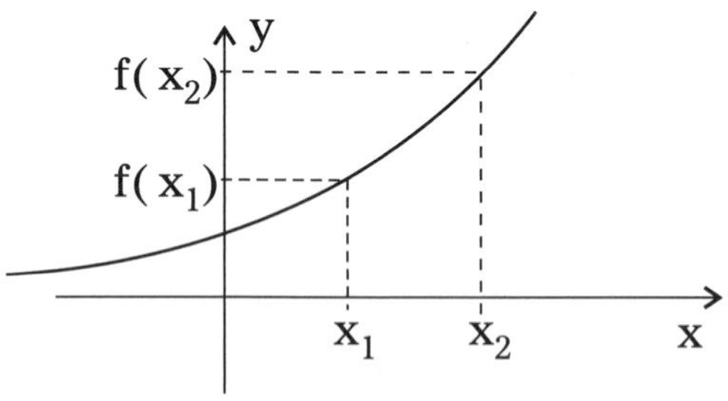

$0 < a < 1 \iff f(x) = a^x$ é decrescente

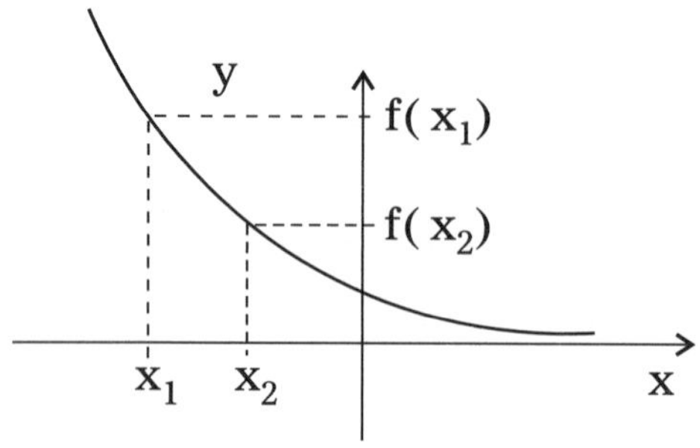

f é crescente: $x_1 < x_2 \iff f(x_1) < f(x_2)$

f é decrescente: $x_1 < x_2 \iff f(x_1) > f(x_2)$

Para resolver inequações do tipo $a^{g(x)} < a^{h(x)}$ (ou $\leqslant$ ou $>$ ou $\geqslant$)

Vamos considerar dois casos:

$a > 1$

$a^{g(x)} < a^{g(x)} \Leftrightarrow g(x) < h(x)$

mantém o sentido

$0 < a < 1$

$a^{f(x)} < a^{g(x)} \Leftrightarrow f(x) > g(x)$

inverte o sentido

Exemplo: Resolver as seguintes inequações:

a) $2^{5x-1} < 2^{2x+8}$

$2 > 1 \Rightarrow$ mantemos o sentido:

$5x - 1 < 2x + 8 \Rightarrow$

$3x < 9 \Rightarrow \boxed{x < 3}$

$S = \{x \in \mathbb{R} \mid x < 3\}$

b) $\left(\frac{2}{3}\right)^{7x+8} < \left(\frac{2}{3}\right)^{3x+32}$

$0 < \frac{2}{3} < 1 \Rightarrow$ invertemos o sentido

$7x + 8 > 3x + 32 \Rightarrow$

$4x > 24 \Rightarrow \boxed{x > 6}$

$S = \{x \in \mathbb{R} \mid x > 6\}$

268 Dar o valor V (verdade) ou F(falso) para a sentença, nos casos:

a) $3^5 < 3^7$ ( )

b) $\left(\frac{1}{2}\right)^3 > \left(\frac{1}{2}\right)^2$ ( )

c) $5^5 > 5^6$ ( )

d) $(\sqrt{2})^3 < (\sqrt{2})^4$ ( )

e) $\left(\frac{\sqrt{2}}{2}\right)^3 < \left(\frac{\sqrt{2}}{2}\right)^4$ ( )

f) $\left(\frac{5}{4}\right)^6 < \left(\frac{5}{4}\right)^8$ ( )

g) $\left(\frac{4}{5}\right)^5 < \left(\frac{4}{5}\right)^8$ ( )

h) $\pi^2 < \pi^3$ ( )

i) $\left(\frac{\pi}{3}\right)^2 < \left(\frac{\pi}{3}\right)^3$ ( )

j) $\left(\frac{\pi}{4}\right)^3 > \left(\frac{\pi}{4}\right)^5$ ( )

k) $\left(\frac{\sqrt{5}}{3}\right)^6 > \left(\frac{\sqrt{5}}{3}\right)^8$ ( )

l) $\left(\frac{\sqrt{5}}{2}\right)^6 > \left(\frac{\sqrt{5}}{2}\right)^8$ ( )

269 Completar com < (menor) ou > (maior) de modo que a sentença obtida seja verdadeira, nos casos:

a) $2^3 \quad 2^5$	b) $\left(\frac{1}{2}\right)^4 \quad \left(\frac{1}{2}\right)^3$	c) $\left(\frac{5}{3}\right)^6 \quad \left(\frac{5}{3}\right)^4$
d) $\left(\frac{3}{5}\right)^3 \quad \left(\frac{3}{5}\right)^5$	e) $(\sqrt{2})^3 \quad (\sqrt{2})^5$	f) $\left(\frac{\sqrt{2}}{2}\right)^3 \quad \left(\frac{\sqrt{2}}{2}\right)^5$
g) $\pi^3 \quad \pi^2$	h) $\left(\frac{\pi}{3}\right)^5 \quad \left(\frac{\pi}{3}\right)^4$	i) $\left(\frac{\pi}{5}\right)^5 \quad \left(\frac{\pi}{5}\right)^7$

270 Resolver as seguintes inequações:

a) $5^{5x-1} \leqslant 5^{3x+15}$

b) $\left(\frac{3}{5}\right)^{5x-3} \leqslant \left(\frac{3}{5}\right)^{x+17}$

c) $3^{3x-2} \geqslant 3^{7x+14}$

d) $\left(\frac{1}{2}\right)^{5x-1} < \left(\frac{1}{2}\right)^{7x+21}$

e) $2^{x^2-6x-13} < \left(\frac{1}{4}\right)^{2x-1}$

f) $3^{2x^2-8x-9} \geqslant \left(\frac{1}{27}\right)^{x+2}$

Resp: **266** a) $S = \left\{\frac{1}{3}; 1, 2\right\}$ b) $S = \{1; 4\}$ c) $S = \left\{\frac{1}{2}; 1; 4\right\}$ d) $S = \{1; 8\}$

267 a) $S = \{(2, 4), (4, 2)\}$ b) $S = \{(2, 1)\}$ c) $S = \{(3, 2)\}$

Exercícios para fixação

271 Resolver as seguintes equações:

a) $8^x = 2$ b) $9^x = \frac{1}{27}$ c) $\left(\frac{1}{25}\right)^x = 125$ d) $3^{2^x} = 6561$ e) $2^{3^x} = \sqrt[9]{2}$ f) $(2^3)^x = \sqrt{8}$

---

272 Resolver as seguintes inequações:

a) $3^{5-2x} = 9^{2x+1}$ b) $\left(\frac{1}{8}\right)^{x-1} = 64^{1-3x}$ c) $9^{2x+3} = \left(\frac{1}{3}\right)^{4-x}$

d) $\left(\frac{1}{3}\right)^{x-x^2} = 81^3$ e) $7^{6x^2+5x-4} = 1$ f) $\left[\left(\frac{3}{2}\right)^3\right]^{x-2} - \left(\frac{16}{81}\right)^{x-5} = 0$

---

273 Resolver as equações:

a) $0{,}25^{3x-1} = 0{,}0625^{2-x}$ b) $(0{,}333...)^{x-x^2} = 27^2$ c) $0{,}125^{x+3} = \sqrt{0{,}25^{4x+51-x^2}}$

---

274 Resolver as seguintes equações exponenciais:

a) $2^x = 64$ b) $16^x = 128$ c) $8^x = \frac{1}{256}$ d) $17^{2x-8} = 1$

e) $3^{3x-11} = 3$ f) $5^{2x+9} = \frac{1}{5}$ g) $4^{x+1} = 8^{2x-5}$

h) $125^{3x-5} = 625^{2x-9}$ i) $\left(\frac{1}{16}\right)^{x+4} = 512^{3-x}$ j) $49^{x-1} = \left(\frac{1}{343}\right)^{3x-11}$

---

275 Resolver as equações:

a) $(\sqrt[3]{4})^x = \sqrt[4]{8}$ b) $(\sqrt{3})^{x-1} = (\sqrt[3]{9})^{2-x}$

c) $\left(\frac{4}{\sqrt[5]{16}}\right)^{2x-3} = \left(\frac{\sqrt[3]{32}}{8}\right)^{x-1}$ d) $(3\sqrt[5]{81})^{x-1} = \frac{243}{\sqrt[8]{27}}$

---

276 Resolver as equações:

a) $4^x \cdot 8^{2x-1} = 16^{5-x}$ b) $9^{2x-1} \cdot 27^x = 81^{2-x}$

c) $2^{3x-1} : 4^{x-1} = 8^{x+3} : 16$ d) $7^{x+1} \cdot 49^{x-3} = 343^{x-1} : 2401^{4-3x}$

---

277 Resolver as equações:

a) $(\sqrt{2})^{x-1} \cdot (2\sqrt[3]{4})^{3x-2} = (\sqrt[4]{8})^{x-1}$ b) $(3\sqrt{3})^x : (\sqrt[3]{9})^{3x-2} = (9\sqrt[5]{81})^{5x-1}$

---

278 Resolver as equações:

a) $(8\sqrt{2})^{3x-1} = (0{,}125)^{-x+3}$ b) $(0333...)^{x+2} = (9\sqrt{3})^{1-2x}$

---

279 Resolver as equações:

a) $10^{2x^2-3x-2} = 1$ b) $10^{x^2-4x-3} = 0$

c) $2^{3x^2-6x-3} = 64$ d) $27^{2x^2-4x+7} = 243^{x+2}$

---

280 Resolver as equações:

a) $2^{x+1} + 2^{x+2} - 2^{x+3} = -32$ b) $3^{x-1} - 3^{x-2} + 3^{x+1} - 3^{x+2} = -\frac{52}{27}$

c) $7^x + 7^{x-1} = 8^x$ d) $3^{x-2} + 2^{x-3} = 2^{x-1} + 3^{x-3}$

281 Resolver as equações:

a) $2^{2x} - 12 \cdot 2^x + 32 = 0$ b) $5^{2x} + 5^x - 2 = 0$ c) $3^{2x+1} + 8 \cdot 3^x - 3 = 0$

d) $2^{x+1} - 2^{3-x} = 6$ e) $16^{1-x} + 16^x = 10$ f) $4^{x^2+2} - 3 \cdot 2^{x^2+3} = 160$

282 Resolver as equações:

a) $2^x + 2^{x+1} - 2^{x+2} + 2^{x+3} = 224$ b) $2^{x-1} + 3 \cdot 2^x - 5 \cdot 2^{x+1} + 3 \cdot 2^{x+3} = 4^{2x-1} \cdot 560$

283 Resolver as equações:

a) $(2^x)^2 - 3 \cdot 2^x + 2 = 0$ b) $2 \cdot 2^{2x} - 9 \cdot 2^x + 4 = 0$

c) $3^{2x+2} + 17 \cdot 3^x - 2 = 0$ d) $5^{2x} - 26 \cdot 5^x + 25 = 0$

284 Resolver em R_+ as equações:

a) $x^{2x^2-3x-2} = 1$ b) $x^{x^2-5x+4} = 1$ c) $x^{x^2-7x+11} = x$ d) $x^{x^2+x-5} = x^7$

285 Resolver os seguintes sistemas:

a) $\begin{cases} xy = y^x \\ x^3 = y^2 \end{cases}$ b) $\begin{cases} 2^{2x} - 3^y = 55 \\ 2^x - 3^{\frac{y}{2}} = 5 \end{cases}$

c) $\begin{cases} 8^{2x+1} = 32 \cdot 2^{4y-1} \\ 5 \cdot 5^{x-y} = \sqrt{25^{2y+1}} \end{cases}$ d) $\begin{cases} (x+y)^{\frac{1}{x-y}} = 2\sqrt{3} \\ (x+y) \cdot 2^{y-x} = 3 \end{cases}$

286 Resolver os sistemas:

a) $\begin{cases} \left(\frac{3}{2}\right)^{x-y} - \left(\frac{2}{3}\right)^{x-y} = \frac{65}{36} \\ xy - x + y = 118 \end{cases}$ b) $\begin{cases} 2^x + 2^y = 12 \\ x + y = 5 \end{cases}$ c) $\begin{cases} 64^{2x} + 64^{2y} = 12 \\ 64^{x+y} = 4\sqrt{2} \end{cases}$

d) $\begin{cases} 8^x = 10y \\ 2^x = 5y \end{cases}$ e) $\begin{cases} 2^x \cdot 9^y = 648 \\ 3^x \cdot 4^y = 432 \end{cases}$ f) $\begin{cases} 3^x - 2^{2y} = 77 \\ 3^{\frac{x}{2}} - 2^y = 7 \end{cases}$

Resp: **268** a) V b) F c) F d) V e) F f) V g) F h) V i) V j) V k) V l) F

269 a) < b) < c) > d) > e) < f) > g) > h) > i) > **270** a) $\{x \in \mathbb{R} \mid x \leqslant 8\}$ b) $\{x \in \mathbb{R} \mid x \geqslant 5\}$ c) $\{x \in \mathbb{R} \mid x \leqslant -4\}$ d) $\{x \in \mathbb{R} \mid x < -11\}$ e) $\{x \in \mathbb{R} \mid -3 < x < 5\}$ f) $\left\{x \in \mathbb{R} \mid x \leqslant -\frac{1}{2} \vee x \geqslant 3\right\}$

271 a) $V = \left\{\frac{1}{3}\right\}$ b) $V = \left\{-\frac{3}{2}\right\}$ c) $V = \left\{-\frac{3}{2}\right\}$ d) $V = \{3\}$ e) $V = \{-2\}$ f) $V = \left\{\frac{1}{2}\right\}$ **272** a) $V = \left\{\frac{1}{2}\right\}$ b) $V = \left\{\frac{1}{5}\right\}$ c) $V = \left\{-\frac{10}{3}\right\}$ d) $V = \{-3, 4\}$ e) $V = \left\{\frac{-4}{3}, \frac{1}{2}\right\}$ f) $V = \left\{\frac{26}{7}\right\}$ **273** a) $V = \{1\}$ b) $V = \{-2, 3\}$ c) $V = \{-6, 7\}$ **274** a) $\{6\}$ b) $\left\{\frac{7}{4}\right\}$ c) $\left\{-\frac{8}{3}\right\}$ d) $\{4\}$ e) $\{4\}$ f) $\{-5\}$ g) $\left\{\frac{17}{4}\right\}$ h) $\{-21\}$ i) $\left\{\frac{43}{5}\right\}$ j) $V = \left\{\frac{35}{11}\right\}$ **275** a) $\left\{\frac{9}{8}\right\}$ b) $\left\{\frac{11}{7}\right\}$ c) $\left\{\frac{37}{28}\right\}$ d) $\left\{\frac{257}{72}\right\}$ **276** a) $\left\{\frac{23}{12}\right\}$ b) $\left\{\frac{10}{11}\right\}$ c) $\{-2\}$ d) $\left\{\frac{7}{6}\right\}$ **277** a) $\left\{\frac{37}{57}\right\}$ b) $\left\{\frac{124}{435}\right\}$ **278** a) $\left\{-\frac{11}{15}\right\}$ b) $\left\{\frac{9}{8}\right\}$

279 a) $\left\{2, -\frac{1}{2}\right\}$ b) $\varnothing$ c) $\{-1, 3\}$ d) $\left\{\frac{11}{6}, 1\right\}$ **280** a) $V = \{4\}$ b) $V = \{-1\}$ c) $V = \{1\}$ d) $V = \{4\}$

281 a) $V = \{2, 3\}$ b) $V = \{0\}$ c) $V = \{-1\}$ d) $V = \{2\}$ e) $V = \left\{\frac{1}{4}, \frac{3}{4}\right\}$ f) $V = \left\{\pm\sqrt{2}\right\}$ **282** a) $\{5\}$ b) $\{-1\}$

283 a) $\{0, 1\}$ b) $\{-1, 2\}$ c) $\{-2\}$ d) $\{0, 2\}$ **284** a) $\{1, 2\}$ b) $\{1, 4\}$ c) $\{0, 1, 2, 5\}$ d) $\{1, 3\}$

285 a) $\left\{(1,1), \left(\frac{5}{3}, \frac{5}{3}, \sqrt{\frac{5}{3}}\right), (1,-1)\right\}$ b) $\{(3, 2)\}$ c) $\left\{\left(\frac{3}{14}, \frac{1}{14}\right)\right\}$ d) $\{(7, 5)\}$ **286** a) $\{(-10, -12), (12, 10)\}$ b) $\{(2, 3), (3, 2)\}$ c) $\left\{\left(\frac{1}{6}, \frac{1}{4}\right), \left(\frac{1}{4}, \frac{1}{6}\right)\right\}$ d) $\left\{\left(\frac{1}{2}, \frac{\sqrt{2}}{5}\right)\right\}$ e) $\{(3, 2)\}$ f) $\{(4, 1)\}$

VII LOGARITMOS

Foi com a ideia de simplificar alguns cálculos que enfrentavam os navegadores e astrônomos da época que o logaritmo foi criado, principalmente, por John Napier (1550 - 1617). A simplificação consistia em transformar multiplicações e divisões em adições e subtrações. Observe alguns tipos de problemas atuais onde o logaritmo é usado.

1º) (ENEM PPL- 2018) Em março de 2011, um terremoto de 9,0 graus de magnitude na escala Richter atingiu o Japão matando milhares de pessoas e causando grande destruição. Em janeiro daquele ano, um terremoto de 7,0 graus na escala Richter atingiu a cidade de Santiago Del Estero, na Argentina. A magnitude de um terremoto, medida pela escla Richter, é $R = \log\left(\frac{A}{A_0}\right)$, em que A é a amplitude do movimento vertical do solo, informado em um sismógrafo, A_0 é uma amplitude de referência e log representa o logaritmo na base 10.

Disponível em : http://earthquake.usgs.gov.
Acesso em: 28 fev. 2012(adaptado).

A razão entre as amplitudes dos movimentos verticais dos terremotos do Japão e da Argentina é

a) 1,28 b) 2,0 c) $10^{\frac{9}{7}}$ d) 100 e) $10^9 - 10^7$

2º) (EBMSP-2017) No instante t = 0, quando a quantidade presente de determinada substância radioativa começa a ser monitorada, registra-se Q_0 gramas da substância. Depois de t horas, a partir t = 0, a quantidade, em gramas, de substância remanescente é calculada através da equação $Q(t) = Q_0 e^{-0,45t}$.

Considerando-se $\log_e 2 = 0,69$, pode-se afirmar que o tempo necessário para que a quantidade presente dessa substância seja reduzida a metade da quantidade inicial é de

a) 54 min b) 1h20 min c) 1h32min d) 1h45 min e) 2h9min

Para resolvermos estes tipos de problemas vamos definir e estudar as propriedades dos logaritmos

Definição: Dados os números reais positivos **a** e **b**, com $a \neq 1$, definimos como logaritmo de **b** na base **a**, o expoente x que se deve dar a **a** para obtermos **b**. E escrevemos:

$a^x = b \iff x = \log_a b$ Note que, por definição $b > 0$, $0 < a \neq 1$.

b é chamado **logaritmando** e **a** é chamado **base do logaritmo**.

Então: $2^5 = 32 \iff 5 = \log_2 32$, $7^2 = 49 \iff \log_7 49 = 2$

$2^{-1} = \frac{1}{2} \iff \log_2 \frac{1}{2} = -1$, $10^3 = 1000 \iff 3 = \log_{10} 1000$

$\log_9 81 = 2 \iff 9^2 = 81$, $\log_5 1 = 0 \iff 5^0 = 1$

Consequências imediatas da definição

Sendo **a** uma base real positiva, diferente de 1 e o logaritmando positivo, temos

$$\log_a a = 1 \quad ; \quad \log_a 1 = 0 \quad ; \quad \log_a a^b = b \quad ; \quad a^{\log_a b} = b$$

287 Determinar os seguintes logaritmos:

a) $\log_6 36 =$	$\log_7 49 =$	$\log_8 64 =$	$\log_4 16 =$
b) $\log_{10} 100 =$	$\log_5 25 =$	$\log_3 9 =$	$\log_{12} 144 =$
c) $\log_2 4 =$	$\log_2 8 =$	$\log_2 16 =$	$\log_{15} 225 =$
d) $\log_2 32 =$	$\log_3 27 =$	$\log_3 81 =$	$\log_{17} 289 =$
e) $\log_5 25 =$	$\log_5 125 =$	$\log_5 625 =$	$\log_{10} 1000 =$
f) $\log_3 243 =$	$\log_7 343 =$	$\log_{11} 121 =$	$\log_{10} 10000 =$

288 Determinar os seguintes logaritmos:

a) $\log_5 5 =$	$\log_7 1 =$	$\log_a a =$	$\log_a 1 =$
b) $\log_2 2^5 =$	$\log_3 3^4 =$	$\log_5 5^{-2} =$	$\log_6 6^{-1} =$
c) $\log_a a^3 =$	$\log_b b^{-3} =$	$\log_c c^3 =$	$\log_a a^{-0,5} =$
d) $3^{\log_3 5} =$	$6^{\log_6 2} =$	$a^{\log_a 5} =$	$b^{\log_b a} =$

289 Determinar os seguintes logaritmos:

a) $\log_6 \frac{1}{6} =$	$\log_4 \frac{1}{4} =$	$\log_9 \frac{1}{9} =$	$\log_{\frac{3}{5}} \frac{5}{3} =$
b) $\log_{\frac{1}{3}} 3 =$	$\log_{\frac{1}{5}} 5 =$	$\log_{\frac{3}{2}} \frac{2}{3} =$	$\log_{\frac{2}{5}} \frac{5}{2} =$
c) $\log_a \frac{1}{a} =$	$\log_{\frac{1}{a}} a =$	$\log_{\frac{1}{2}} 8 =$	$\log_{\frac{1}{3}} 81 =$

290 Determinar mentalmente os seguintes logaritmos:

a) $\log_2 \frac{1}{2} =$	$\log_2 \frac{1}{4} =$	$\log_2 \frac{1}{8} =$	$\log_5 \frac{1}{5} =$
b) $\log_5 \frac{1}{25} =$	$\log_5 \frac{1}{125} =$	$\log_3 \frac{1}{3} =$	$\log_3 \frac{1}{9} =$
c) $\log_3 \frac{1}{27} =$	$\log_7 \frac{1}{7} =$	$\log_7 \frac{1}{49} =$	$\log_7 \frac{1}{343} =$
d) $\log_2 \sqrt{2} =$	$\log_2 \sqrt[3]{2} =$	$\log_3 \sqrt[4]{3} =$	$\log_7 \sqrt{7} =$
e) $\log_5 \sqrt[4]{5} =$	$\log_{\sqrt{2}} 2 =$	$\log_{\sqrt{5}} 5 =$	$\log_{\sqrt[3]{3}} 3 =$

291 Determinar mentalmente os seguintes logaritmos:

a) $y = \log_5 25 - 3\log_3 27 + 5\log_2 16$

b) $y = \log_7 1 + \log_5 5 - 3\log_2 8 + \log_5 125$

c) $y = 2\log_3 81 - 2\log_3 243 + 7\log_7 343$

d) $y = 3\log_a a - 2\log_a a^3 - \log_7 7^{-2}$

e) $y = \log_2 \frac{1}{2} - 3\log_2 16 - 2\log_5 \frac{1}{25}$

f) $y = \log_3 \frac{1}{27} = -3\log_7 \frac{1}{49} - 2\log_3 \frac{1}{81}$

g) $y = \log_2 \sqrt{2} - 3\log_3 \sqrt[4]{3} + 2\log_4 \frac{1}{16}$

h) $y = 3\log_8 2 - 4\log_{16} 2 - 3\log_{49} 7$

Exemplo: Determinar $\log_{2\sqrt{2}} 8\sqrt[5]{16} =$

Neste caso é conveniente aplicar a definição de logaritmo

$\log_a b = x \Leftrightarrow a^x = b$ e, através da equação exponencial obtida, determinar o logaritmo x.

Vejamos:

$\log_{2\sqrt{2}} 8\sqrt[5]{16} = x \Rightarrow (2\sqrt{2})^x = 8\sqrt[5]{16} \Rightarrow (2 \cdot 2^{\frac{1}{2}})^x = 2^3 \cdot 2^{\frac{4}{5}}$

$\Rightarrow \left(2^{\frac{3}{2}}\right)^x = 2^{\frac{19}{5}} \Rightarrow 2^{\frac{3x}{2}} = 2^{\frac{19}{5}} \Rightarrow \frac{3x}{2} = \frac{19}{5} \Rightarrow \boxed{x = \frac{38}{15}} \Rightarrow \boxed{\log_{2\sqrt{2}} 8\sqrt[5]{16} = \frac{38}{15}}$

292 Determinar os seguintes logaritmos:

a) $\log_{125} \frac{1}{25} =$

b) $\log_{\sqrt[3]{4}} \frac{1}{16} =$

c) $\log_{2\sqrt[3]{4}} 0{,}125 =$

d) $\log_{2\sqrt{2}} 0{,}0625 =$

e) $\log_{0{,}008} 5\sqrt[3]{25}$

f) $\log_{0{,}33\ldots} 9\sqrt[4]{27} =$

293 Determinar:

a) $\log_5(\log_2 32)$

b) $\log_{\frac{1}{3}}(\log_5 125)$

c) $\log_{\sqrt{2}}(\log_3 81)$

294 Determinar y, nos casos:

Obs: Determinar os logaritmos em uma folha de rascunho

a) $y = 2\log_{\sqrt{2}} 0,125 - 3\log_{\sqrt{27}} \sqrt[3]{9} - 2\log_{\frac{1}{4}} 0,0625 - 2\log_{0,0625} \frac{1}{1024}$

b) $\log_{\frac{1}{16}} 0,25 - 2\log_{\sqrt[3]{4}} 2\sqrt{2} + 3\log_{3\sqrt{3}}\left(\frac{3^{-4}}{\sqrt[3]{9}}\right)$

c) $\log_{0,001} \sqrt[5]{0,01} - \log_2\left(\log_{\frac{1}{5}} 25^{-2}\right) - \log_{\frac{4}{5}}(\log_{16} 32)$

Antilogaritmo e cologaritmo

Dados os números reais positivos **a** e **b**, com $a \neq 1$, definimos $\text{antilog}_a b$ e $\text{colog}_a b$ dos seguintes modos:

$a^c = b \Leftrightarrow \log_a b = c \quad \Leftrightarrow \quad \begin{cases} \text{colog}_a b = -\log_a b = -c & \text{É o oposto do log} \\ \text{antilog}_a c = b = a^c & \text{É o logaritmando} \end{cases}$

Resp: **287** a) 2, 2, 2, 2 b) 2, 2, 2, 2 c) 2, 3, 4, 2 d) 5, 3, 4, 2 e) 2, 3, 4, 3 f) 5, 3, 2, 4

288 a) 1, 0, 1, 0 b) 5, 4, – 2, – 1 c) 3, – 3, 3, – 0, 5 d) 5, 2, 5, a **289** a) – 1, – 1, – 1, – 1 b) – 1, – 1, – 1, – 1 c) – 1, – 1, – 3, – 4 **290** a) –1, – 2, – 3, – 1 b) – 2, – 3, – 1, – 2 c) – 3, – 1, – 2, – 3 d) $\frac{1}{2}, \frac{1}{3}, \frac{1}{4}, \frac{1}{2}$ e) $\frac{1}{4}, 2, 2, 3$

291 a) 13 b) – 5 c) 19 d) – 1 e) – 9 f) 11 g) $-\frac{17}{4}$ h) $-\frac{3}{2}$

295 Como $colog_a b = -\log_a b$, determinar os seguintes cologaritmos:

a) $colog_2 8 =$

b) $colog_3 81 =$

c) $colog_5 \sqrt{5} =$

d) $colog_{\frac{1}{3}} 243 =$

e) $colog_{\frac{1}{7}} 343 =$

f) $colog_5 \frac{1}{625} =$

296 Como $\log_a b = c$, $a^c = b$ e $antilog_a c = b$, obtemos que $antilog_a c = a^c$. Determine o antilogaritmo, nos casos:

a) $antilog_5 2 =$

b) $antilog_7 3 =$

c) $antilog_3 (-2) =$

d) $antilog_{\sqrt{3}} 2 =$

297 Como $antilog_a c = b$, implica que $\log_a b = c$, determine o antilog, transformando em log nos casos:

a) $antilog_2 5 =$

b) $antilog_5 (-3) =$

Condição de existência de logaritmos

Da definição de logaritmos sabemos que a base e o logaritmando são reais positivos e a base tem que ser diferente de 1.

Então se definimos uma função f(x) por $f(x) = \log_a x$, devemos ter $x > 0$ e $0 < a \neq 1$. Logo, para que esteja definida a função $f(x) = \log_{g(x)} h(x)$, devemos ter $f(x) > 0$ e $0 < g(x) \neq 1$.

Exemplo 1: Determinar o domínio da função $f(x) = \log_3 (2x - 1)$

Devemos ter $2x - 1 > 0 \Rightarrow 2x > 1 \Rightarrow x > \frac{1}{2}$

$D = \left\{x \in R \mid x > \frac{1}{2}\right\}$

Exemplo 2: Determine o domínio da função $f(x) = \log_{x+3}(4 - x)$

Devemos ter $4 - x > 0$ e $0 < x + 3 \neq 1$.

$4 - x > 0 \Rightarrow \boxed{x < 4}$; $x + 3 > 0 \Rightarrow \boxed{x > -3}$ e $x + 3 \neq 1 \Rightarrow \boxed{x \neq -2}$

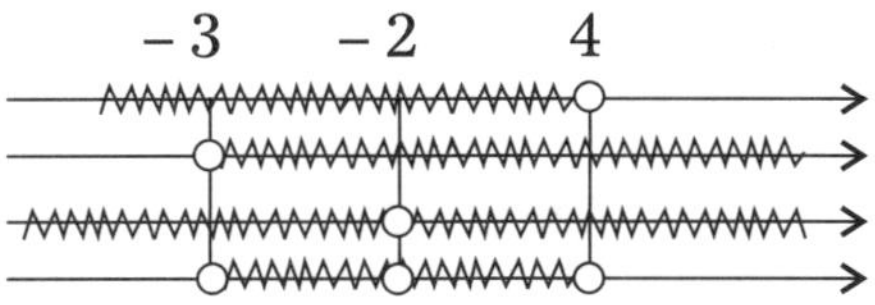

$D = \{x \in \mathbb{R} \mid -3 < x < -2 \vee -2 < x < 4\}$ ou

$D = \{x \in \mathbb{R} \mid -3 < x < 4 \wedge x \neq -2\}$

298 Determinar o domínio das seguintes funções

a) $y = \log_5(2x - 8)$

b) $y = \log_{10}(5x + 25)$

c) $f(x) = \log_2(15 - 5x)$

d) $f(x) = \log_3(-18 - 2x)$

e) $y = \log_{x-5}4$

f) $y = \log_{x+5}7$

g) $y = \log_{x+5}(x^2 - 4)$

Resp: **292** a) $-\frac{2}{3}$ b) -6 c) $-\frac{9}{5}$ d) $-\frac{8}{3}$ e) $-\frac{5}{9}$ f) $-\frac{11}{4}$ **293** a) 1 b) -1 c) 4 **294** a) $-\frac{65}{3}$ b) $-\frac{40}{3}$ c) $-\frac{13}{15}$

Propriedades dos logaritmos

Supondo satisfeitas as condições de existência, temos:

P1) $\log_a(b \cdot c) = \log_a b + \log_a c$

P2) $\log_a \frac{b}{c} = \log_a b - \log_a c$

P3) $\log_a b^n = n \log_a b$

P4) $\log_{a^n} b = \frac{1}{n}\log_a b$

P5) Mudança de base: $\log_a b = \frac{\log_c b}{\log_c a}$

Consequência desta: $\log_a b = \frac{1}{\log_b a}$

Demonstrações:

Fazendo $\log_a b = x$ e $\log_a c = y$, obtemos: $b = a^x$ e $c = a^y$. Então:

P1) $\boxed{\log_a(bc)} = \log_a(a^x \cdot a^y) = \log_a a^{x+y} = x + y = \boxed{\log_a b + \log_a c}$

P2) $\boxed{\log_a \frac{b}{c}} = \log_a \frac{a^x}{a^y} = \log_a a^{x-y} = x - y = \boxed{\log_a b - \log_a c}$

P3) $\boxed{\log_a b^n} = \log_a (a^x)^n = \log_a a^{nx} = nx = \boxed{n\log_a b}$

P4) $\boxed{\log_{a^n} b} = \alpha \Rightarrow (a^n)^\alpha = b \Rightarrow a^{n\alpha} = a^x \Rightarrow n\alpha = x \Rightarrow \alpha = \frac{1}{n}x = \boxed{\frac{1}{n}\log_a b}$

Para provar P5, fazendo $\log_a b = x$, $\log_c a = y$ e $\log_c b = z$, obtemos:

$b = a^x$, $a = c^y$ e $b = c^z$. Então:

$b = a^x \Rightarrow c^z = (c^y)^x \Rightarrow z = xy \Rightarrow x = \frac{z}{y} \Rightarrow \boxed{\log_a b = \frac{\log_c b}{\log_c a}}$

Consequência: $\log_a b = \frac{\log_b b}{\log_b a} = \frac{1}{\log_b a} \Rightarrow \boxed{\log_a b = \frac{1}{\log_b a}}$

De acordo com as propriedades note que:

1) $\log_2(5 \cdot 7) = \log_2 5 + \log_2 7$; $\log_3 \frac{5}{7} = \log_3 5 - \log_3 7$, $\log_2 3^5 = 5\log_2 3$

2) $\log_{2^3} 6 = \frac{1}{3}[\log 6] = \frac{1}{3}[\log_2(2 \cdot 3)] = \frac{1}{3}[\log_2 2 + \log_2 3] = \frac{1}{3} + \frac{1}{3}\log_2 3$

3) $\log_3 5 = \frac{\log_2 5}{\log_2 3}$; $\log_3 5 = \frac{1}{\log_5 3}$

Logaritmos decimais e logaritmos neperianos

Quando o 10 for a base do logaritmo, costumamos omiti-la para simplificar as escritas, pois os valores de logaritmos na bse 10 eram dados em uma tábua de logaritmos e, por isto, mais usados.

Então escremos: $\log_{10}5 = \log 5$, $\log_{10}2 = \log 2$, etc.

Número de Euler: e = 2, 71828182845...

É um número irracional. O logaritmo com esta base costuma aparecer nos fenômenos da natureza. Costumamos escrever: $\log_e a = \ln a$.

Quando tivermos um número expresso por multiplicação e divisão de outros podemos aplicando as propriedades vistas transformá-lo em somas e diferenças de logaritmos que podem ser obtidos e, então, operações mais complexas podem ser transformadas em outras mais simples.

Exemplo 1: Desenvolver aplicando as propriedades, o logaritmo, nos casos:
(Supondo satisfeitas as condições de existência).

a) $\log_2(a^2b^3) = \log_2 a^2 + \log_2 b^3 = 2\log_2 a + 3\log_2 b$

b) $\log_2 \dfrac{4a^3b}{c^3} = \log_2(4a^3b) - \log_2 c^3 = \log_2 4 + \log_2 a^3 + \log_2 b - 3\log_2 c =$

$= 2 + 3\log_2 a + \log_2 b - 3\log_2 c$

c) $\log_{a^3} b^4 = \dfrac{4}{3}\log_a b$

d) $\log_{10} \dfrac{a^3\sqrt{b}}{\sqrt[4]{c^3}} = \log(a^3 b^{\frac{1}{2}}) - \log c^{\frac{3}{4}} = 3\log a + \dfrac{1}{2}\log b - \dfrac{3}{4}\log c$

Exemplo 2: Desenvolver na base **a**, $\log_{a^2b}(ac^3)$

$$\log_{a^2b}(ac^3) = \frac{\log_a(ac^3)}{\log_a(a^2b)} = \frac{\log_a a + \log_a c^3}{\log_a a^2 + \log_a b} = \frac{1 + 3\log_a c}{2 + \log_a b}$$

Resp: **295** a) – 3 b) – 4 c) $-\frac{1}{2}$ d) 5 e) 3 f) 4 **296** a) 25 b) 343 c) $\frac{1}{9}$ d) 3

297 a) 32 b) $\frac{1}{125}$ **298** a) $D = \{x \in \mathbb{R} \mid x > 4\}$ b) $D = \{x \in \mathbb{R} \mid x > -5\}$ c) $D = \{x \in \mathbb{R} \mid x < 3\}$

d) $D = \{x \in \mathbb{R} \mid x < -9\}$ e) $D = \{x \in \mathbb{R} \mid 5 < x < 6 \vee x > 6\}$ f) $D = \{x \in \mathbb{R} \mid -5 < x < -4 \vee x > -4\}$

g) $D = \{x \in \mathbb{R} \mid -5 < x < -4 \vee -4 < x < -2 \vee x > 2\}$

Exemplo 3: Sendo $x = \frac{100ab}{a^2 - b^2}$, determine log x

$\log x = \log \frac{100ab}{a^2 - b^2} = \log 100 + \log a + \log b - [\log(a^2 - b^2)] =$

$= 2 + \log a + \log b - [\log(a + b)(a - b)] = 2 + \log a + \log b - \log(a + b) - \log(a - b)$

Exemplo 4: Determinar a expressão x sabendo que

$\log x = 3 + 2 \log a + 3 \log b - 5 \log c - \log d$

$\log x = \log 300 + \log a^2 + \log b^3 - [\log c^5 + \log d] =$

$\log x = \log \frac{300a^2b^3}{c^5d} \Rightarrow \boxed{x = \frac{300a^2b^3}{c^5d}}$

Exemplo 5: Sendo $\log 2 = m$ e $\log 3 = n$, determinar

a) log 24 b) log 5 c) log 0,05 d) $\lg_4 15$

a) $\log 24 = \log(2^3 \cdot 3) = \log 2^3 + \log 3 = 3 \log 2 + \log 3 = \boxed{3m + n}$

b) $\log 5 = \log \frac{10}{2} = \log 10 - \log 2 = \boxed{1 - m}$

c) $\log 0{,}05 = \log \frac{5}{100} = \log \frac{1}{20} = \log 20^{-1} = -\log(2 \cdot 10) = -[\log 2 + \log 10] = \boxed{-m - 1}$

ou: $\log \frac{1}{20} = \log 1 - \log 20 = 0 - [\log 2 + \log 10] = \boxed{-m - 1}$

d) $\log_4 15 = \frac{\log 15}{\log 4} = \frac{\log \frac{30}{2}}{\log 2^2} = \frac{\log(3 \cdot 10) - \lg 2}{2 \log 2} = \frac{\log 3 + \log 10 - \log 2}{2m} = \boxed{\frac{n - m + 1}{2m}}$

299 Supondo satisfeitas as condições de existência, desenvolver o logaritmo dado, nos casos: (Dar a resposta com logaritmo na base **a**).

a) $\log_a(bc) =$

b) $\log_a \frac{b}{c} =$

c) $\log_a b^5 =$

c) $\log_{a^3} b =$

d) $\log_{a^2} b^3 =$

f) $\log_{a^3} b^{-2} =$

g) $\log_a(bcd) =$

h) $\log_a \frac{bc}{d} =$

300 Desenvolver aplicando as propriedades:

Obs: Neste e nos próximos exercícios supor que estão satisfeitas as condições de existência.

a) $\log_{a^{\frac{2}{3}}} b^{\frac{5}{4}} =$

b) $\log_2 (8a^2b^3)$

c) $\log_5 \dfrac{125a^2}{bc}$

d) $\log_e \dfrac{e^4 a^3}{\sqrt[3]{b^2}} =$

e) $\log \dfrac{\sqrt{2ab}}{c^2} =$

f) $\log \sqrt[4]{\dfrac{a^3}{b\sqrt{c}}} =$

g) $\log_{2^3} (4a^2b)^6 =$

h) $\log \dfrac{1000a^2}{a^2 - b^2} =$

i) $\log \sqrt[5]{\dfrac{a^3}{b\sqrt[4]{c}}} =$

301 Transformar em expressão equivalente mas com os logaritmos na base 10 (logaritmos decimais) a expressão dada, nos casos

a) $\log_{2a}(bc) =$

---

b) $\log_{bc}(1000a^2) =$

---

302 Se loga = m e logb = n, determinar:

a) $\log(a^2b^3) =$

---

b) $\log\dfrac{10a}{b} =$

---

c) $\log\dfrac{100a^2}{b^3} =$

---

d) $\log_a b^3 =$

---

e) $\log_b \dfrac{100a}{b^2} =$

---

f) $\log_{10a^2} \sqrt[3]{ab^2} =$

---

g) $\log_{\sqrt{b}} \dfrac{100}{a^2} =$

303 Se log 2 = a e log 3 = b, determinar.

a) $\log 32 =$

b) $\log 81 =$

c) $\log \sqrt[3]{2} =$

d) $\log_{100} 27 =$

e) $\log_{0,1} 15 =$

f) $\log 12 =$

g) $\log_{0,01} 18 =$

h) $\log_3 2 =$

i) $\log_2 3 =$

j) $\log_3 4 =$

k) $\log_9 2 =$

l) $\log_8 81 =$

m) $\log 45 =$

n) $\log_{15} 135 =$

Resp: **299** a) $\log_a b + \log_a c$ b) $\log_a b - \log_a c$ c) $5\log_a b$ d) $\frac{1}{3}\log_a b$ e) $\frac{3}{2}\log_a b$ f) $-\frac{2}{3}\log_a b$ g) $\log_a b + \log_a c + \log_a d$ h) $\log_a b + \log_a c - \log_a d$

300 a) $\frac{15}{8}\log_a b$ b) $3 + 2\log_2 a + 3\log_2 b$ c) $3 + 2\log_5 a - \log_5 b - \log_5 c$ d) $4 + 3\ell n\, a - \frac{2}{3}\ell n\, b$ e) $\frac{1}{2}\log 2 + \frac{1}{2}\log a + \frac{1}{2}\log b - 2\log c$ f) $\frac{3}{4}\log a - \frac{1}{4}\log b - \frac{1}{8}\log c$ g) $2[2 + 2\log_2 a + \log_2 b]$ h) $3 + 2\log a - \log(a+b) - \log(a-b)$ i) $\frac{3}{5}\log a - \frac{1}{5}\log b - \frac{1}{20}\log c$

304 Dado o desenvolvimento do log x, determinar a expressão x, nos casos:

a) $\log x = 2 \log a + 3 \log b$

b) $\log x = 3 \log a + \log b - \log c$

c) $\log_e x = 2 \log_e a - 3 \log_e b - \log_e c$

d) $\log_e x = \frac{1}{3} [\log_e a - 2 \log_e b]$

e) $\log x = \log(a + b) + \log(a - b) - 2 \log a - 3 \log b - \log 2$

f) $\log_2 x = \frac{1}{2} \log_2 a - \frac{1}{3} \log_2 b + 3 \log_2 c$

305 Simplificar (usar mudanças de bases)

a) $\log_a b \cdot \log_c a =$

b) $\log_a b \cdot \log_c a \cdot \log_d c =$

c) $\log_9 7 \cdot \log 27 =$

d) $\frac{1}{\log_2 10} =$

e) $2^{\frac{1}{\log_2}} =$

Equações logarítmicas

Equação logarítmica é a equação redutível, basicamente, a uma das seguintes formas

$$\boxed{\log_a f(x) = c} \quad \text{ou} \quad \boxed{\log_a f(x) = \log_a g(x)}$$

No primeiro caso, aplicando a definição de logaritmo, obtemos:

$\boxed{\log_a f(x) = c \quad \Rightarrow \quad f(x) = a^c}$ Determinamos os valores de **x** que satisfazem $f(x) = a^c$, e tomamos como solução apenas os valores que satisfazem a condição de existência. Neste caso os valores que tornam $f(x) > 0$.

No segundo caso temos:

$\log_a f(x) = \log_a g(x) = c \Rightarrow f(x) = a^c$, $g(x) = a^c \Rightarrow f(x) = g(x)$.

Da mesma forma, determinamos os valores de **x** que satisfazem $f(x) = g(x)$ e tomamos para solução apenas os valores que satisfazem a condição de existência. Neste caso os valores que tornam $f(x) > 0$ e $g(x) > 0$.

Exemplo 1: Resolver as seguintes equações

a) $\log_3(2x - 1) = 2$

$2x - 1 = 3^2$

$2x = 10$

$x = 5 \Rightarrow 2x - 1 > 0$

$\boxed{S = \{5\}}$

b) $\log_5(x^2 - 19) = 3$

$x^2 - 19 = 5^3 = 125$

$x^2 = 144$

$x = \pm 12$

$\boxed{S = \{\pm 12\}}$

c) $\log(x^2 - x - 2) = 1$

$x^2 - x - 2 = 10^1$

$x^2 - x - 12 = 0$

$(x - 4)(x + 3) = 0$

$x = 4$ ou $x = -3$ $\boxed{S = \{-3, 4\}}$

d) $\log_2(3x - 10) = \log_2(x + 4)$

$3x - 10 = x + 4 \Rightarrow 2x = 14 \Rightarrow$

$\boxed{x = 7}$

$x = 7 \Rightarrow 3x - 10 = x + 4 > 0 \Rightarrow$

$\boxed{S = \{7\}}$

e) $\log(4x - 6) = \log(x - 21)$

$4x - 6 = x - 21 \Rightarrow 3x = -15$

$\boxed{x = -5}$

$x = -5 \Rightarrow 4x - 6 < 0 \Rightarrow$ $\boxed{S = \varnothing}$

Resp: **301** a) $\frac{\log b + \log c}{\log 2 + \log a}$ b) $\frac{3 + 2\log a}{\log b + \log c}$ f) $\frac{m + 2n}{6m + 3}$ g) $\frac{4m + 4}{n}$

302 a) $2m + 3n$ b) $1 + m - n$ c) $2 + 2m - 3n$ d) $\frac{3n}{m}$ e) $\frac{m + 2}{n} - 2$

303 a) $5a$ b) $4b$ c) $\frac{a}{3}$ d) $\frac{3b}{2}$ e) $a - b - 1$ f) $2a + b$ g) $\frac{a}{2} + b$ h) $\frac{a}{b}$ i) $\frac{m}{n}$ j) $\frac{2a}{b}$ k) $\frac{a}{2b}$ l) $\frac{4b}{3a}$ m) $2b - a + 1$ n) $\frac{3b - a + 1}{b - a + 1}$

Exemplo 2: Resolver as equações

a) $\log_3(\log_2 (5x - 2)) = 1$

$\log_2 (5x - 2) = 31$

$5x - 2 = 2^3 \Rightarrow 5x = 10 \Rightarrow \boxed{x = 2}$

Como x = 2 satisfaz as condições

de existência, obtemos $\boxed{S = \{2\}}$

b) $\log_e(x^2 - x - 15) = \log_e(2x - 5)$

$x^2 - x - 15 = 2x - 4 \Rightarrow$

$x^2 - 3x - 10 = 0 \Rightarrow$

$(x - 5)(x + 2) = 0 \Rightarrow x = 5$ ou $x = -2$

x = 5 satisfaz as condições da definição

$x = -2 \Rightarrow 2x - 5 < 0$ (não convém)

$\boxed{S = \{5\}}$

Exemplo 3: Resolver a equação $2(\log_2 x)2 - 3 \log_2 x - 2 = 0$

Neste caso é conveniente usar uma incógnita auxiliar.

$\log_2 x = y \Rightarrow 2y^2 - 3y - 2 = 0 \Rightarrow \Delta = 9 + 16 = 25 \Rightarrow$

$y = \frac{3 \pm 5}{4} \Rightarrow y = 2 \quad \text{ou} \quad y = -\frac{1}{2} \Rightarrow$

$y = 2 \Rightarrow \log_2 x = 2 \Rightarrow x = 2^2 \Rightarrow x = 4$

$y = -\frac{1}{2} \Rightarrow \log_2 x = -\frac{1}{2} \Rightarrow x = 2^{-\frac{1}{2}} \Rightarrow x = \frac{1}{2^{\frac{1}{2}}} \Rightarrow x = \frac{1}{\sqrt{2}} \Rightarrow x = \frac{\sqrt{2}}{2}$

Como ambos satisfazem a condição de existência, obtemos: $S = \left\{4, \frac{\sqrt{2}}{2}\right\}$

Exemplo 4: Resolver a equação $\log x + 3\ (2x^2 + 2x - 13) = 2$

Vamos resolver e depois verificar se os valores obtidos satisfazem a condição de existência.

$\log_a b = c \Rightarrow a^c = b \Rightarrow 2x^2 + 2x - 13 = (x + 3)^2 \Rightarrow$

$2x^2 + 2x - 13 = x^2 + 6x + 9 \Rightarrow x^2 - 4x - 21 = 0 \Rightarrow$

$(x - 7)(x + 3) = 0 \Rightarrow \boxed{x = 7}$ ou $\boxed{x = -3}$

x = 7 satisfaz a condição de existência

$x = -3 \Rightarrow x + 3 = -3 + 3 = 0 \Rightarrow$ base = 0 (x = – 3 não convêm)

$\boxed{S = \{7\}}$

Exemplo 5: Resolver a equação $\log(2x - 1) + \log(x + 4) = \log(x^2 + 12x + 2)$.

Neste caso vamos aplicar a propriedade $\log_a b + \log_a c = \log_a(bc)$, para cairmos em um caso anterior, não esquecendo ao achar os valores de x, verificar se eles satisfazem a condição de existência.

$\log(2x - 1) + \log(x + 4) = \log(x^2 + 12x + 2) \Rightarrow \log(2x - 1)(x + 4) = \log(x^2 + 12x + 2)$

$\Rightarrow (2x - 1)(x + 4) = x^2 + 12x + 2 \Rightarrow 2x^2 + 7x - 4 = x^2 + 12x + 2 \Rightarrow$

$\Rightarrow x^2 - 5x - 6 = 0 \Rightarrow (x - 6)(x + 1) = 0 \Rightarrow x = 6$ ou $x = -1$

$x = 6$ satisfaz as condições de existência

$x = -1$ não satisfaz. Então: $S = \{6\}$

Exemplo 6: Resolver o sistema $\begin{cases} 3x - 5y = 5 \\ \log_2(2x - 4) - \log_2(y + 3) = 1 \end{cases}$

Vamos aplicar a propriedade $\log_a b - \log_a c = \log \frac{b}{c}$, usar a definição de logaritmo e verificar a condição de existência.

$\log_2(2x - 4) - \log_2(y + 3) = 1 \Rightarrow \log_2 \frac{2x - 4}{y + 3} = 1 \Rightarrow \frac{2x - 4}{y + 3} = 2 \Rightarrow$

$2y + 6 = 2x - 4 \Rightarrow 2y = 2x - 10 \Rightarrow \boxed{y = x - 5}$. Substituindo na outra

equação obtemos: $3x - 5(x - 5) = 5 \Rightarrow -2x = -20 \Rightarrow \boxed{x = 10} \Rightarrow \boxed{y = 5}$

Como estes valores satisfazem a condição de existência, obtemos: $S = \{(10,5)\}$

306 Resolver as seguintes equações logarítmicas:

a) $\log(2x^2 - 49) = 0$

b) $\log_5(35 - 6x) = 1$

c) $\log_5(3x - 10) = 3$

Resp:

304 a) a^2b^3 b) $\frac{a^3b}{c}$ c) $\frac{a^2}{b^3c}$ d) $\sqrt[3]{\frac{a}{b^2}}$ e) $\frac{a^2 - b^2}{2a^2b^3}$ f) $\frac{c^3\sqrt{a}}{\sqrt[3]{b}}$

305 a) $\log_c b$ b) $\log_d b$ c) $\frac{3}{2}\log 7$ d) $\log 2$ e) 10

307 Resolver as seguintes equações logaritmos:

a) $\log_3(3x - 5) = \log_3(x - 7)$

b) $\log_5(5x - 7) = \log_5(2x + 8)$

c) $\log(2x^2 - 3x - 14) = \log(x^2 + 2x)$

d) $\log(3x^2 + 1) = \log(4x - x^2)$

e) $\log_3\log_2(5x - 18) = 0$

f) $\log_2\log_3(2x + 21) = 1$

g) $\log(4x^2 - 4x + 9) = \log(x^2 + 8)$

h) $\log(x^2 - x - 13) = \log(2x + 5)$

308 Resolver as equações:

a) $2\,(\log_3 x)^2 - 5\log_2 x + 2 = 0$

---

b) $3\log_5^2 x = 4\log_5 x - 4 = 0$

---

c) $\dfrac{\log_3 x + 2}{\log_3 x - 1} - \dfrac{3 - \log_3 x}{\log_3 x + 1} = \dfrac{\log_3^2 x + \log_3 x + 8}{\log_3^2 x - 1}$

Resp: **306** a) $\{\pm 5\}$ b) $\{5\}$ c) $\{45\}$

309 Resolver as seguintes equações logarítmicas:

a) $\dfrac{\log_2 x}{2\log_2 x - 1} + \dfrac{3\log_2 x - 2}{\log_2 x + 1} = 2$

---

b) $\dfrac{\log x + 1}{\log x - 1} + \dfrac{\log x - 1}{2\log x + 1} = \dfrac{16}{5}$

---

c) $\dfrac{\log_5 x + 1}{\log_5 x - 1} - \dfrac{\log_5 x - 1}{\log_5 x + 1} = \dfrac{(\log_5 x)^2}{(\log_5 x)^2 - 1}$

310 Resolver as seguintes equações:

a) $\log_{2x-3}(5x^2 - 14x + 1) = 2$

b) $\log_{x-2}(2x^2 - 6x + 1) = 2$

c) $\log_{x+4}(3x^2 - x - 1) = \log_{x+4}(x^2 - 2x + 4)$

d) $\log_{x+3}(5x^2 - 5x + 2) - \log_{x+3}(3x^2 - 6x - 3) = 0$

Resp: **307** a) $S = \varnothing$ b) $\{5\}$ c) $\{7\}$ d) $\left\{\frac{1}{2}\right\}$ e) $\{4\}$ f) $\{-6\}$ g) $\left\{\frac{1}{3}, 1\right\}$ h) $\{6\}$

308 a) $S = \{\sqrt{3}, 9\}$ b) $S = \left\{\sqrt[3]{25}, \frac{1}{25}\right\}$ c) $S = \{27\}$

311 Resolver as seguintes equações logarítmicas:

a) $\log(x + 3) + \log(x - 3) = \log(8x)$

---

b) $\log(x + 23) - \log(x - 1) = \log(2x + 1)$

---

c) $\log_5(2x + 20) + \log_5(x - 2) - \log_5(x - 4) = \log_5(10x + 4)$

---

d) $2 \log(3x + 1) - \log(x + 3) = \log(5x + 7)$

312 Sabemos que $\log_a = \frac{\log_c b}{\log_c a}$. Então, $\log_a b = \frac{\log_b b}{\log_b a} = \frac{1}{\log_b a}$

Isto é: $\log_a b = \frac{1}{\log_b a}$. De acordo com esta propriedade, resolver:

a) $\log_3 x + \log_x 3 = \frac{5}{2}$

b) $\log_2 x + 2 \log_x 2 = \frac{11}{3}$

c) $2 \log_x 5 + \log_5 x = 3$

d) $\log x^2 - 2 \log_x 100 = \log x + \frac{7}{3}$

Resp: **309** a) $S = \{4, 64\}$ b) $S = \left\{10^{-\frac{13}{17}}, 100\right\}$ c) $S = \{1, 625\}$ **310** a) $S = \{4\}$ b) $S = \varnothing$ c) $S = \left\{\frac{5}{2}\right\}$ d) $S = \left\{\frac{1}{2}, 5\right\}$

313 Resolver as seguintes equações:

a) $4\log_7 x^2 - 2\log_7 \sqrt[3]{x} - \log_7 \frac{1}{x} = \frac{25}{6}$

---

b) $\log_{\sqrt{3}} x + \log_{\sqrt[3]{3}} x + \log_{\frac{1}{3}} x = 16$

---

c) $\log^2_{\sqrt[3]{3}} x + \log_3 x^3 + \log_{\frac{1}{3}} x = 1$

---

d) $\log_2^2 x + \log_{2x} \frac{2}{x} = 1$

314 Resolver os seguintes sistemas:

a) $\begin{cases} x + 2y = 19 \\ \log_3 (4x - 1) - \log_3 (y - 3) = 2 \end{cases}$

---

b) $\begin{cases} 2x + y = 16 \\ \log_2 x + \log_2 y = 5 \end{cases}$

---

c) $\begin{cases} x + y = 8 \\ \log x + \log y = \log 15 \end{cases}$

Resp: **311** a) $S = \{9\}$ b) $S = \{4\}$ c) $S = \{6\}$ d) $S = \{5\}$

312 a) $S = \{\sqrt{3}, 9\}$ b) $S = \{\sqrt[3]{4}, 8\}$ c) $S = \{5, 25\}$ d) $S = \left\{\sqrt[3]{\dfrac{100}{10}}, 1000\right\}$

315 Resolver os seguintes sistemas:

a) $\begin{cases} \log x + \log y = \log 2 \\ x^2 + y^2 = 5 \end{cases}$

---

b) $\begin{cases} 3^x \cdot 2^y = 576 \\ \log_{\sqrt{2}}(y - x) = 4 \end{cases}$

---

c) $\begin{cases} \log_y x - \log_x y = \dfrac{8}{3} \\ xy = 16 \end{cases}$

316 Resolver as seguintes equações exponenciais:

a) $2^x = 3$

b) $10^x = 21$

c) $e^x = 6$

d) $2^{x-1} = 5$

e) Dar resposta com log na base 10.

$3^{5x-1} = 2^{3-x}$

f) Dar resposta com log na base 5.

$5^{3x-2} = 3^{2-x}$

g) Dar resposta com log na base 2.

$$\sqrt{\frac{3}{2}\left(\frac{3}{2}\right)^{x-1}} = \frac{\sqrt[4]{2^{3x-4}}}{\sqrt{2}}$$

Resp: **313** a) $S = \{\sqrt{7}\}$ b) $S = \{81\}$ c) $S = \left\{\sqrt[3]{3}, \frac{1}{3}\right\}$ d) $S = \left\{\frac{1}{4}, 1, 2\right\}$

314 a) $S = \{(7, 6)\}$ b) $S = \{(4, 8)\}$ c) $S = \{(3, 5), (5, 3)\}$

317 Resolver as seguintes equações exponenciais:

a) $2^{x-1} - 3 \cdot 2^{x} + 5 \cdot 2^{x-1} = 27$

b) $83 \cdot 3^{2x-1} - 5 \cdot 3^{2x} - 7 \cdot 3^{2x+1} = 40$

c) $4^{x} - 11 \cdot 2^{x} + 24 = 0$

d) $25^{x+\frac{1}{2}} - 11 \cdot 5^{x} + 2 = 0$

e) $2^{2x+1} - 13 \cdot 6^{x} + 5 \cdot 3^{2x+1} = 0$

Exercícios de Fixação

318 Usando a definição de logaritmo para recair numa equação exponencial, calcule o valor dos seguintes logaritmos:

a) $\log_{\frac{1}{125}} 25$ b) $\log_{\sqrt{2}} 0,125$ c) $\log_{\sqrt{27}} \sqrt[3]{9}$ d) $\log_{0,25} 0,0625$

e) $\log_{0,0625} \frac{1}{1024}$ f) $\log_5 (\log_3 243)$

g) $\log_{\frac{1}{16}} 0,25 - 2\log_{\sqrt[3]{4}} 2\sqrt{2} + 3\log_{\sqrt[3]{3}} \left(\frac{3^{-4}}{\sqrt[3]{9}}\right)$

h) $\log_{0,001} \sqrt[5]{0,01} - \log_2 \left(\log_{\frac{1}{5}} 25^{-2}\right) - \log_{\frac{4}{5}} (\log_{16} 32)$

319 Utilizando a definição de logaritmo e observando as condições de existência, determine, em cada caso, o valor de x:

a) $\log_{\frac{1}{16}} \sqrt[4]{8} = x$ b) $\log_{0,0625} 2 = x$ c) $\log_x 3 = 0,25$

d) $\log_{\frac{1}{2}} x = -\frac{1}{3}$ e) $\log_x 25 = 2$ f) $\log_{(-x)} 16 = 4$

g) $\log_x (2 - x) = 2$ h) $\log_{(3-x)} (x^2 - x - 5) = 0$

320 Supondo satisfeitas as condições de existência e usando as propriedades operatórias, desenvolver os seguintes logaritmos (dar as respostas na base 10):

a) $\log(a\,b\,c)$ b) $\log\left(\frac{a}{b}\right)$ c) $\log a^4$

d) $\log_{10^2} a$ e) $\log(a^2 b^3)$ f) $\log\left(\frac{a}{bc}\right)$

g) $\log\left(\frac{abc}{xyz}\right)$ h) $\log_{1000} a^3$ i) $\log\sqrt{a}$

j) $\log_{100} \sqrt[3]{a^2}$ k) $\log(a + b)$ l) $\log(x - y)$

321 Dar desenvolvimento dos seguintes logaritmos (respostas na base):

Observação: daqui por diante, quando não se disser nada em contrário, supor satisfeitas todas as condições de existência dos logaritmos.

a) $\log(a\,b^3\,c^2)$ b) $\log\left(\frac{a^2 b^3 c}{mn^2 p}\right)$ c) $\log_{1000} a$ d) $\log \sqrt[n]{a^m}$

e) $\log_{100} \sqrt[3]{a}$ f) $\log\left(\frac{\sqrt[4]{a}}{b}\right)$ g) $\log_{0,01}\left(\frac{1}{a^2}\right)$ h) $\log_{10^n} a^n$

i) $\log \sqrt[3]{\frac{a}{\sqrt{bc^3}}}$ j) $\log\left(\frac{a+b}{a-b}\right)$ k) $\log(x^2 - y^2)$ l) $\log(x^2 - x - 42)$

Resp: **315** a) {(1, 2), (2, 1)} b) {(2, 6)} c) $\left\{\left(\frac{1}{4}, 64\right), (8, 2)\right\}$ **316** a) $\log_2 3$ b) log21 c) $\ell n\, 6$ d) $1 + \log_2 5$

e) $\frac{3\log_2 + \log 3}{5\log 3 - \log 2}$ f) $\frac{2\log_5 3 + 2}{\log_5 3 + 3}$ g) $\frac{2\log_2 3 - 8}{4\log_2 3 - 7}$

322 Determinar, em cada caso, a expressão x cujo desenvolvimento logarítmico é dado:

a) $\log x = \log b - \log a - \log c$

b) $\log_3 x = 2\log_3 a + \frac{1}{2}\log_3 b - 3\log_3 c$

c) $\log_2 x = \log_2 a + 2\log_4 b - 3\log_{16} c$

d) $\log_3 x = \frac{1}{2}\log_3 a + \log_9 b - \log_{27} c$

e) $\log_4 x = 5(\log_4 a - \log_4 b - \log_4 c)$

f) $\log x = 2\log a + 3\log b - \frac{1}{2}\log c - 4\log m - \log n$

g) $\log x = \frac{1}{2}(\log a - \log b - 3)$

h) $\log_2 x = \log_2(a+b) + \log_2(a-b) - 4\log_4 a - 6\log_8 b$

i) $\log x = \frac{1}{3}[\log(b+c) + \log(b-c) - 2\log b + 1]$

323 Sabendo que $\log 2 = a$, $\log 3 = b$ e $\log 7 = c$, determine os valores dos logaritmos seguintes em função de a, b e c:

a) $\log 9$ b) $\log 6$ c) $\log_{1000} 3$ d) $\log_{0,01} 18$ e) $\log\left(\frac{10}{2}\right)$

f) $\log\left(\frac{100}{4}\right)$ g) $\log_3 2$ h) $\ln 16$ i) $\log 5$ j) $\log 25$

k) $\log_{25} 27$ l) $\ln 84$ m) $\log_{100} 63$ n) $\log_{0,1}\left(\frac{7}{6}\right)$ o) $\log_6 0{,}125$

p) $\log_{0,0625} 5$ q) $\log_{0,001} 0{,}0625$ r) $\log_{42} 15$ s) $\log_{25} 50$

324 Resolver as seguintes equações logarítmicas:

a) $\log_4 x = \log_4 3$ b) $\log_3 x = -2$ c) $\log x^2 = \log 64$

d) $\log_3 x^2 = 4$ e) $2 \cdot \log x = \log 49$ f) $2\log_5 x^2 = \log_5 16$

325 Resolver as equações:

a) $\log_{21}(x+2) + \log_{21}(x+6) = 1$

b) $\log_2(x-2) - \log_2(2x-7) = 1 - \log_2(x-3)$

c) $\log x^2 + \log x = 1$

326 Resolver as equações:

a) $\log_{x-4}(3x-6) = 1$ b) $\log_2(\log_x 16)\ 3$ c) $\log_2\log_3\log_5(x-1) = 0$

327 Resolver as equações:

a) $\log_2 x = \log_4(7x-10)$

b) $\log_2(2-x) - \log_4(17-x) = 1$

c) $\log_2 x = \log_{\sqrt{x}} x^2 + \log_x 2$

d) $\log_{10}\sqrt{x} + \log_{100} x = 2$

328 Resolver as equações:

a) $(\log x)^2 = 9$ b) $(\log_7 x)^2 - \log_7 x = 2$ c) $\log_5(6-2x) \cdot \log_{10}(2x+3) = 0$

329 Resolver as equações:

a) $\log_x 2 \cdot \log_{2x} 2 = \log_{16x} 2$

b) $\log_7 x - 20\log_x 7 + 1 = 0$

c) $\log_a \log_{a^2} x = \log_{a^2}(\log_a x)$ onde $a \in \mathbb{R}_+^* \mid a \neq 1$

330 Resolver as equações:

a) $5^x = 3$ b) $2^x = 0{,}125$ c) $4^x - 7.2^x + 12 = 0$

d) $3^{2x+1} - 14 \cdot 3^x - 5 = 0$ e) $4^x - 6^x = 2 \cdot 9^x$

331 Resolver as equações:

a) $\log(5 - 2^{x+1}) - \log(6 + 4^{x+2}) + \log 70 = 0$ b) $27x^{\log_3 x} = x^4$ c) $x^{\log_5 x} = (625x)^2$

332 Determinar os logaritmos, aplicando a definição:

a) $\log_{16} 8$ b) $\log_{27} 81$ c) $\log_{125} 3125$

d) $\log_{243} \frac{1}{27}$ e) $\log_{49} \frac{1}{343}$ f) $\log_{1000} 0{,}001$

g) $\log_{\sqrt[3]{4}} 2\sqrt{2}$ h) $\log_{81} 9\sqrt[3]{9}$ i) $\log_{\frac{1}{625}} 5\sqrt[3]{25}$

333 Calcule x nos casos:

a) $\log_{125} 25 = x$ b) $\log_x 8 = 3$ c) $\log_x 25 = 2$

d) $\log_2 x = 5$ e) $\log_7 (x - 1) = -1$ f) $\log_{x-1} 4 = 2$

g) $\log_{x^2} 16 = 2$ h) $\log_{x^3} 64 = 2$ i) $\log_{\sqrt{x}} 4 = 4$

334 Determinar

a) $3^{\log_3 5}$ b) $5^{2\log_5 3}$ c) $7^{\frac{1}{2}\log_7 4}$

d) $2^{2+\log_2 3}$ e) $2^{\log_4 25}$ f) $4^{2-\log_4 8}$

g) $25^{2\log_5 3}$ h) $9^{2+\log_3 5}$ i) $\sqrt{3}^{1-\log_3 6}$

335 Desenvolver os seguintes logaritmos. (Dar a resposta na base 10).

a) $\log 2abc$ b) $\log a^3b^5c$ c) $\log \frac{3ab}{5c}$ d) $\log \frac{3}{2a^2b^3}$

e) $\log \frac{100\sqrt[3]{a}}{b^3c}$ f) $\log \sqrt[5]{\frac{2a^3}{100b^2}}$ g) $\log \frac{(a+b)^3(a^2-b^2)}{\sqrt[3]{a^2b}}$

336 Determinar a expressão x nos casos:

a) $\log x = \log a + \log b - \log c - \log d$ b) $\log x = 2\log a - 3\log b - 2\log c$

c) $\log x = \frac{1}{2}\log a - 2\log b - \frac{1}{5}\log c$ d) $\log x = \frac{1}{7}\left[2\log(a+b) - 3\log(a-b) - \frac{1}{2}\log c^3\right]$

337 Resolver as equações:

a) $\log_2(x + 3) + \log_2(x - 1) = 5$ b) $\log(x - 1)^3 - \log(x - 3)^3 = \log 8$

c) $\log(7x - 9)^2 + \log(3x - 4)^2 = 2$ d) $\log(x - 3) + \log(x - 2) = 1 - \log 5$

e) $\log^2 x + \log x^2 = \log^2 2 - 1$ f) $\log(3x^2 + 28) - \log(3x - 2) = 1$

g) $1 + \log(x + 1) - \log(x^3 + 7x + 8) = 0$ h) $\log(x^2 + 1) - \log(x - 2) = 1$

338 Resolver as equações:

a) $\log_2 x + \log_8 x = 8$ b) $2\log_x 25 - 3\log_{25} x = 1$

c) $\log_3 x + \log_{\sqrt{3}} x + \log_{\frac{1}{3}} x = 6$ d) $\log_{x^2} 16 + \log_{2x} 64 = 3$

339 Resolver os seguintes sistemas:

a) $\begin{cases} \log(x^2 + y^2) - 1 = \log 13 \\ \log(x+y) - \log(x-y) = 3\log 2 \end{cases}$ b) $\begin{cases} 5(\log_y x + \log_x y) = 26 \\ xy = 64 \end{cases}$ c) $\begin{cases} 2^x \cdot 4^y = 32 \\ \log(x-y)^2 = 2\log 2 \end{cases}$

Resp: **317** a) $\{1 + 2\log_3 2\}$ b) $\left\{\frac{1}{2}(1 + 3\log_3 2)\right\}$ c) $\{3; \log_2 3\}$ d) $\{-1; \log_5 2)\}$ e) $\left\{-1, \frac{\log 5}{\log 2 - \log 3}\right\}$ **318** a) $\frac{-2}{3}$ b) -6
c) $\frac{4}{9}$ d) 2 e) $\frac{5}{2}$ f) 1 g) $\frac{-40}{3}$ h) $\frac{-13}{15}$ **319** a) $x = -\frac{3}{16}$ b) $x = -\frac{1}{4}$ c) $x = 81$ d) $x = \sqrt[3]{2}$
e) $x = 5$ f) $x = -2$ g) $\nexists$ x que satisfaça h) $x = -2$ **320** a) loga + logb + logc b) loga – logb
c) 4 loga d) $\frac{1}{2}\log a$ e) 2 loga + 3 logb f) loga – logb – logc g) loga + logb + logc – logx – logy – logz h) loga
i) $\frac{1}{2}\log a$ j) $\frac{1}{3}\log a$ k) Não há propriedade que permita desenvolver logaritmo das somas ou subtrações
l) não há propriedade **321** a) loga + 3 logb + 2 logc b) 2 loga + 3 logb + logc – logm – 2 logn – logp
c) $\frac{1}{3}\log a = \frac{\log a}{3}$ d) $\frac{m}{n}\log a$ e) $\frac{\log a}{6}$ f) $\frac{1}{4}\log a - \log b$ g) loga h) loga i) $\frac{\log a}{3} - \frac{\log b}{6} - \frac{\log c}{2}$
j) log(a + b) – log(a – b) k) log(x + y) + log(x – y) l) log(x + 6) + log(x – 7)

322 a) $x = \frac{b}{ac}$ b) $x = \frac{a^2 \cdot \sqrt{b}}{c^3}$ c) $x = \frac{a \cdot b}{\sqrt[4]{c^3}}$ d) $x = \frac{\sqrt{ab}}{\sqrt[3]{c}}$ e) $x = \left(\frac{a}{bc}\right)^5$ f) $x = \frac{a^2b^3}{m^4n\sqrt{c}}$
g) $x = \sqrt{\frac{a}{1000b}}$ h) $x = \frac{a^2 - b^2}{a^2b^2}$ i) $x = \sqrt[3]{\frac{10(b^2 - c^2)}{b^2}}$ **323** a) 26 b) 2b c) $\frac{b}{3}$ d) $-b - \frac{a}{2}$ e) $1 - a$
f) $2 - 2a$ g) $\frac{a}{b}$ h) $\frac{4a}{\log e}$ i) $1 - a$ j) $2 - 2a$ k) $\frac{3b}{2 - 2a}$ l) $\frac{2a + b + c}{\log e}$ m) $b + \frac{c}{2}$
n) $a + b - c$ o) $\frac{-3a}{a + b}$ p) $\frac{a - 1}{4a}$ q) $\frac{4a}{3}$ r) $\frac{1 + b - a}{a + b + c}$ s) $\frac{2 - a}{2 - 2a}$ **324** a) V = {3} b) $V = \left\{\frac{1}{9}\right\}$
c) V = {± 8} d) V = {± 9} e) V = {7} f) V = {± 2} **325** a) V = {1} b) V = {4., 5} c) $V = \{\sqrt[3]{10}\}$

326 a) $V = \varnothing$ b) $V = \{\sqrt{2}\}$ c) V = {126} **327** a) V = {2, 5} b) V = {– 8} c) $V = 2^{2+\sqrt{5}}, 2^{2-\sqrt{5}}$ d) V = {100}

328 a) $V = \left\{1000, \frac{1}{1000}\right\}$ b) $V = \left\{\frac{1}{7}, 49\right\}$ c) $V = \left\{-1, \frac{5}{2}\right\}$ **329** a) $V = \left\{\frac{1}{4}, 4\right\}$ b) $V = \left\{\frac{1}{49}, 7\right\}$ c) $V = \{a^4\}$

330 a) $V = \{\log_5 3\}$ b) V = {– 3} c) $V = \{2, \log_2 3\}$ d) $V = \{\log_3 5\}$ e) $V = \left\{\frac{\log 2}{\log 2 - \log 3}\right\}$

331 a) V= {1} b) V = {3, 27} c) $V = \left\{625, \frac{1}{25}\right\}$ **332** a) $\frac{3}{4}$ b) $\frac{4}{3}$ c) $\frac{5}{3}$ d) $-\frac{3}{5}$ e) $-\frac{3}{2}$ f) – 1
g) $\frac{9}{4}$ h) $\frac{2}{3}$ i) $-\frac{5}{12}$ **333** a) $\frac{2}{3}$ b) 2 c) – 5 ou 5 d) 25 e) $\frac{8}{7}$ f) 3 g) – 2 ou 2 h) 2 i) 2

334 a) 5 b) 9 c) 2 d) 12 e) 5 f) 2 g) 81 h) 2025 i) $\frac{\sqrt{2}}{2}$

335 a) log2 + loga+ logb + logc b) 3 loga + 5 logb + logc c) log3 + loga + logb – log5 – logc
d) log3 – log2 – 2 loga – 3 logb e) $2 + \frac{1}{3}\log a - 3\log b - \log c$ f) $\frac{1}{5}\log 2 + \frac{3}{5}\log a - \frac{2}{5} - \frac{2}{5}\log b$
g) $4\log(a + b) + \log(a - b) - \frac{2}{3}\log a - \frac{1}{3}\log b$ **336** a) $x = \frac{ab}{cd}$ b) $x = \frac{a^2}{b^3c^2}$ c) $x = \frac{\sqrt{a}}{b^2\sqrt[5]{c}}$ d) $x = \sqrt[14]{\frac{(a + b)^4}{(a - b)^6c^3}}$

337 a) {5} b) {5} c) $\left\{\frac{13}{21}, 2\right\}$ d) {4} e) $\left\{\frac{1}{20}, \frac{1}{5}\right\}$ f) {2, 8} g) {2} h) {3, 7}

338 a) {64} b) $\left\{\frac{1}{25}, \sqrt[3]{625}\right\}$ c) {27} d) $\left\{\frac{\sqrt[3]{4}}{2}\right\}$ **339** a) {(9, 7)} b) {(2, 32), (32, 2)} c) $\left\{\left(\frac{1}{3}, \frac{7}{3}\right), (3, 1)\right\}$

VIII PROBLEMAS

Além do puro interesse matemático da teoria das funções exponenciais e logarítmicas, o estudo de muitos fenômenos naturais acabam sendo solucionados por modelagens expressas por estas funções.

Estas funções são usadas na física, química, biologia, geografia, música, economia, etc. Vejamos alguns exemplos.

Exemplo 1: No estudo de uma população de bactérias, verificou-se que o número N de bactérias, t horas após o início do estudo, é dado por $N(t) = 100 \cdot 5^{2t-1}$. Determinar

a) O número de bactérias no instante inicial (t = 0)

b) t no instante em que ter-se-á 12500 bactérias.

Resolução: a) $t = 0 \Rightarrow N(0) = 100 \cdot 5^{2 \cdot 0 - 1} \Rightarrow N(0) = 100 \cdot 5^{0-1} \Rightarrow$

$$N(0) = 100 \cdot \frac{1}{5} \Rightarrow \boxed{N(0) = 20}$$

b) $N(t) = 12500 = 100 \cdot 5^{2t-1} \Rightarrow 5^{2t-1} = 125 \Rightarrow$

$$5^{2t-1} = 5^3 \Rightarrow 2t - 1 = 3 \Rightarrow \boxed{t = 2}$$

Resposta: a) 20 bactérias b) 2 horas

Exemplo 2: Um número de bactérias, submetido a determinados produtos, tem o seu número N em função do número t de horas dado pela função $N(t) = n \cdot 2^{-0,05t}$. Em quantas horas o número estará reduzido à metade do que havia no início?

Resolução: 1) Para t = 0 temos:

$$N(0) = n \cdot 2^{-0,05 \cdot 0} \Rightarrow N(0) = n \cdot 2^0 \Rightarrow N(0) = n$$

2) Reduzindo à metade, resultará em $\frac{n}{2}$

$$N(t) = n \cdot 2^{-0,05t} \Rightarrow \frac{n}{2} = n \cdot 2^{-0,05t} \Rightarrow$$

$$2^{-0,05t} = \frac{1}{2} \Rightarrow 2^{-0,05t} = 2^{-1} \Rightarrow -0,05t = -1 \Rightarrow$$

$$0,05t = 1 \Rightarrow t = \frac{1}{0,05} = \frac{100}{5} = 20$$

Resposta: 20 horas

Exemplo 3: A concentração de um medicamento no sangue de um paciente em função do tempo x em horas é dada pela função $f(x) = 400 - a\log_3(nx + 1)$. Determinar **a** e **n** sabendo que $f(x) = 200$ e $f(8) = 0$.

Resolução: $\begin{cases} f(8) = 0 \\ f(2) = 200 \end{cases} \Rightarrow \begin{cases} 0 = 400 - a\log_3(n \cdot 8 + 1) \\ 200 = 400 - a\log_3(n \cdot 2 + 1) \end{cases} \Rightarrow$

$$\left.\begin{cases} a\log_3(8n + 1) = 400 \\ a\log_3(2n + 1) = 200 \end{cases}\right) \div \Rightarrow \frac{\log_3(8n + 1)}{\log_3(2n + 1)} = 2 \Rightarrow$$

$\log_3(8n + 1) = 2\log_3(2n + 1) \Rightarrow 8n + 1 = (2n + 1)^2 \Rightarrow 8n + 1 = 4n^2 + 4n + 1 \Rightarrow$

$4n^2 - 4n = 0 \Rightarrow n^2 - n = 0 \Rightarrow n(n - 1) = 0 \Rightarrow n = 0$ ou $n = 1$

Verifique que $n = 0$ não convém. Então $\boxed{n = 1} \Rightarrow a\log_3(2 \cdot 1 + 1) = 200 \Rightarrow$

$a \cdot \log_3 3 = 200 \Rightarrow \boxed{a = 200} \Rightarrow \boxed{f(x) = 400 - 200\log_3(1x + 1)}$

Resposta: a = 200 e n= 1

Exemplo 4: (UNIFESP-2012) Pesquisa feita por biólogos de uma reserva florestal mostrou que a população de uma certa espécie de animal está diminuindo a cada ano. A partir do ano em que se iniciou a pesquisa, o número de exemplares desses animais é dado aproximadamente pela função $f(t) = 750 \,.\, 2^{-(0,05)t}$, com t em anos, $t \geqslant 0$.

a) Determine, com base na função, em quantos anos a população de animais estará reduzida à metade da população inicial.

b) Considerando $\log_2 3 = 1,6$ e $\log_2 5 = 2,3$ e supondo que nada seja feito para conter o decrescimento da população, determine em quantos anos, de acordo com a função, haverá apenas 40 exemplares dessa espécie de animal na reserva florestal.

Resolução: a) 1) $f(0) = 750 \cdot 2^0 = 750 \Rightarrow \frac{1}{2}(750) = 375$

2) $f(t) = 750 \cdot 2^{-0,05t} = 375 \Rightarrow 2^{-0,05t} = \frac{1}{2} = 2^{-1} \Rightarrow 0,05t = 1 \Rightarrow$

$5t = 100 \Rightarrow \boxed{t = 20}$

b) $40 = 750 \cdot 2^{-0,05t} \Rightarrow 2^{-0,05t} = \frac{2^2}{3 \cdot 5^2} \Rightarrow -0,05t = \log_2 \frac{2^2}{3 \cdot 5^2} \Rightarrow$

$-0,05t = \log_2 2^2 - \log_2(3 \cdot 5^2) \Rightarrow -0,05t = 2\log_2 2 - \log_2 3 - 2\log_2 5$

$-0,05t = 2 - 1,6 - 2(2,3) \Rightarrow -0,05t = -4,2 \Rightarrow 5t = 420 \Rightarrow \boxed{t = 84}$

Resposta: a) 20 anos b) 84 anos

Exemplo 5: (UFJF-2011) Uma pessoa aplicou uma quantia inicial em um determinado fundo de investimento. Suponha que a função F, que fornece o valor, em reais, que essa pessoa possui investido em relação ao tempo t, seja dada por: $F(t) = 100 \cdot (1{,}2)^t$. O tempo t, em meses, é contado a partir do instante do investimento inicial.

a) Qual foi a quantia inicial aplicada?

b) Utilizando os valores aproximados log2 = 0,3 e log3 = 0,48, quantos meses, a partir do instante do investimento inicial, seriam necessários para que essa pessoa possuísse, no fundo de investimento, uma quantia igual a R$ 2.700,00?

Resolução: a) $F(t) = 100 \cdot (1{,}2)^t$, $t = 0 \Rightarrow F(0) = 100 \cdot (1{,}2)^0 \Rightarrow \boxed{F(0) = 100}$

b) $F(t) = 2700 \Rightarrow 100(1{,}2)^t = 2700 \Rightarrow (1{,}2)^t = 27 \Rightarrow$

$$t = \log_{1,2}27 \Rightarrow t = \frac{\log 27}{\log_{1,2}} \Rightarrow t = \frac{\log 3^3}{\log \frac{12}{10}}$$

$$t = \frac{3\log 3}{\log 12 - \log 10} \Rightarrow t = \frac{3 \cdot \log 3}{\log 2^2 \cdot 3 - 1} \Rightarrow t = \frac{3\log 3}{2\log 2 + \log 3 - 1}$$

$$t = \frac{3\,(0{,}48)}{2\,(0{,}3) + 0{,}48 - 1} \Rightarrow t = \frac{1{,}44}{0{,}08} = \frac{144}{8} \Rightarrow \boxed{t = 18}$$

Resposta: a) R$ 100,00 b) 18 meses

Exemplo 6: (UNICAMP-2007) O decaimento radioativo do estrôncio 90 é descrito pela função

$$P(t) = P_0 \cdot 2^{-b \cdot t},$$

onde **t** é um instante de tempo, medido em anos, **b** é uma constante real e P_0 é a concentração inicial de estrôncio 90, ou seja, a concentração no instante **t = 0**.

a) Se a concentração de estrôncio 90 cai pela metade em 29 anos, isto é, se a meia-vida do estrôncio 90 é de 29 anos, determine o valor da constante **b**.

b) Dada uma concentração inicial P_0, de estrôncio 90, determine o tempo necessário para que a concetração seja reduzida a 20% de P_0. Considere $\log_2 10 \cong 3{,}32$.

Resolução: a) $P(29) = \frac{1}{2}P_0 \Rightarrow P_0 \cdot 2^{-b \cdot 29} = \frac{1}{2}P_0 \Rightarrow 2^{-29b} = 2^{-1} \Rightarrow 29b = 1 \Rightarrow b = \frac{1}{29}$

b) $P(t) = P_0 \cdot 2^{-\frac{1}{29}t} \Rightarrow 20\%P_0 = P_0 \cdot 2^{-\frac{1}{29}t} \Rightarrow 2^{-\frac{t}{29}} = \frac{20}{100} = \frac{1}{5} = 5^{-1} \Rightarrow 2^{-\frac{t}{29}} = 5^{-1}$

$-\frac{t}{29} = \log_2 5^{-1} \Rightarrow \frac{t}{29} = \log_2 5 \Rightarrow \frac{t}{29} = \log_2 \frac{10}{2} \Rightarrow \frac{t}{29} = \log_2 10 - \log_2 2 \Rightarrow$

$t = 29\,(3{,}32 - 1) \Rightarrow t = 29 \cdot (2{,}32) \Rightarrow t = 67{,}28$

Resposta: a) $\frac{1}{29}$ b) 67,28 anos

Exemplo 7: A sigla pH significa potencial hidrogeniônico (ou potencial de hidrogênio) de uma substância. O pH diz se a substância é ácida (pH < 7), neutra (pH = 7) ou básica (pH > 7), sendo que 0 < pH < 14. O pH é dado por: $pH = -\log[H^+]$ onde H^+ é a concentração de hidrogênio em ions-grama por litro da solução.

Sendo log 3 = 0,48 e uma solução tem $H^+ = 3 \cdot 10^{-9}$, determinar o pH desta solução.

Resolução: $pH = -\log [H^+] \Rightarrow pH = -\log[3.10^{-9}] \Rightarrow$

$pH = -[\log 3 + \log 10^{-9}] \Rightarrow pH = -[\log 3 - 9 \log 10] \Rightarrow$

$pH = -\log 3 + 9 \Rightarrow pH = -0{,}48 + 9 \Rightarrow \boxed{pH = 8{,}52}$

Resposta: 8,52 (é alcalina)

Exemplo 8: Uma solução tem potencial de hidrogênio pH = 6,7. Determinar a concentração $[H^+]$ desta solução.

Considerar log2 = 0,3.

Resolução: $pH = -\log [H^+] \Rightarrow 6{,}7 = -\log [H^+] \Rightarrow \log[H^+] = -6{,}7$

$\log_{10}[H^+] = -7 + 0{,}3 \Rightarrow \log_{10}[H^+] = \log_{10}10^{-7} + \log_{10}2 \Rightarrow$

$\log_{10}[H^+] = \log_{10}[2 \cdot 10^{-7}] \Rightarrow \boxed{H^+ = 2 \cdot 10^{-7}}$

Resposta: $2 \cdot 10^{-7}$

Exemplo 9: (FGV-2011) Meia-vida de uma grandeza que decresce e exponecialmente é o tempo necessário para que o valor dessa grandeza se reduza à metade.

Uma substância radiativa decresce exponecialmente de modo que sua quantidade, daqui a **t** anos será $Q = A \cdot (0{,}975)^t$.

Adotando os valores $\ell n2 = 0{,}693$ e $\ell n\ 0{,}975 = -0{,}025$, o valor da meia-vida dessa substância é aproximadamente:

a) 25,5 anos b) 26,6 anos c) 27,7 anos d) 28,8 anos e) 29,9 anos

Resolução: 1) $Q(0) = A \cdot (0{,}975)^0 \Rightarrow Q(0) = A \Rightarrow \text{metade} = \frac{A}{2}$

2) $Q(t) = \frac{A}{2} = A(0{,}975)^t \Rightarrow (0{,}975)^t = 2^{-1} \Rightarrow \ell n(0{,}975)^t = \ell n 2^{-1} \Rightarrow$

$t \cdot \ell n(0{,}975) = -1 \ell n 2 \Rightarrow -0{,}025t = -1 \cdot (0{,}693) \Rightarrow 25t = 693 \Rightarrow$

$100t = 2772 \Rightarrow \boxed{t = 27{,}72}$

Resposta: C

340 (IFPE-2017) No início do ano de 2017, Carlos fez uma análise do crescimento do número de vendas de refrigeradores da sua empresa, mês a mês, referente ao ano de 2016. Com essa análise, ele percebeu um padrão matemático e conseguiu descrever a relação $V(x) = 5 + 2x$, onde V representa a quantidade de refrigeradores vendido no mês x. Considere: $x = 1$ referente ao mês de janeiro; $x = 12$ referente ao mês de dezembro.

A empresa de Carlos vendeu, no 2º trimestre de 2016, um total de

a) 39 refrigeradores
b) 13 refrigeradores
c) 127 refrigeradores
d) 69 refrigeradores
e) 112 refrigeradores

---

341 (UFPB-2014) Em uma comunidade de bactérias, há inicialmente 10^6 indivíduos. Sabe-se que após **t** horas (ou fração de hora) haverá $Q(t) = 10^6 \cdot 3^{2t}$ indivíduos. Neste caso, para que a população seja o triplo da inicial, o tempo, em minutos, será:

a) 10
b) 20
c) 30
d) 40
e) 50

---

342 (UFPR-2016) A análise de uma aplicação financeira ao longo do tempo mostrou que a expressão $V(t) = 1000 \cdot 2^{0,0625 \cdot t}$ fornece uma boa aproximação do valor V (em reais) em função do tempo t (em anos), desde o início da aplicação. Depois de quantos anos o valor inicialmente investido dobrará?

a) 8
b) 12
c) 16
d) 24
e) 32

343 (UEL-2012) A espessura da camada de creme formada sobre um café expresso na xícara, servido na cafeteria A, no decorrer do tempo, é descrita pela função $E = a2^{bt}$, onde $t \geqslant 0$ é o tempo (em segundos) e **a** e **b** são números reais. Sabendo que inicialmente a espessura do creme é de 6 milímetros e que, depois de 5 segundos, se reduziu em 50%, qual a espessura depois de 10 segundos?

---

344 Admita que o número de pessoas infectadas por um vírus cresça exponencialmente. Admita ainda que o número de pessoas infectadas passou de 150 para 300, em um período de 6 semanas. Contadas a partir do momento em que o número de infectados era 300, em quantas semanas o número de infectados será 4800?

a) 20 semanas
b) 22 semanas
c) 24 semanas
d) 26 semanas
e) 28 semanas

---

345 (UPE-2015) Os biólogos observaram que, em condições ideais, o número de bactérias Q(t) em uma cultura cresce exponencialmente com o tempo t, de acordo com a lei $Q(t) = Q_0 \cdot e^{k \cdot t}$, sendo $k > 0$ uma constante que depende da natureza das bactérias; o número irracional e vale aproximadamente 2,718 e Q_0 é a quantidade inicial de bactérias.

Se uma cultura tem inicialmente 6.000 bactérias e, 20 minutos depois, aumentou para 12.000, quantas bactérias estarão presentes depois de 1 hora?

a) $1{,}8 \cdot 10^4$
b) $2{,}4 \cdot 10^4$
c) $30 \cdot 10^4$
d) $3{,}6 \cdot 10^4$
e) $4{,}8 \cdot 10^4$

346 Sob determinadas condições, o antibiótico gentamicina, quando ingerido, é eliminado pelo organismo à razão de metade do volume acumulado a cada 2 horas. Daí, se K é o volume da substância no organismo, pode-se utilizar a função $f(t) = K\left(\frac{1}{2}\right)^{\frac{t}{2}}$ para estimar a sua eliminação depois de um tempo t, em horas. Neste caso, o tempo mínimo necessário para que uma pessoa conserve no máximo 2 mg desse antibiótico no organismo, tendo ingerido 128 mg numa única dose é de:

a) 12 horas e meia
b) 12 horas
c) 10 horas e meia
d) 8 horas
e) 6 horas

347 A quantidade x de nicotina no sangue diminui com o tempo t de acordo com a função $x = x_0 \, e^{\frac{1}{2}kt}$. Se a quantidade inicial x_0 se reduz à metade em 2 horas, em 5 horas existirá no sangue: (considerar $\sqrt{2} = 1,41$)

a) 17,4% de x_0
b) 17,7% de x_0
c) 20,0% de x_0
d) 20,3% de x_0
e) 20,6% de x_0

348 As populações de duas cidades, em milhões de habitantes, crescem, em função do tempo t, medido em anos, segundo as expressões $200 \cdot 2^{\frac{1}{20}t}$ e $50 \cdot 2^{\frac{1}{10}t}$, com t = 0 correspondendo ao instante atual. Em quantos anos, contados a partir de agora, as populações das duas cidades serão iguais?

a) 34 anos
b) 36 anos
c) 38 anos
d) 40 anos
e) 42 anos

Resp: **340** C **341** C **342** C

349 Pesquisa feita por biólogos de uma reserva florestal mostrou que a população de uma certa espécie de animal está diminuindo a cada ano. A partir do ano em que se iniciou a pesquisa, o número de exemplares desses animais é dado aproximadamente pela função $f(t) = 750 \cdot 2^{-0,05t}$, com t em anos, $t \geqslant 0$. Com base na função e utilizando as aproximações de $\log 2 = 0,3$ e $\log 3 = 0,48$, determine:

a) em quantos anos a população de animais estará reduzida à metade da população inicial.

b) em quantos anos a população de animais estará reduzida à 125.

---

350 (UFU-2017) Um indivíduo com uma grave doença teve a temperatura do corpo medida em intervalos curtos e igualmente espaçados de tempo, levando a equipe médica a deduzir que a temperatura corporal T do paciente, em cada instante t, é bem aproximada pela função $T = 36 \cdot 10^{\frac{t}{100}}$, em que t é medido em horas, e T em graus Celsius. Quando a temperatura corporal deste paciente atingir os 40°C, a equipe médica fará uma intervenção, administrando um remédio para baixar a temperatura.

Nestas condições, quantas horas se passarão desde o instante $t = 0$ até a administração do remédio?

Utilize $\log 9 = 0,95$

a) 5 b) 6 c) 7 d) 8

---

351 (FAC. ALBERT EINSTEIN-MEDICINA-2016) Uma pesquisa foi desenvolvida a partir de 250 bactérias de uma cultura. Estimou-se então, de maneira aproximada, que, durante certo tempo, o aumento percentual do número de bactérias na cultura poderia ser obtido pela expressão $B(t) = -30 \cdot \log_3(t + 21) + 150$, em que t é o tempo decorrido, em minutos, após o início da pesquisa. Nessas condições, ao fim da primeira hora da pesquisa, quantas bactérias havia em tal cultura?

a) 325 b) 400 c) 450 d) 525

352 (USF-2017) Um determinado medicamento, ingerido durante o tratamento de certa doença, é dissolvido, absorvido pelo organismo e distribuído por meio da corrente sanguínea, sendo metabolizado e, posteriormente, escretado.

Ao estudar a presença do medicamento no organismo, foi revelado que a quantidade desse fármaco no organismo obedece à função $Q(t) = 20 \cdot 2^{\left(1-\frac{t}{12}\right)}$, na qual Q é a quantidade do medicamento em miligramas e t o tempo dado em horas.

De acordo com essas informações e sabendo que log 2 = 0,30 e log 3 = 0,48, é correto afirmar que, após a ingestão de uma dose, o tempo necessário para que essa quantidade fique reduzida a 60% da quantidade inicial é de

a) 7 horas e 20 minutos.
b) 7 horas e 33 minutos.
c) 8 horas e 8 minutos.
d) 8 horas e 48 minutos.
e) 55 horas e 12 minutos.

---

353 (EXPCEX(AMAN)2014) Uma epidemia ocorre quando uma doença se desenvolve num local, de forma rápida, fazendo várias vítimas, num curto intervalo de tempo. Segundo uma pesquisa, após t meses da constatação da existência de uma epidemia, o número de pessoas por ela atingida é $N(t) = \dfrac{20.000}{2 + 15 \cdot 4^{-2t}}$.

Considerando que o mês tenha 30 dias, log 2 ≅ 0,30 e log 3 ≅ 0,48, 2000 pessoas serão atingidas por essa epidemia, aproximadamente, em

a) 7 dias.
b) 19 dias.
c) 3 meses.
d) 7 meses.
e) 1 ano.

Resp: **343** 1,5 mm **344** C **345** E **346** B **347** B **348** D

354 (G1-IFAL-2017) O potencial de hidrogênio (pH) das soluções é dado pela função:

$pH = -\log[H^+]$, onde $[H^+]$ é a concentração do cátion H^+ ou H_3O^+ na solução. Se, em uma solução, a concentração de H^+ é $2 \cdot 10^{-8}$, qual a o pH dessa solução? Adote: $\log 2 = 0{,}3$.

a) 2,4. b) 3,8. c) 6,7. d) 7,7. e) 11.

---

355 (UFSM-2015/ Adaptado) Quando um elementos radioativo entra em contato com o meio ambiente, pode afetar o solo, os rios, as plantas e as pessoas. A radiação não torna o solo infértil, porém tudo que nele crescer estará contaminado.

A expressão $Q(t) = Q_0 \cdot e^{-0{,}115t}$ representa a quantidade, em gramas, de átomos radioativos de um certo elemento radioativo presentes no instante t, em anos, onde Q_0 é a quantidade inicial. Quanto tempo é necessário para que reste apenas um décimo da quantidade inicial desse elemento radioativo?

Use $\ln 10 = 2{,}3$.

---

356 (UFRGS-2017/Adaptado) No estudo de uma população de bactérias, identificou-se que o número N de bactérias, t horas após o início do estudo, é dado por $N(t) = 20 \cdot 2^{1{,}5t}$. Nessas condições, sabendo que o experimento começou às 9 horas da manhã e utilizando as aproximações de $\log 2 = 03$ e $\log 3 = 0{,}48$, determine:

a) a população inicial e o horário que a população de bactérias havia duplicado.

b) O horário para N = 240.

357 (IFAL-2017) Nas análises químicas de soluções, o pH é muito utilizado e, através dele, o químico pode avaliar a acidez da solução. O pH de uma solução, na verdade, é uma função logarítmica dada por pH = – log $[H^+]$. Onde: $[H^+]$ é a concentração de H^+ na solução (concentração hidrogeniônica). Tendo em vista essas informações, se uma solução apresentou pH 5, podemos dizer que a concentração hidrogeniônica vale

a) 10^{-3} b) 10^{-5} c) 10^{-7} d) 10^{-9} e) 10^{-11}

358 O potencial de hidrogênio (pH) de uma solução é 6,82. Determinar a concentração de hidrogênio (H^+) dessa solução. Sabe-se que pH = – log $[H^+]$, que log 2 = 0,3 e que log 3 = 0,48.

Resp: **349** a) 20 anos b) 52 anos **350** A **351** A **352** D **353** A

359 (INSPER-2012) Uma empresa de transporte de carga estima em 20% ao ano a taxa de depreciação de cada caminhão de sua frota. Ou seja, a cada ano, o valor de seus veículos se reduz em 20%. Assim, o valor V, em reais, de um caminhão adquirido por R$ 100.000,00, t anos após sua compra, é dado por $V = 100.000 \cdot (0,8)^t$.

O gráfico a seguir representa os primeiros 3 anos dessa relação.

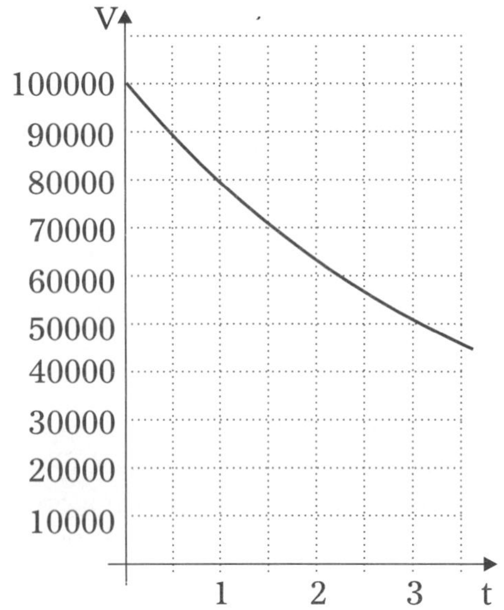

Pela política da empresa, quando o valor de um caminhão atinge 25% do valor pelo qual foi comprado, ele deve ser vendido, pois o custo de manutenção passa a ficar muito alto. Considerando a aproximação log 2 = 0,30, os caminhões dessa empresa são vendidos aproximadamente.

a) 3 anos após sua compra.
b) 4 anos após sua compra.
c) 6 anos após sua compra.
d) 8 anos após sua compra.
e) 10 anos após sua compra.

---

360 (UFPB-2011) O movimento de uma bola de golfe é influenciado tanto pela força gravitacional como também pela resistência do ar. Essa força retardadora atua no sentido oposto ao da velocidade da bola. Em um estudo realizado durante uma partida de golfe, observou-se que, quando foi considerada a força de resistência do ar, distância horizontal d(t), em metros, percorrida por uma bola em função do tempo t, em segundos, a partir do instante em que a bola foi lançada (t = 0), era dada por $d(t) = 50 \cdot (1 - e^{-0,1 \cdot t})$.

Use: In 2 = 0,7

A partir dessas informações, conclui-se que, para que a bola percorra uma distância na horizontal de 25 m, o tempo gasto, a partir do instante do lançamento, é de:

a) 5,0s
b) 6,6s
c) 7,0s
d) 8,5s
e) 10s

Exercícios de Fixação

361 (EXPCEX(AMAN) 2019) A equação $\log_3 x = 1 + 12\log_{x^2} 3$ tem duas raízes reais. O produto dessas raízes é

a) 0 b) $\frac{1}{3}$ c) $\frac{3}{2}$ d) 3 e) 9

362 (MACKENZIE-2018) Se $3^m = a$ e $3^n = b$, $a > 0$ e $b > 0$, então o valor de $3^{\frac{m-2n}{2}}$ é igual a

a) $\sqrt{a} - b$ b) $\frac{a}{2} + b$ c) $\frac{a}{2} - b$ d) $\frac{\sqrt{a}}{b}$ e) $\frac{a-b}{2}$

363 (MACKENZIE-2018) O sistema

$$\begin{cases} \log_b (9a - 35) = 6 \\ \log_{3b} (27a - 81) = 3 \end{cases}$$

com $b > 1$ tem como solução (a, b)igual a

a) (2, 11) b) (11, 2) c) (1, 11) d) (11, 1) e) (1, 2)

364 (FGV-2018) O valor do número real **b** para o qual a igualdade

$$\frac{11}{\log_2 x} + \frac{1}{2\log_{25} x} - \frac{3}{\log_8 x} = \frac{1}{\log_b x}$$

é verdadeira para todo $x > 0$ e $x \neq 1$ é

a) 20. b) 50. c) 100. d) 250. e) 400.

365 (ACAFE-2018) Sejam **x** e **y** números reais positivos. Se (x, y) é solução do sistema

$$\begin{cases} 2 \cdot \log_9 \sqrt{10 - x^2} + \log_3 y = 2 \\ x^2 + y^2 = 10 \end{cases}$$

determine o produto $x \cdot y$.

a) $\frac{1}{3}$ b) 3 c) $\frac{1}{2}$ d) 1

366 (ENEM-PPL-2018) Em março de 2011, um terremoto de 9,0 graus de magnitude na escala Richter atingiu o Japão matando milhares de pessoas e causando grande destruição. Em janeiro daquele ano, um terremoto de 7,0 graus na escala Richter atingiu a cidade de Santiago Del Estero, na Argentina. A magnitude de um terremoto, medida pela escala Richter, é $R = \log\left(\frac{A}{A_0}\right)$ em que A é a amplitude do movimento vertical do solo, informado em um sismógrafo, A_0 é uma amplitude de referência e log representa o logaritmo na base 10.

Disponível em: http://earthquake.usgs.gov. Acesso em: 28 fev. 2012 (adaptado).

A razão entre as amplitudes dos movimentos verticais dos terremotos do Japão e da Argentina é

a) 1,28 b) 2,0 c) $10^{\frac{9}{7}}$ d) 100 e) $10^9 - 10^7$

367 (ESPCEX (AMAN) 2018) Resolvendo a equação $\log_3(x^2 - 2x - 3) + \log_{\frac{1}{3}}(x - 1) = \log_3(x + 1)$ obtém-se

a) S = {– 1} b) S = {4, 5} c) S = {6} d) S = ∅ e) S = {4}

Resp: **354** D **355** 20 anos **356** a)20 bácterias e 9:40 b) 11:24 **357** B **358** $15 \cdot 10^8$

368 (UFRGS-2018) Leia o texto abaixo, sobre terremotos.

Magnitude é uma medida quantitativa do tamanho do terremoto. Ela está relacionada com a energia sísmica liberada no foco e também com a amplitude das ondas registradas pelos sismógrafos. Para cobrir todos os tamanhos de terremotos, desde os microtremores de magnitudes negativas até os grandes terremotos com magnitudes superiores a 8.0, foi idealizada uma escala logarítmica, sem limites. No entanto, a própria natureza impõe um limite superior a esta escala, já que ela está condicionada ao próprio limite de resistência das rochas da crosta terrestre. Magnitude e energia podem ser relacionadas pela fórmula descrita por Gutenberg e Richter em 1935: $\log(E) = 11{,}8 + 1{,}5M$ onde: E = energia liberada em Erg: M = magnitude do terremoto.

Disponível em: <http://www.iag.usp.br/siae98/terremoto/terremotos.htm>. Acesso em: 20 set. 2017.

Sabendo que o terremoto que atingiu o México em setembro de 2017 teve magnitude 8,2 assinale a alternativa que representa a melhor aproximação para a energia liberada por esse terremoto, em Erg.

a) 13,3 b) 20 c) 24 d) 10^{24} e) 10^{28}

---

369 (UFRGS-2018) Se $\log_3 x + \log_9 x = 1$, então o valor de **x** é

a) $\sqrt[3]{2}$ b) $\sqrt{2}$ c) $\sqrt[3]{3}$ d) $\sqrt{3}$ e) $\sqrt[3]{9}$

---

370 (ENEM-2018) Com o avanço em ciência da computação, estamos próximos do momento em que o número de transistores no processador de um computador pessoal será da mesma ordem de grandeza que o número de neurônios em um cérebro humano, que é da ordem de 100 bilhões.

Uma das grandezas determinantes para o desempenho de um processador é a densidade de transistores, que é o número de transistores por centímetro quadrado. Em 1986, uma empresa fabricava um processador contendo 100.000 transistores distribuídos em 0,25 cm^2 de área. Desde então, o número de transistores por centímetro quadrado que se pode colocar em um processador dobra a cada dois anos (Lei de Moore).

Disponível em: www.pocket-lint.com. Acesso em: 1 dez. 2017 (adaptado).

Considere 0,30 como aproximação para $\log_{10} 2$.

Em que ano a empresa atingiu ou atingirá a densidade de 100 bilhões de transistores?

a) 1999 b) 2002 c) 2022 d) 2026 e) 2146

---

371 (UEFS-2017) Considerando-se que, sob certas condições, o número de colônias de bactérias, t horas após ser preparada a cultura, pode ser dado pela função $N(t) = 9^t - 2 \,.\, 3^t + 3, t \geqslant 0$, pode-se estimar que o tempo mínimo necessário para esse número ultrapassar 678 colônias é de

a) 2 horas. b) 3 horas. c) 4 horas. d) 5 horas. e) 6 horas.

---

372 (UFRGS-2017) No estudo de uma população de bactérias, identificou-se que o número N de bactérias, t horas após o início do estudo, é dado por $N(t) = 20 \,.\, 2^{1,5t}$.

Nessas condições, em quanto tempo a população de bactérias duplicou?

a) 15 min. b) 20 min. c) 30 min. d) 40 min. e) 45 min.

373 (FGV-2017) Estima-se que, daqui a t semanas, o número de pessoas de uma cidade que ficam conhecendo um novo produto seja dado por $N = \dfrac{20.000}{1 + 19(0,5)^t}$

Daqui a quantas semanas o número de pessoas que ficam conhecendo o produto quintuplica em relação ao número dos que o conhecem hoje?

a) $\dfrac{\log 19 - \log 7}{1 - \log 5}$ b) $\dfrac{\log 19 - \log 6}{1 - \log 5}$ c) $\dfrac{\log 19 - \log 5}{1 - \log 5}$

d) $\dfrac{\log 19 - \log 4}{1 - \log 5}$ e) $\dfrac{\log 19 - \log 3}{1 - \log 5}$

---

374 (EBMSP-2017) No instante t = 0 quando a quantidade presente de determinada substância radioativa começa a ser monitorada, registra-se Q_0 gramas da substância. Depois de t horas, a partir t = 0 a quantidade, em gramas, de substância remanescente é calculada através da equação $Q(t) = Q_0 e^{-0,45t}$.

Considerando-se $\log_e 2 = 0,69$ pode-se afirmar que o tempo necessário para que a quantidade presente dessa substância seja reduzida a metade da quantidade inicial é de

a) 54 min. b) 1h20 min. c) 1h32 min. d) 1h45 min. e) 2h9 min.

---

375 (ENEM-2017) Para realizar a viagem dos sonhos, uma pessoa precisava fazer um empréstimo no valor de R$ 5.000,00 Para pagar as prestações, dispõe de, no máximo, R$ 400,00 mensais. Para esse valor de empréstimo, o valor da prestação (P) é calculado em função do número de prestações (n) segundo a fórmula

$$P = \frac{5.000 \times 1,013^n \times 0,013}{(1,013^n - 1)}$$

Se necessário, utilize 0,005 como aproximação para log 1,013; 2,602 como aproximação para log 400; 2,525 como aproximação para log 335.

De acordo com a fórmula dada, o menor número de parcelas cujos valores não comprometem o limite definido pela pessoa é

a) 12. b) 14. c) 15. d) 16. e)17.

---

376 (UFPR-2017) Suponha que a quantidade Q de um determinado medicamento no organismo horas após sua administração possa ser calculada pela fórmula:

$$Q = 15 \cdot \left(\frac{1}{10}\right)^{2t}$$

sendo Q medido em miligramas, a expressão que fornece o tempo t em função da quantidade de medicamento Q é:

a) $t = \log\sqrt{\dfrac{15}{Q}}$ b) $t = \dfrac{\log 15}{2\log Q}$ c) $t = 10\sqrt{\log\left(\dfrac{Q}{15}\right)}$

d) $t = \dfrac{1}{2}\log\dfrac{Q}{15}$ e) $t = \log\dfrac{Q^2}{225}$

Resp: **359** C **360** C **361** D **362** D **363** B **364** A **365** B **366** D **367** D

377 (ESC.NAVAL-2015) O elemento químico Califórnio, Cf^{251}, emite partículas alfa, transformando-se no elemento Cúrio, Cm^{247}. Essa desintergração obedece à função exponencial $N(t) = N_0 e^{-\alpha t}$, onde $N(t)$ é quantidade de partículas de Cf^{251} no instante t em determinada amostra; N_0 é a quantidade de partículas no instante inicial; e α é uma constante, chamada constante de desintegração. Sabendo que em 898 anos a concentração de Cf^{251} seja apenas 25% da quantidade inicial está entre

a) 500 e 1000 anos.
b) 1000 e 1500 anos.
c) 1500 e 2000 anos.
d) 2000 e 2500 anos.
e) 2500 e 3000 anos.

---

378 (ACAFE-2017) Quando um paciente ingere um medicamento, a droga entra na corrente sanguínea e, ao passar pelo fígado e pelos rins, é metabolizada e eliminada. A quantidade de medicamentos, em miligramas, presente no organismo de um paciente é calculada pela função $Q(t) = 30 \cdot 2^{1-\frac{t}{10}}$ onde t é o tempo dado em horas.

O tempo necessário para que a quantidade de medicamento em um paciente se reduza a 40% da quantidade inicial, é:

Dado: $\log 2 = 0{,}3$

a) 13 horas e 33 minutos.
b) 6 horas e 6 minutos.
c) 13 horas e 20 minutos.
d) 6 horas e 40 minutos.

---

379 (ENEM(LIBRAS)-2017) Em 2011, a costa nordeste do Japão foi sacudida por um terremoto com magnitude de 8,9 graus na escala Richter. A energia liberada E por esse terremoto, em kWh, pode ser calculada por $R = \frac{2}{3}\log\left(\frac{E}{E_0}\right)$ sendo $E_0 = 7.10^{-3}$ kWh e R a magnitude desse terremoto na escala Richter. Considere 0,84 como aproximação para log7.

Disponível em: http://oglobo.globo.com. Acesso em: 2 ago. 2012.

A energia liberada pelo terremoto que atingiu a costa nordeste do Japão em 2011, em kWh foi de

a) $10^{10,83}$
b) $10^{11,19}$
c) $10^{14,19}$
d) $10^{15,51}$
e) $10^{17,19}$

Resp: 368 D 369 E 370 C 371 B 372 D 373 E 374 C
375 D 376 A 377 C 378 C 379 B

Impressão e Acabamento
Bartira
Gráfica
(011) 4393-2911